Geddes MacGregor: Reinkarnation und Karma im

Inhaltsverzeichnis

Kapitel		*Seite*
	Vorwort	7
I	Die universelle Anziehungskraft der Reinkarnationslehre	8
II	Ist die Reinkarnationslehre mit dem christlichen Glauben vereinbar?	25
III	Erklärende und auslegende Betrachtungen	42
IV	Die Reinkarnationslehre im jüdischen, islamischen und christlichen Glauben	61
V	Der Angriff auf Origenes	68
VI	Reinkarnation in der Renaissance und der späteren Literatur	87
VII	Was ist das Selbst?	96
VIII	Philosophische und wissenschaftliche Einwände	103
IX	Das Weiterleben nach dem Tod im Neuen Testament	120
X	Reinkarnation als Läuterung	132
XI	Moralische Evolution	144
XII	Erlösung, Vorsehung und Gnade	155
XIII	Konsequenzen für die Ehe und andere Beziehungen	175
XIV	Kommunikation mit den Verstorbenen	185
XV	Reinkarnation und die Auseinandersetzung zwischen Mystik und Glauben	193
XVI	Eine neue Betrachtungsweise des Weiterlebens	205

Vorwort

Die Wiedergeburt stellt sowohl eines der faszinierendsten Themen in der Religionsgeschichte als auch eines der am häufigsten wiederkehrenden Themen in der Weltliteratur dar. Der Gedanke der Reinkarnation erscheint unserem christlichen Erbe fremd, und dies gilt besonders für den hebräischen Ursprung der biblischen Lehre. Diese Betrachtungsweise darf jedoch als fragwürdig angesehen werden.

Dieses Buch wurde für den Laien geschrieben und setzt sich aus den Vorlesungen zusammen, welche ich unter dem Titel *"Die Christianisierung der Karmalehre"* an der McGill Universität hielt. Es stellt eine Untersuchung des oben genannten Themas dar und es handelt sich dabei keinesfalls um eine Polemisierung für oder wider den Reinkarnationsgedanken. Es ist offensichtlich, daß dieser Begriff sowohl mit der Lehre des Judentums als auch mit der Lehre des Christentums unvereinbar scheint. Andererseits wird der Beweis zugunsten der Reinkarnationslehre jedoch dadurch erhärtet, daß eine Form dessen bereits innerhalb der apostolischen Tradition existierte und deren Entdeckung zur Vervollständigung des christlichen Glaubens wesentlich beitragen könnte. Einesteils sollte man vermutlich die orthodoxen Gläubigen davor warnen; andererseits ist die Rehabilitation dieser Lehre von höchster Dringlichkeit.

Wahrscheinlicher noch und gewiß sehr anregend wäre die Folgerung, daß eine Form der Reinkarnationslehre (vielleicht jene, die von den Vorvätern Metensomatose genannt wurde) für diejenigen annehmbar sein könnte, die dem orthodoxen Christentum treu bleiben wollen, die Bibel als Ursprung der christlichen Lehre betrachten und die Kirche als Mittel zu ihrer Auslegung. Dieses Buch stellt eine Untersuchung bis auf den Grund dar, und es erhebt sich die Frage, ob rechtmäßige Schlußfolgerungen daraus gezogen werden dürfen. Ich möchte niemandem meine Meinung aufdrängen, mir liegt aber auch nicht daran, sie zu verbergen.

Da einige der Leser sich gewiß näher mit der Reinkarnationslehre befassen möchten, steht im zweiten Band eine teilweise mit Anmerkungen versehene Bibliographie zur Verfügung.

Geddes MacGregor

Kap. I
Die universelle Anziehungskraft der Reinkarnationslehre

I held that when a person dies
His soul returns again to earth
Arrayed in some new flesh disguise
Another mother gives him birth,
With sturdier limbs and brighter brain
The old soul takes the roads again.

*John Masefield, Ein Glaubensbekenntnis *)*

Von allen Gedanken in der Religionsgeschichte übt keiner eine größere Anziehungskraft aus als derjenige der Wiedergeburt. Wir finden ihn sowohl bei den primitiven als auch bei den hochentwickelten Religionen. In einigen Religionen konnte sich die Reinkarnationslehre besser entwickeln als in anderen. Es ist allgemein bekannt, daß sie untrennbar mit der indischen Kultur verbunden ist. Sie ist Bestandteil des geistigen Kulturgutes auf dem gesamten Subkontinent. Doch ist Indien keinesfalls ihre einzige Heimat. Selbst in jenen Zivilisationen, in welchen man aus dem einen oder anderen Grunde der Wiedergeburtslehre mit Mißtrauen begegnete, tauchte sie plötzlich auf unerwartete Weise auf oder man stieß auf sie in Gegenden, in denen man sie nicht vermutet hätte, vergleichbar mit den tiefen Wurzeln eines alten Baumes, dessen Schößlinge noch weit entfernt vom Stamm zu finden sind. Das Christentum und das Judentum bilden hierbei keine Ausnahmen. Wir werden noch feststellen, wie beharrlich die Reinkarnationslehre immer wieder im Christentum auftaucht, angefangen von frühester Zeit bis in unsere Gegenwart. Das gleiche gilt ebenfalls für das Judentum.

*) Nachdem der Mensch gestorben ist, kehrt seine Seele wieder in einem neuen Körperkleid zur Erde zurück. Er wird von einer anderen Mutter geboren und Körper und Geist weisen größere Vollkommenheit auf. Eine alte Seele befindet sich erneut auf dem Erdenpfad.

Wo immer westliche Denker des Christentums sich vom toten Dogma zu befreien wußten, dort hat die Wiedergeburtslehre Eingang in das Kirchenleben gefunden.

Die modernen philosophischen und wissenschaftlichen Einwände zur Reinkarnationslehre dürfen schlichtweg als unzulänglich bezeichnet werden.(1) Wir werden uns in einem Kapitel gesondert mit ihnen befassen.

Zunächst sei gefragt: Worin liegt eigentlich die seltsame Anziehungskraft des Gedankens, daß unser gegenwärtiges Leben eines von vielen aufeinanderfolgenden Leben darstellt? Es handelt sich dabei um eine Behauptung, die selbst von denen aufgestellt wird, die sonst wenig Interesse für religiöses Gedankengut zeigen und für die andere Lehren, wie die von der Unsterblichkeit und Auferstehung, wenig oder nichts bedeuten. Warum fesselt das Thema selbst jene, die rein begrifflich betrachtet, kaum dafür vorbereitet zu sein scheinen?

Ich bitte den Leser, mich richtig zu verstehen. Indem ich die folgenden acht Betrachtungsweisen als am häufigsten in Erscheinung tretend aufführe, soll das nicht heißen, daß ich ihm hiermit eine Meinung aufdränge, ihn zur Verleugnung zwinge oder um Zustimmung bitte.

An dieser Stelle geht es weniger um die Wahrheit des Reinkarnationsgedankens als um seine Bedeutung. Zuerst sollte festgestellt werden, worin überhaupt seine Bedeutung liegt. Es erscheint mir im Moment von sekundärer Wichtigkeit, ob diese Lehre glaubhaft oder verständlich ist. Erst später können wir uns mit der Glaubwürdigkeit dieses Themas befassen.

Als erstes sei bemerkt, daß die Vorstellung der Wiedergeburt für viele Menschen sowohl aus moralischer als auch aus intellektueller Sicht zufriedenstellender ist als jeglicher Gedanke an das göttliche Schiedsgericht. Karma geschieht automatisch. Hier gibt es keine Willkür und Subjektivität. Dies schließt jedoch (wie es im Laufe der Geschichte oft der Fall war) den Gedanken der Gnade und Vergebung nicht aus. Gott findet Wege, durch die

1) vgl. als kritische Erwiderungen: H.D. Lewis, "The Self and Immortality", New York 1973, und John Hick, Death and Eternal Life, London 1976

die Gesetze des Karmas überwunden werden, so wie er sich die Natur untertan gemacht hat, nicht indem er sie zerstörte, sondern auf eine Art, die unser Begriffsvermögen übersteigt. Möchte man den Begriff des Karma dem menschlichen Geist auf wissenschaftliche Weise näherbringen, so darf man sagen, daß es die Grundvoraussetzung der Beziehung zwischen Gott und dem Menschen darstellt — wie dies für die Torah gleichermaßen zutrifft.

Die Naturwissenschaften, wie z.B. die Physik und die Chemie, tragen zum Verständnis des Wesens der Dinge bei. Das kosmische Moralgesetz des Karma mag dazu beitragen, die Dinge in moralischem Zusammenhang zu erfassen. Der Gebildete mag diese Betrachtungsweise als "neognostisch" bezeichnen. Man darf sie sicherlich mit gnostischen Richtlinien verbinden — wie dies oft in der Menschheitsgeschichte der Fall war — doch der Wille Gottes und die Kraft seiner Liebe sollten dabei nicht ausgeschlossen werden. Das Ganze sollte für sich allein stehen und Raum für die überragenden Taten Gottes lassen.

Obwohl die Karmalehre in jenen Religionen, die den freien Willen Gottes betonen, nicht heimisch ist (wie dem Judentum, Christentum und dem Islam), so ist sie doch nicht unvereinbar mit ihnen. Ähnlich verhält es sich mit unserer Haltung gegenüber der Wissenschaft. Man kann die Aussagen der Physiker, Chemiker und Biologen verneinen, dies muß aber nicht der Fall sein. Genausowenig wie die Möglichkeit einer theistischen Interpretation ausgeschlossen werden kann, so braucht eine karmische Betrachtungsweise moralischer Gesichtspunkte die jüdische, christlich-orthodoxe oder islamische Auffassung der Vorrangigkeit des Gotteswillens nicht ausschließen.
Zweitens läßt sich die Reinkarnationslehre sehr gut mit unseren Erkenntnissen der Weltrevolution hinsichtlich Biologie und Physik in Einklang bringen. Der Gedanke, daß biologischer Fortschritt seinen Gegenausdruck findet in der Bemühung um moralische Weiterentwicklung, ist durchaus verständlich. Während etliche der frühen Verfechter der Evolutionstheorie dem "Auge um Auge, Zahn um Zahn"-Prinzip anhingen, aufgrund dessen nur die Fähigsten überlebten, so beruht das Prinzip des Karmas auf Bemühung um Entfaltung unseres moralischen Empfindens. Dies muß jedoch

nicht zwangsläufig der Fall sein. Es muß nicht unbedingt so ausgelegt werden — dies trifft auch für die Religion zu, die sich ideologisch betrachtet, auf Ursprungsängste gründet (primus in orbe deos fecit timor) und die mögliche Überwindung jener Ängste ausschließt.

Drittens ist die Vorstellung, daß wir das ernten, was wir säen, mag es jetzt oder viele Leben später sein, ganz besonders denen vertraut, die dem freien Willen des Menschen eine besondere Bedeutung beimessen. Obwohl das karmische Prinzip genauso unerbittlich arbeitet wie die Gesetze der Physik und Genetik, so sind wir doch keinesfalls hilflose Gefangene dieses Prinzips.

Im Gegenteil, durch unsere Handlungen schaffen wir unser persönliches Karma. Karma existiert (es ist "jeté là, comme ca", wie Sartre von den Situationen sagt, denen wir uns im Leben gegenübergestellt sehen) und unsere Aufgabe besteht darin, uns davon zu befreien (wie es dem großen "Gefängnismotiv" des modernen Existentialismus entspricht), indem wir es überwinden und auf diese Weise neues und hoffentlich auch besseres Karma schaffen. Ich selbst habe das Gefängnis geschaffen, aus dem ich mich jetzt befreien muß.

Viertens ist die Universalität dieses Gedankens in der Religionsgeschichte kein nebensächliches Element in Bezug auf die Anziehungskraft, die sie auf den nachdenklichen und gebildeten Menschen ausübt. Andererseits bedeutet dies auch nicht, daß die Karmalehre Absolutheitsanspruch in der Religionsgeschichte besitzt. Doch kein ernsthafter Student der Religionsgeschichte wird sie wiederum von sich weisen. Immerhin besitzt sie eine gewisse Wichtigkeit im Religionsbewußtsein der Menschheit. Wenn die Reinkarnationslehre als überholt betrachtet werden soll, durch was wird sie dann ersetzt? Worum auch immer es sich dabei handeln mag, vermag es wirkungsvoll die angeblich unmoderne Karmalehre zu ersetzen? Falls nicht, warum sollte dann die Reinkarnationslehre als vollkommen überholte Vorstellung bezeichnet werden?

Fünftens scheinen all die alten Mythen, sowohl der Unsterblichkeit als auch der Auferstehung, im Mythos der Karmalehre ihren Ausdruck zu finden. Wie wir in einem späteren Kapitel feststellen werden, so ist der Begriff des

Fegefeuers oder der Läuterung durchaus mit der Reinkarnationslehre in Einklang zu bringen: der gesamte Prozeß spiritueller Evolution darf als Läuterungsprozeß betrachtet werden. Es kommt zur Läuterung, wobei es unerheblich ist, wodurch ich an mein altes Karma gebunden bin. Der Läuterungsprozeß ist schmerzhaft, die Befreiung bringt Glückseligkeit. Aber die Seligkeit kann nicht größer sein als es die Fähigkeit zur Seligkeit zuläßt. Thomas von Aquin, der einflußreichste der mittelalterlichen Gelehrten, stellte dies eindeutig bei sich selbst fest und vermochte gut damit umzugehen. Er sah sich einer mittelalterlichen Frage gegenübergestellt, die wir heutzutage wie folgt formulieren würden: Es heißt, daß der Himmel den Zustand perfekter Glückseligkeit verkörpert; einige der Menschen im Himmel sind die größten Heiligen, die je auf Erden lebten, während andere mit äußerster Anstrengung in den Himmel kommen.

Falls ich, der ich mich letzteren zugehörig fühle, mich mit einem Franz von Assisi oder Martin von Tour vergleiche, von denen ich weiß, daß sie viel heiliger waren als ich es bin und folglich also auch glücklicher sein müssen als ich es jemals sein werde, wie kann ich dann vollkommen glücklich sein? Thomas antwortete, daß die Seligen im Himmel mit Gefäßen verschiedener Größe verglichen werden dürfen, von denen jedes randvoll gefüllt ist; folglich ist auch das kleinste Gefäß randvoll gefüllt. Aus diesem Grund vermag ich nicht glücklicher zu sein als ich es bin, und auch Peter oder Paul vermögen nicht glücklicher zu sein als sie es sind. Der Vergleich mit der Nahrungsmenge, die jemand zu sich zu nehmen imstande ist, wäre hier angebracht: besitzt jemand einen kleinen Magen, so fühlt er sich durch eine geringe Nahrungsmenge bereits gesättigt, während ein anderer Mensch mit größerem Magen eine größere Nahrungsmenge benötigt.

Sechstens steht der Einzelne in der Reinkarnationslehre im Vordergrund. In den klassischen, priesterlichen Traditionen der großen institutionalisierten Religionen, wie dem Brahmanentum, dem Judentum und dem Christentum, lag der Hauptschwerpunkt auf Gemeinschaft, Verbundenheit und anderen Begriffen, die die Institution und ihre Funktionen in den Vordergrund stellten. Der Buddhismus, der sich wie das Christentum zu einer der großen internationalen Religionen entwickelte und die "Blut und Boden"-Ideen hinter sich ließ und der schon immer die Karmalehre und andere Reinkarnationsgedanken betonte, nahm seinen Ursprung im Protest des Individuums gegen Institutionalisierung. Mein Karma ist meine Angelegenheit. Es ist mein Problem und der Triumph darüber ist mein Triumph. Ich mag der Hilfe gewisser Lehrer bedürfen, doch letztlich bin ich für mein Sein verantwortlich, so wie ich für meine zukünftige Entwicklung verantwortlich bin. Ich mühe mich mit meiner Situation ab und man mag über meine Ungeschicklichkeit lachen, doch wer zuletzt lacht, lacht am besten. Auf lange Sicht wird die Freude hinter den Seelenqualen meines gegenwärtigen Strebens nicht zurückstehen. Wir haben ein sich ständig weiterentwickelndes Individuum vor uns, und es gibt kein beeindruckenderes Geschehen im gesamten Universum.

Siebtens und nicht zuletzt nimmt sich die Reinkarnationslehre des Problems der moralischen Ungerechtigkeit an. Auf die alte Frage von Hiob (warum geht es den Übeltätern gut und warum leiden die Rechtschaffenen) hat der Anhänger des Reinkarnationsgedankens eine Antwort bereit:

Wir sollten im gegenwärtigen Leben lediglich ein Fragment einer langen Geschichte sehen. Wenn wir zum Kapitel gelangen, in dem der Bösewicht den Helden erschlägt, stellt sich wiederum die alte Frage. Man mag an dieser Stelle sogar das Buch niederlegen und sich denen anschließen, die das Leben als Absurdität betrachten und keinerlei Gerechtigkeit im Universum zu erkennen vermögen. Dies resultiert aus der Ungeduld des Einzelnen, den Rest der Geschichte zu hören, die die Bestrafung des Übeltäters und die Rechtfertigung des Rechtschaffenen ans Tageslicht bringt. Der Tod stellt nur das Ende des Kapitels dar und nicht, wie es die Nihilisten vermuten, das Ende der Geschichte. Bereits jetzt vermögen wir einen Schimmer dieses Geschehens zu erhaschen. Deposuit potentes de sede, et exaltavit humiles: die Hohen sollen erniedrigt werden und die Niedrigen sollen erhöht werden. Diese verheißungsvollen Worte, die im "Magnificat" der Jungfrau Maria zugeschrieben werden, sind für uns leicht verständlich, denn trotz unserer Klagen mit Hiob über die Ungerechtigkeit der Welt, verspüren wir in der Menschheitsgeschichte etwas von der Wahrheit ihrer freudvollen Verkündung.

Achtens erlebt fast jeder von Zeit zu Zeit das plötzliche und manchmal unheimliche Erlebnis des deja vu, das Gefühl, Ähnliches schon früher erlebt zu haben, sich am gleichen Ort bereits befunden zu haben.

In einem Gedicht mit dem Titel "Präexistenz" sieht sich Frances Cornford träumend am Strande liegen:

How all of this had been before;
How ages far away
I lay on some forgotten shore
As here I lie today.
The waves came shining up the sands,
As here today they shine;
And in my prepelasgian hands
The sand was warm and fine.(2)

Jemand bereist ein entferntes Land, dessen Geschichte und Bevölkerung sich von der Geschichte und Bevölkerung des eigenen Herkunftslandes sehr unterscheiden. Nehmen wir an, ein Norweger besucht die Türkei oder ein Finne Marokko. Plötzlich haben beide das Gefühl, als hätten sie alles schon vor langer Zeit gesehen. Einige Menschen, die über keine besondere Sprachbegabung verfügen, stellen fest, daß eine bestimmte Sprache für sie leicht zu erlernen ist, gerade so, als handele es sich um eine vergessene Muttersprache, obwohl dergleichen nicht möglich sein kann, wie sie meinen.

Nehmen wir an, jemand hatte immer Schwierigkeiten, sich in einer fremden Sprache auszudrücken, und plötzlich begibt sich dieser Mensch nach Italien und bemerkt, wie leicht ihm Italienisch fällt, oder jemand anderes reist nach Indien und stellt fest, mit welcher Leichtigkeit er Hindi oder Tamil erlernt. Weder eine genetische, historische noch soziologische Erklä-

(2) Wie sehr sind mir die Dinge vertraut, die ewige Zeiten zurückliegen. Ich lag an einem vergessenen Strand, so wie ich heute hier am Meer liege. Die Wellen brachen sich schimmernd im Sand, genauso wie sie auch heute leuchten, und durch meine Hände rieselte der warme und feine Sand.
Aus: Poems of Today, London 1918

rung läßt sich für diese Beispiele zufriedenstellend anführen. Bemühungen, dieses deja-vu Phänomen psychologisch zu erklären, scheinen unzureichend. Wenn man zu einer solchen Theorie, wie der von Jungs kollektivem Unterbewußtsein, Zuflucht nimmt, so sind die Voraussetzungen, auf die man sich dabei stützt, empirisch genauso wenig zu belegen oder als falsch nachzuweisen wie die Reinkarnationslehre, die durch vorgenannte Theorie von Jungs kollektivem Unterbewußtsein ersetzt werden soll. Da kein zwingender Beweis erbracht werden kann, daß vorgenannte Erfahrungen sich auf eine frühere "Inkarnation" beziehen, so sind sie doch für jene von Bedeutung, wenn auch aus anderen Gründen, die geneigt sind, die Reinkarnationstheorie ernst zu nehmen.
Die Anziehungskraft des Mythos der Reinkarnationslehre ist bei allen Rassen, Hautfarben und Glaubensrichtungen anzutreffen, mit Ausnahme der Dogmatiker, die dergleichen gerne ausschließen. In gewissem Maße kommt es dadurch sogar zu einer Überbrückung der Kluft zwischen Glauben und Unglauben.
Selbst ansonsten wenig religiöse Menschen geben zu, daß ihnen die Reinkarnationstheorie sinnvoll erscheint, mögen sie nun daran glauben oder nicht; während die nachdenklichen und feinfühligen "Gläubigen" sogleich bereit sind, sie abzulehnen.
Solch eine Lehre ist gewiß einer eingehenden Untersuchung wert, schon allein deswegen, da sie mit einer der beiden historisch wichtigen Konkurrenztheorien bezüglich eines Weiterlebens übereinstimmt. Entsprechend einer dieser beiden Hauptrichtungen in der Religionsgeschichte ist das "Ego" oder das "Selbst" oder die "Seele" unsterblich. Anders als der Körper, der wie jeder Tierkörper stirbt, ist die menschliche Seele göttlichen Ursprungs, vielleicht sogar ein Funken des göttlichen Feuers. Sie ist ebenso unsterblich wie der Ursprung des Universums. Diese Lehre, die den Kennern von Platon und Plotin vertraut vorkommen wird, beeinflußte das Christentum; hieraus resultiert auch die Vorstellung, daß die Seele des Menschen, da unsterblich, nach dem Tod irgendwo zu finden ist, sei es im Himmel oder in der Hölle. Im Gegensatz dazu steht die Lehre, gemäß der der Mensch zwar nicht unsterblich ist, jedoch wieder zu neuem Leben auferstehen kann. Im

Christentum stimmt dergleichen ganz besonders mit der Paulinischen Sichtweise überein: der Mensch befindet sich im Zustand der Sünde und Sünde hat gemeinhin den Tod zur Folge; doch vermag der Mensch durch die Auferstehung Christi das "ewige Leben"(3) zu erlangen. Die Auferstehungslehre, welche mit der Reinkarnationstheorie in geringerem Zusammenhang stehen mag als die Unsterblichkeitslehre, dürfte mit ersterer noch eher vereinbar sein. Auferstehung bedeutet einen neuen Körper. Warum sollte es sich dabei nicht um eine weitere Inkarnation auf diesem Planeten oder auf einem anderen Planeten weit draußen im Weltraum handeln? Reinkarnation, oder was man auch sonst darunter verstehen mag, bedeutet in gewisser Weise Auferstehung. Die Erlangung eines "herrlichen" Körpers mag sich in einem allmählichen Prozeß vollziehen.

Die Tatsache, daß der Reinkarnationsmythos mit einer dieser beiden historischen Thesen hinsichtlich der Bestimmung des Menschen in Verbindung gebracht werden darf, heißt jedoch nicht, daß er aus einer dieser Thesen oder aus beiden resultieren muß. Es sei aber darauf hingewiesen, daß diejenigen, welche die Reinkarnationstheorie ablehnen, gute Gründe dafür vorbringen sollten. Eine nähere Untersuchung wird zeigen, weshalb die theologischen Gründe, die gewöhnlich als Beweis angeführt werden, einfach nicht stichhaltig sind, um ins Gewicht zu fallen. Zu oft beinhalten sie ein Mißverständnis des Inhaltes der Reinkarnationslehre, der Rolle des Karma und der Natur des Samsara, mit anderen Worten der Reinkarnationskette, auf welcher das karmische Prinzip beruht.
Dort, wo der Reinkarnationsgedanke heimisch ist, ist der Glaube an eine freie und göttliche Seele fest verwurzelt. Überzeugungen dieser Art erwachsen verständlicherweise aus der vergleichsweise einfachen Ebene, auf der der Mensch zum ersten Mal das Wunder des menschlichen Bewußtseins wahrnimmt. Die vedische Literatur ist voller Bewunderung über die Fähigkeiten des menschlichen Bewußtseins. Im Gegensatz zum Tier, das voll-

(3) vgl.: Oscar Cullmann, Immortality of the soul or resurrection from the Dead?, New York 1958 (Ich stimme Cullmann zu, glaube aber noch weiter gehen zu können.)

kommen durch seine Umgebung konditioniert wird und von ihr abhängt, vermag der Mensch die Umstände zu überwinden. Er vermag sich nicht nur an ein Haus zu erinnern, das er vor zwanzig Jahren sah, sondern er ist imstande, sich ein Haus vorzustellen, das er nie zuvor gesehen hat. Dies offenbart sich in folgendem spanischen Sprichwort:

Si la fe es creer lo que no se ve,
Poesia es crear lo que nunca se vera.

"Wenn der Glaube das nicht Sichtbare beinhaltet, so schafft die Poesie das niemals Sichtbare." Die Poesie, das Instrument der Vorstellung, vermag geistige Realitäten zu schaffen. Sie erschafft Dinge, die niemals in der Welt der Tatsachen existierten und existieren werden.

Die ungezügelte Vorstellungskraft wird im Italienischen "Immaginazione" genannt, bei der gelenkten und beherrschten Vorstellungskraft spricht man von "Fantasia". In der englischen Sprache ist es gerade umgekehrt: "Imagination" verkörpert die beherrschte Dame, "fancy" ihre wilde Schwester. Doch egal, ob beherrscht oder ungezügelt, die geistige Kreativität darf als göttlichste Kraft des Menschen angesehen werden. Als den alten Griechen und Römern zum ersten Mal das Erstaunliche dieser Kraft bewußt wurde und wieweit sie dadurch über dem Tier standen, betrachteten sie den Geist, der solches hervorbrachte, als unsterblich: derjenige, der über diese Macht verfügt, ist unvergänglich. Er ist Brahman.

Paradoxerweise haben gerade wir, die wir diese Fähigkeit in so großem Umfange anwenden, vergessen, was es bedeutet, sich dessen vollkommen bewußt zu sein. Colin Wilson meint provozierend: „Ein Mensch mag Jahre im Gefängnis verbracht und dabei von Freiheit geträumt haben. Doch nachdem er gerade 24 Stunden das Gefängnis verlassen hat, darf man von verlorener Freiheit sprechen. Die Vorstellung, die er mit Freiheit verbunden hat, existiert nicht mehr, da er sich außerhalb des Gefängnisses befindet .....
In einem paradoxen Sinne war er im Gefängnis ein freierer Mensch." (4)

4) James F.T. Bugental, Challenges of Humanistic Psychology, New York, 1967, S. 6

Wir haben weitgehend das Bewußtsein jener Kraft verloren, die so schwer zu erlangen war. Die Reinkarnationslehre, welche in der Geschichte der Menschheit auftauchte als sich dieses Bewußtsein auf höchster Stufe befand, verweist uns darauf, was es heißt, unsere Tiernatur überwunden zu haben und der Realität des Selbst bewußt geworden zu sein. Jenes Selbst, sei es nun der Funke aus den höchsten Himmeln, der in einem vergänglichen Körper eingekerkert ruht, oder die Seele, die Er nach seinem Bilde schuf, ist ein Selbst, das auf die eine oder andere Weise an der Unsterblichkeit Gottes teilhat, die in der alten Liturgie der östlichen christlichen Kirche gefeiert wird: Hagios ho Theos, Hagios Ischyros, Hagios Athanatos: Heiliger Gott, Heiliger, allmächtiger Gott, Heiliger, unsterblicher Gott.

Ich komme später darauf zurück, was ich als die hervorstechendsten wissenschaftlichen Einwände gegen die Reinkarnationslehre erachte. Sie sind alles andere als unbedeutend. Selbst auf dieser Vorstufe unserer Untersuchung sei bemerkt, daß die Reinkarnationslehre insoweit mißverstanden wird, indem die Standardeinwände einfach nichts mehr mit dem Thema selbst zu tun haben. Sogar ein so ausgezeichneter Wissenschaftler wie William Homan Thorpe aus Cambridge tut die ganze Lehre in seinem sonst bewundernswerten Buch, das auf den Freemantle-Vorlesungen in Balliol beruht, mit einem einzigen Satz ab: "Soweit moderne genetische Überlegungen bei diesem Thema eine Rolle spielen, wenden sie sich aus mathematischen Gründen unabänderbar gegen das Konzept der Reinkarnationstheorie — der Genkomplex des Individuums ist einzigartig, da er sich nirgendwo wiederholt."(5) Dazu würde ein Anhänger der Reinkarnationslehre lediglich bemerken, daß die Einzigartigkeit des Genkomplexes, die auf den ersten Blick unvereinbar mit der Reinkarnationslehre scheint, diese nur noch untermauert. Es gibt keinen Anhaltspunkt dafür, daß der Genkomplex wiederholbar sein könnte; seine Einzigartigkeit stimmt vom karmischen Standpunkt genau mit unseren Erwartungen überein. Aus dieser Sicht betrachtet liegt die Einzigartigkeit der Geschichte meiner spirituellen Evolution in den karmischen Erfordernissen jeder Wiedergeburt. So mag es sein,

5) W. H. Thorpe, Science, Man and Morals, Ithaca, 1966, S.141

daß ich Jahrhunderte auf die richtige Genkombination zu warten habe. Das Mißverständnis, das sich auf die allgemeine Vorstellung stützt, bei der Reinkarnationslehre handele es sich um eine determinierte Doktrin, obwohl gerade das Gegenteil zutrifft, ist weit verbreitet.

Das Bemerkenswerteste ist, daß diese Auffassung von einem spirituell so fortgeschrittenen Tiergenetiker vertreten wird, der einer religiösen Interpretation der Evolutionstheorie aufgeschlossen gegenübersteht und sich der Notwendigkeit einer Verbindung zwischen Religion und Wissenschaft bewußt ist.
In der gegenwärtigen westlichen Welt ist die Reinkarnationstheorie, wenngleich häufig ein modernes Thema, sowohl unter den Glaubenssuchern als auch unter den Religionsbeobachtern, immer noch denjenigen verdächtig, die sich im Zusammenhang mit Religion auf intellektueller Ebene bewegen. Dies hat tiefere Ursachen. Abgesehen von den ernsthaften wissenschaftlichen und philosophischen Einwänden und unabhängig von ihrem üblen Ruf in traditionsbewußten christlichen Kreisen, wird die Karmalehre oft sehr unkritisch, um nicht zu sagen in verkehrter Weise, von vielen Leuten angenommen, die gerade auf sie stoßen und sie als anziehende Vorstellung erachten. Es sei weiterhin zugegeben, daß sie auch von Scharlatanen verbreitet wurde. Solche Tatsachen sollten uns jedoch nicht von unserem Thema ablenken. In der christlichen Kirche gibt es genügend Bischöfe, deren Auffassung Ignoranz oder Mißbilligung oder beides offenbart und trotz aller Bedrücktheit, die die Intelligenten und Aufgeschlossenen unter den Gläubigen empfinden, wird die apostolische Tradition von ihnen nicht zurückgewiesen. Die Tatsache, daß es einigen Menschen an Scharfsinn fehlt, stellt keinen Einwand gegen das Denken dar.
Mehr noch, die Vorstellung eines Lebens nach dem Tode kann niemals besser oder schlechter sein als die von Gott. Wie Baron von Hügel scharfsichtig bemerkte: "Der gewisse religiöse Wunsch nach Unsterblichkeit beginnt nicht bei der Unsterblichkeit, sondern mit Gott, er ruht in Gott und endet in Gott. Die Seele sucht weder, noch findet sie, noch setzt sie ihre eigene Unsterblichkeit voraus und deswegen sucht, findet sie und nimmt

sie Gott an. Doch sie sucht, findet, erfährt und liebt Gott um Gottes Willen und wegen dieser wirklichen, wenn auch immer noch unvollkommenen Verbindung zu Gott ... so findet sie eher als sie sucht eine gewisse Unsterblichkeit."(6) Denjenigen, die eine oberflächliche Vorstellung von Gott besitzen und ihn in ihrem Leben nur gelegentlich erfahren, wird stets eine belanglose Vorstellung von der Natur des Lebens nach dem Tode zu eigen sein, ungeachtet dessen, ob sie sich zur Reinkarnationslehre oder zu anderen Lehren bekennen.
In literarischem Sinne stellen sich viele Christen, mögen sie sich Protestanten oder Katholiken nennen, das Himmelreich als einen Ort vor, der von Harfenspielern bevölkert wird und dessen Straßen golden gepflastert sind; Gott befindet sich dabei im Mittelpunkt und ersetzt sozusagen das Rathaus. Solche Ideen entspringen einer dümmlichen und unreifen Vorstellung von Gott. Zu gleicher Zeit brauchen nachdenkliche Christen die Möglichkeit einer Wiedergeburt nicht zu leugnen. Wie wir später in einem anderen Kapitel feststellen werden, bemerkte Lloyd George einmal, — eine der vielen bedeutenden Persönlichkeiten, die ihren Glauben an die Reinkarnationslehre ausgedrückt haben — daß er als kleiner Junge den Himmel sogar furchterregender fand als die Hölle.

Angesichts der Anziehungskraft der Reinkarnationslehre dürfen wir die Tatsache nicht übersehen, daß die christliche Standardalternative die furchterregende Höllendoktrin zur Folge hatte. Die Lehre, wonach diejenigen, welche nicht errettet werden, zur ewigen Verdammnis verurteilt sind, scheint sich mit der fundamentalen christlichen Behauptung vom Gott der Liebe nicht in Einklang bringen zu lassen. Die meisten von uns sind sich der Kostbarkeit der Liebe bewußt und wissen damit, daß jegliche moralische Entwicklung, jeder Evolutionsprozeß mit Schmerzen verbunden ist. Wir sollten deswegen über jegliche Zweifel erhaben sein, auch wenn es sich dabei um die Paulinische Betrachtungsweise handelt, daß diejenigen, die

6) F. von Hügel, Essays and Addresses on the Philosophy of Religions Vol. I, New York 1924, S. 197

nicht den Sieg in Christus erringen, zu existieren aufhören. Es ist unverständlich, warum ein Sünder ewige Qualen erleiden soll.
Jene Auffassung entsprach jedoch der weitverbreiteten und offiziellen Lehre der mittelalterlichen lateinischen Kirche, die das Erbe der Reformation darstellte und lange Zeit sowohl von katholischen als auch von protestantischen Kanzeln verkündet wurde. Sicher, der Gebildete betrachtete die Hölle in erster Linie als ewigen Verlust der Gegenwart Gottes, die poena damni; doch nach dem Volksglauben war sie gleichzusetzen mit unaussprechlichen Qualen, bedeutete sie ein furchtbares Schicksal. Sie wurde in der mittelalterlichen und nachmittelalterlichen Kunst mit seltsam sadistischer Beharrlichkeit dargestellt. In einer Schnitzerei aus dem 13. Jahrhundert, in der Worcesterkathedrale, sieht man einen verdammten Menschen, der von zwei Teufeln über dem offenen Feuer gebraten wird. Auf dem Bild "Tres Riches Heures", von Duc de Berry, wird Satan dargestellt, wie er verdammte Seelen ausspeit, die wiederum Feuerschlangen ins Leben rufen, von denen erstgenannte gepeinigt werden.
Weniger hochstehende Teufel sind damit beschäftigt, einen Blasebalg unter einem Bratrost zu bedienen. Der Künstler stellte eine große Anzahl priesterlicher Opfer unter den Verdammten dar, einschließlich eines Bischofs, der an einem Seil gezogen wird, während ein Teufel mit Genuß einen Bohrer in seinen Hals dreht. In der Kapelle von St. Brizio, in der Kathedrale von Orvieto, sieht man eine verdammte Frau, die von einem gehörnten und bösen Teufel weggetragen wird. Michelangelos "Letztes Gericht", in der Sixtinischen Kapelle, bei dem Christus die Verlorenen bestraft, bedarf wohl aufgrund seiner Bekanntheit keiner Erklärung.

Der englische Katechismus der Methodisten, aus dem Jahre 1823, der für Kinder jüngeren Alters herausgegeben wurde, vermittelt uns einen anschaulichen Begriff davon, wie die Protestanten die Kinder im letzten Jahrhundert unterwiesen:

Frage: Was für ein Ort ist die Hölle?
Antwort: Eine dunkle und bodenlose Grube voller Feuer und Schwefel
Frage: Wie bestraft man dort die Bösen?

Antwort:	Ihre Körper werden vom Feuer gemartert und ihren Seelen bereitet gewißermaßen der Zorn Gottes Pein.
Frage:	Wie lange dauern diese Qualen?
Antwort:	Die Qualen der Hölle dauern ewig.

G.G. Coulton, ein angesehener Historiker aus Cambridge, gibt einen Auszug aus einer irisch-katholischen Abhandlung wieder, die sich um 1930, zu der Zeit als er schriftstellerisch tätig war, noch immer im Umlauf befand.(7) Die Abhandlung berichtet von einem Kind, das von seinem Vater sechs Pence erhält, um Brot zu kaufen. Statt dessen kauft es Zuckerstangen und andere überflüssige Dinge. Außerdem hatte das Kind oft Gelegenheiten zur Gnade, die die Kirche anbot, unbeachtet gelassen: die Messe und Sakramente, Gebet und gute Bücher. Das Kind stirbt. Die Beschreibung, die sich nun anschließt, sollte besser nicht von Leuten mit schwachen Nerven gelesen werden. Als das Kind der Ereignisse gewahr wird, fällt es vor Jesus auf die Knie. Es bittet um Gnade: "Herr Jesus, schicke mich nicht in die Hölle. Ich war ein armes, unwissendes Kind." Jesus spricht jedoch von den Gelegenheiten, die es vorbeigehen ließ und das Kind ist sprachlos aus Furcht vor dem nun kommenden Urteil. Es verspürt Kummer und Schmerz. Dann kommt die grausame Szene, in der Christus befiehlt, das Kreuz zu entfernen. Das Kind weint und stöhnt, als es bemerkt, daß das Kreuz weggenommen wird. Es handelt sich hierbei um das Zeichen der nicht mehr vorhandenen Gnade. Engel und Teufel schweigen. Nachdem Christus sein Urteil gesprochen hat, läßt er die Teufel wissen, daß das Kind jetzt ihnen gehört. Das Kind erblickt nun einen schwarzen Himmel mit Millionen von Teufeln, denen es nicht entkommen kann. Schließlich befindet es sich in der Hölle, in einem roten und heißen Ofen, in dem es die Qualen des Feuers erleidet. Das böse Kind wurde viele Jahre in der Hölle gebraten. Tag und Nacht war es durch die Schreie, das Stöhnen und Heulen der Verdammten fast dem Wahnsinn nahe. Mit einem Mal herrscht Stille in der Hölle. Ein

7) J. Furniss, C. SS. R., "The Terrible Judgement and the Bad Child", In G.G. Coulton, Romanism and Truth, Vol. 1, London 1930, App. VI, S. 145

Ruf, vergleichbar einem Trompetenton, erschallt: "Erhebt euch ihr Toten und kommt zum Gericht." Die Leugner der Hölle, einschließlich des bösen Kindes, erheben sich zum letzten Gericht. Sie verschwinden in der Hölle. Die Tore der Hölle schließen sich ein für allemal und werden nie wieder geöffnet. Das böse Kind verbleibt auf immer und ewig in der Hölle.(8) Diese Abhandlung trägt den Titel "Bücher für Kinder und junge Erwachsene". Sie wurde permissu superiorum herausgegeben und von James Duffy & Co. Ltd., 14 und 15 Wellington Quay, Dublin, veröffentlicht. Das Datum fehlt, doch wahrscheinlich erschien es um 1850.

Trotz der damaligen Geisteshaltung zur Zeit der Veröffentlichung dieser Abhandlung und trotz des strengen jansenitischen Katholizismus, dem die Iren den Vorzug gaben, ist diese Abhandlung ein furchtbares Beispiel dessen, was als "spirituelle Lektüre" für Kinder vor noch nicht allzu langer Zeit akzeptiert wurde. Auch bei der Heilsarmee waren Predigten über das Höllenfeuer beliebt. Ihr Begründer, William Booth, schrieb 1854 an seine zukünftige Frau, daß man den Menschen mit dem Höllenfeuer drohen müsse, da sie sonst keine Bereitschaft zur Änderung zeigten.(9)

Es ist nicht erstaunlich, daß das Fegefeuer trotz seiner Qualen einen Beweis der Gottesgnade darstellte. Der Begriff des Fegefeuers wird im Zusammenhang dessen, was die Bibel über die Natur Gottes aussagt, verständlicher. Selbst die krasseste Form dieser Läuterung läßt an moralische und spirituelle Evolution denken.

Sicher sind zahllose Wiedergeburten als Bettler, im Elend und Staub der Straßen Kalkuttas, mit dem christlichen Konzept von Gott eher vereinbar als die traditionelle Lehre von ewigen Höllenqualen. Die Anziehungskraft der Reinkarnationslehre auf diejenigen, die mit Höllenfeuerpredigten und entsprechenden Traktaten aufwuchsen, ist folglich nicht schwer zu verste-

8) ebd., S. 147

9) H. Begbie, Life of William Booth, Vol. I, London 1920, S. 228

hen. Abgesehen von dem Begriff der ewigen Strafe, ist die traditionelle christliche Lehre über die letzten Dinge (die Bestimmung der Menschheit) derartig unklar, daß viele Menschen, sogar regelmäßige Kirchenbesucher, es aufgegeben haben, überhaupt etwas davon zu glauben. Die christliche Eschatologie (wie dieser Zweig der Kirche genannt wird) stellt bei näherem Hinsehen den unbefriedigendsten Bereich der Kirche dar. Sie bedeutet ein Angriffsziel für die Gegner der Kirche und ruft bei nachdenklichen Christen Verwirrung hervor. Es ist also kein Wunder, wenn die klügsten der christlichen Theologen "eitle Spekulationen" zur Wiedergeburt abgelehnt haben. Luther bemerkte auf seine Weise die Schwierigkeiten und Calvin stellt seine eigene Lehre der Unsterblichkeit der Seele in Frage, mit der Begründung, Paulus habe mit Absicht keine Einzelheiten zum Thema geliefert, da Einzelheiten "unsere Frömmigkeit nicht vergrößern".(10)

10) J. Calvin über 1. Kor. 13,12. In: Corpus Reformatorum 77,515, Cf. Institutes, III, 25,6

Kap. II

Ist die Reinkarnationslehre mit dem christlichen Glauben vereinbar?

Ist die Reinkarnationslehre mit dem christlichen Glauben vereinbar? Bevor wir auf diese Frage eine Antwort suchen, wäre es besser, zu überlegen, ob es sich um eine gute Frage handelt. Falls ja, für wen ist sie dann von Interesse?

Wie wir festgestellt haben, ist der Begriff der Reinkarnation sowohl in der Religionsgeschichte als auch in der Weltliteratur weitverbreitet. Außerdem übt die Karmalehre einen belebenden Einfluß auf das Geistesleben des modernen Menschen aus, nicht zuletzt auf junge Menschen. Die meisten Leute vertreten die Auffassung, abgesehen von den philosophischen und wissenschaftlichen Einwänden, denen ein späteres Kapitel gewidmet ist, daß die Reinkarnationslehre von der zentralen Tradition der christlichen Kirche weit entfernt liegt und im Gegensatz zur Bibel steht, weshalb sie selbst im Rahmen der liberalsten Interpretation des christlichen Glaubens keinen Platz findet. Diese Annahme ist natürlich und erscheint prima facie (auf den ersten Blick) gerechtfertigt.
Der Begriff der Reinkarnation, zusammen mit dem Konzept des Karma, das alle entwickelten Formen enthält, die der Betrachtung wert sind, ist im allgemeinen mit östlichen Religionsformen verbunden, die den monotheistischen Glaubensrichtungen, wie Judentum, Christentum und Islam vollkommen fremd sind. Die Glaubensrichtungen, die Gott als den Allmächtigen, den Einen betonen, unterscheiden sich in bedeutender Hinsicht von den Religionen des Buddhismus und Hinduismus, so daß es auf den ersten Blick unwahrscheinlich scheint, eine Lehre, die so fest in einer Religion verankert ist, könnte von einer anderen Glaubensrichtung übernommen werden.
Falls sich der westliche Mensch, sei er nun Christ oder Jude und falls er überhaupt eine religiöse Bindung verspürt, von der Reinkarnationslehre angezogen fühlt, meint er, er müsse sich für die eine oder andere Richtung

entscheiden. Entweder akzeptiert er die Bibel, die gewissermaßen das Wort Gottes ausdrückt — in diesem Fall ist es ihm unmöglich, die Karmalehre anzunehmen — oder er leugnet die Einzigartigkeit der Bibel, indem er ihr lediglich einen Platz in der Religionsliteratur der Menschheit, vielleicht einen nicht einmal sehr bedeutenden Platz zuweist. Handelt es sich um Christen, mögen sie glauben, sie müßten entweder den apostolischen Glauben bekennen, wie es im alten Glaubensbekenntnis niedergelegt ist, und das Evangelium leben so gut sie dazu im Rahmen der Kirche imstande sind, in deren Sakramenten sie unterwiesen wurden (in diesem Fall werden sie die Reinkarnationslehre als unhaltbar von sich weisen) oder sie glauben, ihr christliches Erbe aufgeben zu müssen.

Es mag sein, daß die Karmalehre für einen Christen wirklich keine annehmbare Möglichkeit darstellt. Es mag sogar sein, daß es sich dabei, wie manche meinen, um eine verderbliche okkulte Lehre handelt, die eine Falle für diejenigen ist, welche den christlichen Weg beschreiten. Sicher wird sie oft als Abweichung vom christlichen Pfad, wenn nicht noch schlimmer, verstanden. Nicht weniger bemerkenswert ist hierbei die Tatsache, daß eine solche Betrachtungsweise nicht erst in letzter Zeit entstanden ist.

Es besteht kein Zweifel, daß im westlichen Christentum einem mittelalterlichen katholischen Theologen wie Anselm oder Thomas von Aquin, und das gleiche trifft ebenfalls für Luther, Calvin oder den heutigen Durchschnittschristen zu, sei er nun Protestant oder Katholik, die Karmalehre fremdartig erschienen wäre. Doch eine Überprüfung der Geschichte des christlichen Geistesgutes angesichts der sehr komplexen Ergebnisse, die sich aus der Anwendung moderner Lehrmethoden ergeben, zeigt, daß die Antwort auf diese Frage weniger bestimmt sein sollte. Kardinal Mercier gehört zu denen, die in neuerer Zeit die Meinung vertreten, daß die Reinkarnationslehre von der römisch-katholischen Kirche niemals förmlich verdammt worden ist.(1)

Nicolas Berdyaev, einer der originellsten christlichen Denker, dessen russisch-orthodoxer Hintergrund seinen Gedanken in solchen Dingen ganz

1) Vgl.: Frederick A.M. Spencer, The Future Life, London 1935 (Kor. 10 u. 11)

andere Dimensionen verleiht als sie westlichen Denkern aus diesem Grund eigen sein können, äußert über Tod und Unsterblichkeit vielerlei Interessantes. "Der Sieg über den Tod", schreibt er, "bedeutet noch nicht den letzten und endgültigen Sieg. Der Sieg über den Tod steht zu sehr mit der Zeit im Zusammenhang. Der letzte, endgültige und ewige Sieg ist der über die Hölle."(2) Nachdem er auf die Unrechtmäßigkeit der traditionellen Vorstellung der Hölle anspielt, in der die Menschen auf Ewigkeit wegen ihrer Sünden, die sie zu bestimmter Zeit begingen, gequält werden, stellt er fest: "Die Karma- und Reinkarnationslehre beinhaltet größere Gerechtigkeit, da hier Taten, die sich innerhalb eines bestimmten Zeitraumes ereignet haben, auch innerhalb eines bestimmten Zeitraumes gesühnt werden. Dem Menschen wird eine größere und weitere Erfahrung zuteil als die eines Lebens zwischen Geburt und Tod." Dann allerdings behauptet er rundweg: "Die theosophische Reinkarnationstheorie vermag von einem christlichen Geist nicht akzeptiert zu werden." Nachdem er diese Behauptung von sich gegeben hat, fährt er fort: "Es ist wesentlich, zu erkennen, daß das endgültige Schicksal des Menschen nur durch eine unendlich größere Erfahrung in den spirituellen Welten bestimmt wird als sie in einem einzigen kurzen Erdenleben möglich sein kann."(3) Wenn dem so ist und dies drängt sich mir als unvermeidliche Schlußfolgerung, getragen von einer langen und alten Tradition, für die Christen auf, warum wird dann die Reinkarnationslehre vom christlichen Geist als unannehmbar von der Hand gewiesen?

Die Bibel selbst lehrt nicht explizit die Reinkarnationslehre. Das heißt, es gibt weder im Alten noch im Neuen Testament einen sicheren Hinweis zu diesem Thema, auf den man sich beziehen und aufgrund dessen man einen Menschen zur Akzeptierung der Karmalehre bewegen könnte, der alles in der Heiligen Schrift vermerkte als göttliche Enthüllung ansieht. Es existiert keine biblische Garantie für die Reinkarnationslehre.

Dies bringt uns folglich nicht weiter, da das gleiche von der Dreieinigkeitslehre gesagt werden kann, die sicherlich einen klassischen Ausdruck des

2) N. Berdyaev, The Destiny of Man, London 1937, S. 336

3) ebd., S. 349

orthodoxen christlichen Glaubens über Gott darstellt. Außer dem Text im ersten Johannesbrief (1 Joh. 5.7), der den Gelehrten als Nachsatz bekannt ist, finden wir in der Bibel keinen direkten Hinweis auf die Dreieinigkeitslehre, wie sie von der Kirche formuliert wird.(4) Das Nichtvorhandensein eines biblischen Beweises bedeutet jedoch nicht, daß sie im Widerspruch steht zu den Lehren des Neuen Testamentes. Im Gegenteil, sie besitzt im orthodoxen Christentum weiterhin Gültigkeit.

Es gibt keinen Grund, warum es sich mit der Reinkarnationslehre nicht ähnlich verhalten könnte. Ob dies tatsächlich so ist, werden wir noch feststellen. Wie wir sehen, finden wir dafür bemerkenswerte Unterstützung in der Bibel, bei den Kirchenvätern und in der späteren christlichen Literatur. Es bestehen aber auch ernsthafte philosophische und theologische Einwände.

Vom christlichen Standpunkt aus gesehen liegt der fundamentale Einwand gegen die Reinkarnationslehre darin begründet, daß der Mensch ein Teil Gottes sei, ein göttlicher Funken. Gemäß der christlichen Lehre und entsprechend dem jüdischen Erbe im Christentum wurde der Mensch nach dem Bilde Gottes erschaffen, doch ist er nicht mehr als ein Bild.
Er ist keine Emanation, sondern Gottes Schöpfung. Allen Versuchen, dies zu verschleiern, setzte man lebhaften Widerstand entgegen, denn sie sind Ausdruck für das Mißverständnis dessen, was in der Bibel hinsichtlich des menschlichen Seins geschrieben steht, der Großartigkeit, von Gott geschaffen worden zu sein und der Begrenzung des gefallenen Geschöpfes. Im Judentum und im Islam besteht die Kluft zwischen Gott und dem Menschen deswegen, weil die Vorstellung einer Inkarnation Gottes in Christus als blasphemisch und verabscheuungswürdig bezeichnet wird. Im Islam bedeutet das in Verbindungsetzen eines Geschöpfes mit Gott eine der größten Sünden. Das Christentum bewegt sich ebenfalls in diese Richtung, da es

4) Zudem finden sich diese Worte in keinem unabhängigen griechischen Text und auch in keiner alten lateinischen Quelle oder der Vulgata sind sie verzeichnet.

sich, wie das Judentum und der Islam, der Kluft zwischen dem Menschen und dem Göttlichen bewußt ist. Trotzdem besteht das Paradoxon des christlichen Glaubens darin, Gott habe diese Kluft durch Christus überbrückt. Die Kluft bleibt jedoch bestehen. Darin drückt sich die Gemeinsamkeit des Christentums mit dem Judentum und dem Islam aus.

Die typische Hindulehre unterscheidet sich ziemlich davon. Sie zeigt Gemeinsamkeiten mit vielen anderen Glaubenssystemen, zum Beispiel verschiedenen Formen des Buddhismus im Osten und Westen, dem Stoizismus und Neuplatonismus. Hier wird der Mensch als Emanation Gottes betrachtet und nicht als von ihm geschaffen. Der ganze Kosmos stellt eine Emanation Gottes dar und wird als Ausdehnung des göttlichen Seins verstanden. Die menschliche Seele manifestiert auf gewisse Weise die gottähnliche Natur aller Dinge. In der hochentwickelten Seele, im spirituellen Führer, Propheten oder Heiligen offenbart sich Gott in größerem Maße. Aus dieser Sicht ist es auch sehr einfach, Avatare als Beispiele einer solchen Manifestation anzuerkennen, genauso wie man Platon, Kant und Spinoza als mehr denn große Persönlichkeiten in der Menschheitsgeschichte bezeichnen würde und ähnlich Planck und Einstein als Genies der modernen Wissenschaft anerkennt. Jesus würde unter diesen Umständen gewiß als großer Avatar betrachtet werden, doch weder ihn noch jeden anderen Heiligen oder Propheten, mögen sie auf spirituellem Gebiet noch so eine große Rolle gespielt haben, könnte man in Unterscheidung zu Gautama, Shankara und Moses sehen, da alle sich auf einer hohen Stufe der Heiligkeit befinden. Würde man einem Hindu sagen, daß Christus sich von den anderen unterscheidet, wäre es das gleiche, als wollte man behaupten, daß es sich bei Einstein nicht nur um das größte Genie in der Geschichte der Wissenschaft handelt, sondern daß er sich grundsätzlich und qualitativ von allen Wissenschaftlern, die jemals existierten und existieren werden, unterscheidet. Nicht einmal der glühendste Bewunderer würde darauf Anspruch erheben. Wahrscheinlich würde er eher darüber lachen. Doch dies entspricht genau dem, was die Christen für Jesus beanspruchen.

Jene Haltung, die wir als typisch hinduistisch und neuplatonisch bezeichnen, basiert darauf, daß jedes Wesen als göttlich betrachtet wird, da jeglicher biologischer Wesenheit Leben innewohnt: der Unterschied zwischen einer Qualle und einem Pferd ist lediglich eine Angelegenheit dessen, in welchem Grad sich das Göttliche in ihnen manifestiert.

Es ist richtig, daß die Reinkarnationslehre historisch mit diesen Annahmen verbunden ist und entsprechende Haltungen hervorbringt. Daraus folgt jedoch nicht, daß der Begriff der Reinkarnationslehre nicht von diesen Auffassungen abgespalten werden kann.
Gehen wir davon aus, der Suchende glaube eine klare Vorstellung vom Sinn des Lebens zu besitzen. Falls er bereit ist, an seinem Glauben zu arbeiten, wird er seine Einheit mit dem Göttlichen zugeben müssen, denn dies ist aus seiner Sicht der Weg, um sich spirituell weiterzuentwickeln. Im Hinduismus liegt der Sinn des Lebens darin, sich der vollkommenen Identität von Atman (des Gottes in mir) und Brahman (des Gottes, der das Absolute verkörpert) bewußt zu werden. Die Verbindung zwischen diesen beiden Begriffen ist im indischen Geistesgut so eng, daß die Erlangung dieser Einheit Brahmanatman genannt wird.

Wenn wir danach fragen, was zwangsläufig der Fall sein dürfte, wie Atman jemals von Brahman getrennt werden konnte, erhalten wir eine Antwort, die sich nicht sehr von der im Christentum unterscheidet: das Individuum hat sich seinem Urzustand entfremdet. Für den Christen liegt die Entfremdung im Versagen der gefallenen Menschheit. Das Wesen der Ursünde ist Stolz. In der hebräischen Schöpfungsgeschichte führte die Schlange im Garten Eden Eva erfolgreich in Versuchung, indem sie darauf hinwies, daß Gott die Früchte am Baum in der Mitte des Gartens nur verboten habe, da er genau wisse, daß sie und ihr Gefährte, wenn sie davon essen würden, Gottähnlichkeit erlangten.(5)

Für den Hindu und andere Anhänger der Emanationslehre hat sich die Menschheit nicht durch den anmaßenden und nutzlosen Versuch der

5) Gen. 3,4

Identifikation mit Gott von ihrem ursprünglichen Sein entfernt, sondern im Gegenteil durch das Versagen, jene Identität mit Gott als Realität anzuerkennen, die die biblische Tradition als illusorisch und zutiefst verworfen auslegt, etwas, das vor allem von denen vermieden werden sollte, die um den richtigen Weg bemüht sind. An dieser Stelle stehen sich die beiden Auffassungen hinsichtlich der Beziehung des Menschen zu Gott genau entgegengesetzt gegenüber. Mehr noch, es besteht kein Zweifel, daß historisch gesehen die Reinkarnationslehre eher mit der hinduistischen Religion verknüpft ist als mit dem orthodoxen Juden- oder Christentum.

Gemäß den Anhängern der Emanationslehre sehen wir die Seele in einer verzerrten Vision der Realität. Anstatt den kosmischen Zustand der Dinge so zu sehen, wie er wirklich ist, nämlich ein klares, ruhiges Gewässer, sieht die Seele ihn verzerrt, als einen unruhigen, schmutzigen See. Dieser spirituelle Astigmatismus beruht auf einer Versklavung, die die Hinduliteratur Maya nennt, ein Wort aus dem Sanskrit für einen Zustand, in den jegliche Manifestation des Göttlichen im Moment des Manifestwerdens übergeht. Man mag dabei an eine Wolke denken, die das Göttliche begleitet, wo auch immer es sich manifestiert, die es einhüllt auf eine Weise, die die Illusion einer Realität entstehen läßt, die sich von der göttlichen Realität unterscheidet.

Diese Betrachtungsweise, genau wie diejenige, welche die Identifikation mit dem Göttlichen als des Menschen wahres Ziel voraussetzt, ist der christlichen Tradition nicht vollständig fremd. Das Christentum übernahm ähnliche Anschauungen nicht nur durch frühchristliche Denkweisen aus der heidnischen Welt, sondern auch aus dem biblischen Judentum, das bereits sehr von griechischem Geistesgut vorausgehender Jahrhunderte geprägt worden war. Mehr noch, nachdem das Christentum von diesen Anschauungen beeinflußt wurde, müßte es doch der Reinkarnationslehre aufgeschlossen gegenüberstehen, da es dann imstande wäre, die Meinung zu vertreten, die Seele könne nur zu einer richtigen Sicht der Realität und dem richtigen Bezug dazu auf dem Wege eines langen Läuterungsprozesses zurückkehren. Es handelt sich hierbei um eine harte und schwierige Aufgabe, die weder einfach noch schnell auszuführen ist und bei der man folglich mit Rückschlägen rechnen müsse. Steckt der Mensch hüfttief im Schlamm und ist tapfer bemüht sich herauszuarbeiten, kann er sich durchaus einen Schritt vorwärts und zwei Schritte zurück bewegen. Die Erlösung, mag dergleichen auch schnell zugesichert werden (wie einige Christen es gerne glauben würden), ist nicht einfach zu erlangen.

Die Rettungsaktion nimmt selbst mit der Hilfe von Rettungsringen, die der gefährdeten Seele zugeworfen werden (der "erstaunlichen Gnade" und der "göttlichen Vorsehung" wie Christen bestätigen) lange Zeit in Anspruch. "Der Himmel wird nicht durch bloßes Wünschen gewonnen", wie Zachary Boyd im 17. Jahrhundert in "The Last Battell of the Soul" (Der letzte Kampf der Seele) schreibt.
Es handelt sich dabei um eine Abhandlung über den Kampf der Seele gegen die Kräfte des Bösen, die sie in den Abgrund zu stürzen versuchen. Die Entwicklung der Seele darf nicht als ein kurzer Abschnitt betrachtet werden, sondern es ist erforderlich das Ganze zu sehen.

Alles in allem befindet sich die Emanationslehre, wie sie in der Hindulehre belegt wird, und die Schöpfungsgeschichte, wie sie in der Bibel zum Ausdruck kommt, nicht in vollkommenem Gegensatz zueinander — im Vergleich zum Erlösungsprozeß. Warum vermögen dann Christen die Reinkarnationslehre nicht als Teil ihres Glaubens anzunehmen? Obwohl orthodoxe Christen nicht in der Lage sind, die typische hinduistische Betrachtungsweise über das Ziel des spirituellen Lebens anzuerkennen, könnten sie doch wenigstens in gewissem Maße hinsichtlich der Schwierigkeiten, die die Erreichung dieses Zieles begleiten, ihre Zustimmung geben. Könnte nicht der indische Begriff des unerbittlichen spirituellen Karmagesetzes, das alle unsere moralischen Handlungen und spirituellen Bestrebungen beherrscht, zu der christlichen Weltanschauung hinzugefügt werden? Könnte ein orthodoxer Christ nicht Samsara (den Weltenkreislauf) oder die Inkarnationskette, von der wir in der Hindulehre soviel hören, als einen annehmbaren Weg hinnehmen, auf dem sich die Reise der Seele zu dem Zustand vollzieht, den die Christen traditionsgemäß Himmel oder Seligkeitszustand nennen, in dem die Seele soweit geläutert ist, daß sie den Weg zu Gott findet und, wie es in einem alten schottischen Katechismus heißt, "sich auf immer und ewig an ihm erfreut?"

Auf den ersten Blick könnte es scheinen, daß Christen, die die Reinkarnationslehre nicht als exotische, fremdartige Idee ablehnen, in der Lage sein sollten, sie zu akzeptieren; sie wäre bereichernd für ihr Geistesleben und würde ihrem Glauben neue Dimensionen verleihen.

Das will natürlich nicht heißen, daß ein Christ nicht in der Lage wäre, östliche Vorstellungen in ihrer vollen Ganzheit zu übernehmen. Er ist andererseits kaum berechtigt, sich unkritisch aus der Vielfalt des hinduistischen Gedankengutes oder anderer Traditionen das auszusuchen, das gerade seiner Neigung entspricht. Eine derartige Form der Auswahl sollte einem aufrichtigen Menschen nicht gestattet sein.

Selbst die oberflächlichste Bekanntschaft mit der Geschichte des Christentums zeigt uns, wie die Kirche sich in ihrer Anfangszeit mit diesen Gefahren auseinandersetzen mußte und, da sie sich widersetzte, zu einem allgemeinen Sammelbecken religiöser Ideen zu werden, die gerade an der Tagesordnung waren, hätte sie leicht im allgemeinen mediterranen "Schmelztiegel" untergehen können. Trotzdem war der Begriff der Wiedergeburt in der damaligen Kirche so weit verbreitet, daß die Antwort auf unsere Frage doppelsinniger ausfällt als wir es für möglich gehalten hätten.

Überdies stellte die Auferstehung einen fundamentalen Teil des christlichen Kerygmas dar, die Botschaft der Erlösung, die von den damaligen Aposteln verkündet wurde und deren Natur niemals genau definiert werden konnte. Wir bemerken auch, daß, obwohl die Reinkarnationslehre aus verschiedenen historischen Gründen an Gunst verlor und mit Sekten in Verbindung gebracht wurde, die weit entfernt vom christlichen Weg schie-

nen, sie wiederum von eminent verantwortungsbewußten Denkern unterstützt wurde, die sich dem katholischen Glauben verpflichtet fühlten. Sie wurde auch von bedeutenden Männern und Frauen der humanistischen Tradition gefördert, welche bis auf Sokrates zurückgeht und im vierten Jahrhundert und auch später hohe Bedeutung erlangte.
Selbst die weitverbreitete Meinung, daß die Reinkarnationsdoktrin in Indien seltsam anmutet, beruht auf einem Irrtum. Sie ist in Indien weitverbreitet und man kann nicht einmal Indien als Ursprungsland bezeichnen. Das Industal stellt — mag man es auch als Sammel- und Kontrollpunkt religiöser Ideen ansehen — auf keinen Fall die einzige Quelle des Reinkarnationsthemas dar. Es erscheint in vielen Formen, von denen einige als unfertig, andere wiederum als in hohem Maße aufgeklärt und sittlich zu bezeichnen sind. Die Reinkarnationslehre zeigt sich in vielen Gesellschaften in unfertiger Form. Sir James Frayer berichtete vor langer Zeit, daß die Eskimos an der Beringstraße glauben, die Seelen toter Meerestiere, wie z.B. Robben und Wale, inkarnierten sich in neuen Körpern wieder. Er erwähnt auch, die Kwakuit-Indianer in British Columbia, die glauben, ein Lachs kehre nach seinem Tod ins Reich der Lachse zurück und deswegen bestrebt sind, die Knochen und Innereien ins Meer zu werfen, damit diese anläßlich der Wiederauferstehung des Lachses Wiederbelebung durch die Seele erfahren.(6)

Zweifellos wurde Indien vom Konzept der Reinkarnationslehre tiefer berührt als jede andere Zivilisation, und im indischen Geistesgut hat sich dieser Begriff auf edelste Weise geformt. Doch auch andere Zivilisationen entwickelten unabhängig davon Formen des Reinkarnationsglaubens, einschließlich Platons mythologischen Erbes, das auf Pythagoras zurückgeht.

Der Begriff der Reinkarnationslehre ist in der Religionsgeschichte unter verschiedenen Namen bekannt: Transmigration, Wiedergeburt, Metempsychose. Diese Ausdrücke werden manchmal synonym von Religionshi-

6) J.G. Frazer, The Golden Bough, New York 1930, S. 526

storikern benutzt. Mitunter verwendet man einen Ausdruck als Gegensatz zu einem anderen. Die modernen Theosophen zum Beispiel ziehen es im allgemeinen vor, sich den Ausdruck "Metempsychose" für die ursprünglichen magischen Formen der Reinkarnationslehre vorzubehalten, der die Entwicklung von der Menschen- zur Tierexistenz beinhaltet, während sie den Ausdruck "Reinkarnation" auf die entwickelte, ethische Form der Lehre beziehen, wie sie z.B. in ihren Kreisen existiert und auch im Mahayana-Buddhismus eine fundamentale Rolle gespielt hat.

Es soll nicht Zweck unserer gegenwärtigen Studien sein, uns mit diesen Unterscheidungen näher zu befassen, da wir eine ethische und karmische Form der Lehre voraussetzen. Innerhalb der christlichen Tradition der "Auferstehungslehre" mag der Ausdruck "Metensomatose", der von Clemens von Alexandrien benutzt wurde, für einen Christen eher verständlich sein. Da dies jedoch bereits Pedanterie wäre, werde ich diese Formulierung nur in besonderen Zusammenhängen benutzen und mich keines besonderen Vokakulars bedienen, um Formen der Reinkarnationslehre zu unterscheiden. Der Begriff "Reinkarnation" beinhaltet z.B. oft, muß dies allerdings nicht, den Dualismus der Gnostiker. Der Ausdruck "Präexistenz" mag manchmal unterscheidend gebraucht werden, da er sich auf eine bestimmte Lehre im Christentum bezieht, doch dies muß notwendigerweise nicht den Reinkarnationsbegriff einschließen.

Die weitverbreitete Vorstellung, daß das Christentum alle Formen der Reinkarnationsdoktrin vollkommen auszuschließen hat, ist sehr verständlich.

Die Reinkarnationsdoktrin wurde von der Kirche niemals offiziell anerkannt, sie wurde mit Stirnrunzeln bedacht und war immer schon suspekt. Trotzdem wurde die Annahme, es müsse eine klare, unzweideutige, biblische Lehre in Bezug auf Unsterblichkeit und Auferstehung geben, falsch aufgefaßt.
Im Gegenteil, denn obwohl die Erwartung eines Weiterlebens sicher einen wesentlichen Teil des christlichen Glaubens darstellt und die christliche

Hoffnung bildet, so ist sie doch weit weniger klar definiert als man gemeinhin annehmen möchte. Gewiß, Himmel und Hölle wurden als Alternative für die Guten und Bösen betrachtet, und innerhalb der christlichen Tradition spielte bei den Griechen, den Römern und Anglikanern der Begriff der Läuterung die Rolle des Schlüsselkonzeptes. Trotzdem endete der Versuch, Einzelheiten über diese Zustände zum Ausdruck zu bringen, oft, wenn nicht im Allgemeinen, in intellektueller Verwirrung, ja mitunter in Unheil. Die Klügsten unter den Theologen neigten bezüglich Einzelheiten zum Thema Himmel und Hölle zur Schweigsamkeit.
Dante, der größte christliche Epiker aller Zeiten, entwarf ein lebhaftes Bild aller drei Zustände (Hölle, Läuterung und Paradies), denn der mittelalterliche Geist kleidete gerne unaussprechliche Dinge in irdische Begriffe. Er beschreibt alles so klar und genau, daß selbst in unserer modernen Zeit der Mensch in der Lage ist, die Tore der Hölle zu entdecken und seinen Weg über die Berghänge der Läuterung zu nehmen, wenn er nur genügend literarischen Sinn besäße, die Suche fortzusetzen.

Da Dante die einzelnen Himmel bekannten Planeten zuordnet, von denen der Mond den geringsten Himmel darstellt, dürfen wir hoffen, in absehbarer Zeit Reisen dorthin unternehmen zu dürfen. Dantes poetische Genauigkeit ist nur möglich, da er sich, wie seine Zeitgenossen, in allegorischen Bildern auszudrücken pflegte, und er es sich aufgrund dessen zu erlauben vermochte, konkrete Bilder dieser Art zu entwerfen. Kein gebildeter Mensch wäre je auf die Idee gekommen oder würde auf die Idee kommen, in solchen Bildern einen buchstäblichen Sinn zu entdecken, weder zu Dantes Zeit noch heutzutage.

Je weniger in theologischen Definitionen über die Natur unseres endgültigen Schicksales ausgesagt wurde, um so besser wurde dies gefunden. So stellt der Himmel lediglich die klare Vision Gottes dar, die Hölle den Verlust dessen und die Läuterung ein Zwischenstadium.
Natürlich gibt es auch, wie wir sogleich feststellen werden, andere Betrachtungsweisen. Die Einstellung des Menschen hinsichtlich eines Weiterle-

bens wird von einer Vielfalt von Vorstellungen bestimmt, ganz besonders was das Gottesverständnis anbelangt. Das Christentum hat zu diesem Thema eine lange Tradition aufzuweisen, sowohl seitens der Bibel als auch seitens einer heidnischen Welt, welche die intellektuelle Form des christlichen Glaubens, beginnend mit dem ersten Jahrhundert, prägte. So haben die Christen, trotz einer vorsätzlichen Verschwommenheit und begrüßenswerten Doppelsinnigkeit der Aussagen der Theologen, die oft eine willkommene Erleichterung von den Höllenfeuerpredigten und Versprechungen gewisser Prediger boten, ihre Version eines Weiterlebens entsprechend ihrem Verständnis der Gottesnatur übersetzt. Man sollte die Bedeutung jener Wahrheit nicht überschätzen, daß unsere Betrachtungsweise des Weiterlebens einen Folgesatz unseres Gotteskonzeptes darstellt. Andererseits dürfen wir auch den Unterschied zwischen christlichem Verständnis und dem Geistesgut des unpersönlichen Vedanta weder übersehen noch unterschätzen. Der christliche Modus eines Gotteskonzeptes, das in seinem jüdischen Erbe wurzelt und deswegen kompromißlos monotheistisch ist, unterscheidet sich außerordentlich vom häufig pantheistischen Charakter des hinduistischen und buddhistischen Geistesgutes. Jener Unterschied kommt besonders gut in der Haltung hinsichtlich der Bestimmung des Menschen zum Ausdruck. Die Freiheit, die den Christen innerhalb ihrer Glaubensstruktur zur Verfügung steht, mag sich deswegen, wie einige hoffen und die anderen befürchten werden, als einladend für die Reinkarnationslehre erweisen. Jegliche zuversichtliche Hoffnungen, die wir im Zusammenhang damit haben mögen, derartige Ideen dem christlichen Glauben einzuverleiben, sollten durch eine gewisse Vorsicht gedämpft werden.

Nachdem dies alles aufgeführt wurde, sollten wir auch für Überraschungen in die andere Richtung offen sein. Die Aufgeschlossenheit des Christentums für die Reinkarnationslehre mag sich als größer erweisen als wir gedacht hätten.

Entsprechende Gedanken tauchen unerwartet und ständig wiederkehrend in der Geschichte des Christentums auf. Die Feindseligkeit, auf die sie stießen, kann wohl kaum eine tiefe philosophische oder theologische Rechtfertigung besitzen. Im Gegenteil, manchmal hat sie triviale oder unwürdige Gründe, wie zum Beispiel Ignoranz, Vorurteile, intellektuelle Unsicherheit oder Angst. Die theologische Weiterentwicklung wurde oft durch politische Ängste beeinträchtigt. Religiöse Vorurteile erwachsen auch oft genug aus oberflächlichen Gründen. Man denke nur an das langanhaltende Vorurteil der römisch-katholischen Kirche gegen die Verbrennung, welches zweifellos eine theologische Basis gehabt haben mag, das jedoch, wie so viele andere menschliche Vorurteile, auf einer Art Schuldgefühl beruhte: die Heiden verbrannten ihre Toten, folglich mußten die Christen anders verfahren. Es stimmt natürlich, daß die Wiederauferstehungslehre des Körpers vielen Christen seit früher Zeit mit der Verbrennung unvereinbar schien, doch gibt es keine wohlüberlegten theologischen Einwände dagegen, da die Verbrennung die gleiche Wirkung wie ein Begräbnis besitzt, mit dem Unterschied, daß sich alles schneller und wirksamer vollzieht. Wir sollten daran denken, ob es nicht mit der Reinkarnationslehre ähnlich gewesen sein könnte.

Kein überzeugter Christ würde mit dem hinduistischen oder buddhistischen Verständnis der religiösen Situation der Menschheit vollständig zufrieden sein. Diese großen asiatischen Religionen, die man durchaus richtig als "Religionen des ewigen kosmischen Gesetzes" bezeichnete, beinhalten einen Zustand, der gemäß dem Glauben orthodoxer Christen mit Jesus Christus ein Ende fand. In der Aussage einiger moderner Theologen, daß das Christentum keine Religion, sondern das Ende aller Religionen darstellt, liegt Wahrheit. Es handelt sich dabei genau um die Aussage, die die ursprüngliche Kirche hinter dem Tod und der Wiederauferstehung Christi sah. Die apostolische Lehre besagt, daß die alten Riten verschwinden und alte Fesseln gelöst werden. So existiert im christlichen Glauben eine Dimension, die im Karmaprinzip oder in der Reinkarnationslehre nicht vorhanden ist, indem Sünde durch Jesus Christus überwunden wurde. Karma ist der indische Ausdruck eines Glaubens an die moralische Ordnung im Kosmos. Was auch immer die christliche Lehre beinhaltet, so überschreitet sie sicher die Begrenztheit jeglicher moralischer Ordnung, die wir uns vorzustellen vermögen. Trotzdem ist es der christlichen Lehre nicht darum zu tun, diese Ordnung zu zerstören. In der Kultur, in der Jesus geboren wurde, bedeutete die Torah Ausdruck einer solchen moralischen Ordnung. Sie stellte Gottes Gesetze dar, die von Moses empfangen worden waren und umfaßte die ersten fünf Bücher in der Bibel. Nur in Verbindung mit der Torah gewann ein anderer Teil der Bibel, "die Propheten", an Bedeutung. In seiner Bergpredigt wendet sich Jesus an die Zuhörer: „Meint nicht, daß ich hier bin, die Gesetze der Propheten abzuschaffen. Ich bin nicht gekommen, die Gesetze abzuschaffen, sondern um sie zu vervollständigen." (7)

Aus diesem Grunde darf man im Karmagesetz, das den östlichen Ausdruck der kosmischen moralischen Ordnung darstellt, nicht die Abschaffung, sondern die Vervollständigung des Evangeliums sehen.
In der Mitte der deutschen Aufklärung, im 18. Jahrhundert, lieferte Kant dem Westen ein Pflichtkonzept, das auf dem Gedanken moralischer Ordnung beruht und sich nicht sehr von der Karmalehre unterscheidet, jedoch größere Unterschiede im kulturellen Ausdruck aufweist. Viele Christen wurden im 19. Jahrhundert tief von der Lehre Kants beeinflußt und seine Nachwirkung ist bis auf den heutigen Tag spürbar. Viele gebildeten Christen würden heutzutage nicht zögern und den Begriff "Gesetz" durch das Wort "Pflicht" ersetzen, wie es vorher bereits angeklungen ist. Jesus wurde nicht geboren, um die Pflicht abzuschaffen, sondern um sie deutlich aufzuzeigen. Warum können Christen dann nicht vom "Karma und Evangelium" sprechen? In einem späteren Kapitel, das sich mit dem Begriff der moralischen Evolution befaßt, werden wir auf dieses Kant-Thema erneut zurückkommen.
Seit der Zeit Justins des Märtyrers, im ersten Jahrhundert, den man übrigens als frühen Anhänger der Reinkarnationslehre bezeichnen darf, fanden 'heidnische' Gedanken Eingang in die christliche Religion. Die Dreieinigkeitslehre, welche erst einige Jahrhunderte später formuliert wurde, stellt ein berühmtes Beispiel jener Anpassung an eine Spracheigentümlichkeit

7) Matth., 5,17

dar, die der Kultur, aus der das Christentum hervorging, fremd war. Die Ideen, die der Karmalehre zugrunde liegen, sind heutzutage vielen Christen verständlicher als dies lange Zeit für die ehrwürdige und schöne Dreieinigkeitslehre zutraf.
Es ist wirklich unwahrscheinlich, daß die Basis der Dreieinigkeitslehre jemals von jemand anderem besser verstanden werden wird, als dies für eine vergleichsweise kleine Gruppe griechischer Gelehrter zutraf. (Wie heute von modernen Gelehrten bestätigt wird, verstand selbst die lateinische Welt diese Lehre zur Zeit ihrer Entstehung nicht.) Der Begriff der Reinkarnation, einschließlich der ihr zugrundeliegenden, sie moralisch rechtfertigenden Karmalehre, ist im Vergleich dazu einfach für alle zu erfassen, denen religiöses Denken in der einen oder anderen Weise vertraut ist. Falls man folglich behaupten darf, daß in der Reinkarnationslehre genausoviel Wahrheit liegt wie in der Torah, könnte sie dann nicht eine Rolle im christlichen Geistesgut spielen, die in etwa der außerordentlich wichtigen Rolle der Torah gleichkäme, dem Gesetz Mose, das den Zeiten des Neuen Testamentes bis heute in den Gedanken und im Leben eines Christen eine bedeutende Stellung inne hat?

Im Gegensatz zu einem weitverbreiteten Mißverständnis im Westen wird die menschliche Freiheit durch die Karmalehre weder ausgemerzt noch verringert.

Sie bedeutet nicht mehr und nicht weniger Determinierung als die Torah. Natürlich beinhaltet sie einen deterministischen Aspekt, doch dies gilt für alle Lehren menschlicher Freiheit, wie es jedem Studenten des modernen Existentialismus bekannt sein dürfte. Spricht man von menschlicher Freiheit, erfolgt dies nur im Rahmen einer gewissen Determinierung. Ich bin nicht imstande, Freiheit in einem Vakuum zu erfahren, genauso wenig wie es möglich ist, aus einem nichtexistierenden Gefängnis zu entkommen. Folglich funktioniert das Karma, das ich ständig schaffe, nach einem kosmischen Gesetz, das mich in meiner Freiheit beeinträchtigt. Nirgendwo findet man einen Begriff, der jene moralische Verantwortlichkeit einschließt, wie sie für die Karmalehre zutrifft. Aus diesem Grund mag man in einer Interpretation behaupten, daß die Karmalehre eine Aussicht auf Erlösung erzeugt, die nicht an das heranreicht, was den orthodoxen Christen als Evangelium der Gnade, wie es ganz besonders in der paulinischen und augustinischen Lehre zum Ausdruck kommt, bekannt ist. Dies stellt keinen Grund dar, sie zurückzuweisen, genau wie das Evangelium kein Grund ist, auf die zehn Gebote oder die Summe der Gebote: "Du sollst Gott den Herrn von ganzem Herzen lieben und deinen Nächsten wie dich selbst", zu verzichten.(8)

Ich erwarte vom Leser nicht, sich hinsichtlich der Frage in diesem Kapitel im voraus zu entscheiden. Ich bitte ihn nur um Aufgeschlossenheit gegenüber einer wichtigen und interessanten Möglichkeit. Jeder sollte selbst für sich über das Ergebnis der Nachforschungen entscheiden.

8) Vgl.: Matth. 22,37-40; Deut., 6,5; Levit., 19,18

Kap. III
Erklärende und auslegende Betrachtungen

The soul ... if immortal, existed before our birth, and if the former existence noways concerns us, neither will the latter .... The Metempsychosis is, therefore, the only system of this kind that philosophy can hearken to.
David Hume, Essay on the Immortality of the Soul*)

Die Reinkarnationslehre wird gewöhnlich mit gewissen Lebensweisen und Denkmustern in Verbindung gebracht, die eher für den Osten als für den Westen typisch sind. Natürlich hat in großen Zivilisationen, wie denen Indiens oder Chinas, keine Weltanschauung jemals vollkommen die Oberhand gewonnen; trotzdem scheint die Betrachtungsweise, das Leben als Last, ja sogar als Strafe zu betrachten und nicht als Gunst oder Gnade, in Indien einen fruchtbaren Boden gefunden zu haben, die sich von dort auf andere Teile des Ostens ausgebreitet hat. Vom Leben befreit zu werden, d.h. zu sterben, ist daher eher ein Segen als eine Katastrophe. Zweifellos betrachtet der Durchschnittsmensch solcher Gesellschaften das Leben doch noch etwas anders, doch unter dem Einfluß gewisser geistiger Oberhäupter verbindet er oben genannte Auffassung mit Weisheit. In gleichem Maße wie sich der Mensch mit den Mysterien der Existenz befaßte, folgte er bewundernd dem Beispiel derer, die das Leben gering erachteten. In einer militärorientierten Gesellschaft mag der Mensch keine Neigung verspüren, Kriegsdienst zu leisten, doch er wird dazu erzogen, militärischer Pracht zu huldigen und Soldaten- und Heldentum zu bewundern, genauso wie Menschen in industrie- und wirtschaftsorientierten Gesellschaften den Unternehmer bewundern und dem erfolgreichen Industriekapitän Applaus zollen.

*) Die Seele, ... falls unsterblich, existierte bereits vor unserer Geburt und da unsere frühere Existenz uns in keiner Weise berührt, gilt dies auch für die nachfolgende .... Die Metempsychosis ist deshalb das einzige System in diesem Zusammenhang, das seitens der Philosophie Beachtung verdient.
David Hume, Aufsatz über die Unsterblichkeit der Seele

So wie der Durchschnittsamerikaner im allgemeinen den Millionär bewundert, so verehrt der Durchschnittsinder im allgemeinen den Menschen, der Heim und Familie verläßt, um sich als Sannyasi mit seiner Bettelschale auf den Weg zu machen.

In einem solchen moralischen Klima wird Samsara oder die Kette der Wiedergeburt im allgemeinen als Elend angesehen, dem es zu entkommen gilt. Karma ist Realität und man erwartet von der Religion, daß sie davon befreit. Das Ziel besteht darin, Karma zu überwinden, ins Nirvana einzugehen und so ein für allemal von der Kette der Wiedergeburt erlöst zu sein. Im Westen wird gegenteilig dazu eine weniger pessimistische Sichtweise gegenüber dem Leben eingenommen. Trotz allen Elends, das das Leben begleitet, wird es doch als gut erachtet. Es muß nur noch verbessert werden. Christus hat wahrhaftig die Welt erlöst, indem er ihr allmähliche, doch letztendliche Verbesserung brachte; ohne ihn wäre sie zu ewigem Elend verdammt gewesen. Für den Christen bedeutet das Leben eher Umwandlung statt Begrenzung.

Dieser tiefgreifende Unterschied hinsichtlich der Sichtweise des menschlichen Lebens, im Zusammenhang mit unserer Interpretation der Reinkarnationslehre, ist sehr tiefgründig. Während der typische östliche Anhänger der Reinkarnationslehre bestrebt ist, sich von der Kette der Wiedergeburt zu befreien, die ihm durch sein Karma auferlegt wurde — dies dauert so lange, bis sein Karma abgetragen ist — ist der westliche Anhänger der Wiedergeburt bemüht, sein Karma zu verbessern, damit ihm durch die Wiedergeburt ein reicheres und erfüllteres Leben zuteil werde.

Nachdem die Reinkarnationslehre den Westen in Form esoterischen Wissens aus dem Osten erreichte, das einem importierten Buddhismus entzogen wurde, scheint sie sich allgemein in fundamentalem Widerspruch zu den Vorstellungen der Kultur zu befinden, an die sie sich gewandt hat. Soll man deswegen behaupten oder nicht behaupten, daß diese Vorstellungen falsch sind? Es sei jedoch gesagt, daß sie von der Wahrheit der Reinkarnationslehre abtrennbar sind.

Kein Konzept in der Religionsgeschichte weist größere Unklarheit auf als

das Unsterblichkeitskonzept. Es stellt sich in vielen verschiedenen Formen dar, welche auf Vorstellungen über die Natur des Lebens und des Todes, Mensch und Gott basieren, die sich in einigen Fällen voller Widerspruch gegenüberstehen.
Im Neuen Testament z.B. finden wir keinen eindeutigen Hinweis darüber, was das Versprechen des ewigen Lebens genau beinhaltet. Falls die Seele vergänglich ist, so ist vermutlich das ewige Leben ein Geschenk, das sie vor Vernichtung bewahrt. Sollte die Seele unvergänglich sein, welche Rolle spielt dann das ewige Leben?

Gemäß einer Aussage im frühen christlichen Geistesgut zu diesem Thema ist die Seele des Menschen, nachdem sie von Gott kommt (sei es nun als Funken des göttlichen Feuers, wie es die stoische Tradition besagt oder als Einhauchen des göttlichen Atems bei der Erschaffung des Menschen, wie es eine der biblischen Formen des Mythos darstellt), ihrer Natur nach unsterblich. Aus diesem Grunde existiert sie nach dem Tode des Körpers weiter, sei es nun in einem neuen Körper oder in entkörpertem Zustand. Es gibt jedoch eine andere Betrachtungsweise, die in den Briefen des Paulus und an anderer Stelle zitiert wird, gemäß der die Seele keinen derartigen separaten Status besitzt.

Diese Ansicht scheint eher mit den überlieferten Alternativen, wie der jüdischen Tradition, in Einklang zu stehen, nach der der Mensch eine Einheit von Körper und Seele bildet. Das eine rührt ans andere, eines kann ohne das andere nicht bestehen. So ist des Menschen natürliche Bestimmung das Grab, doch aufgrund Christi Auferstehung (entsprechend der paulinischen Lehre) wird der Mensch mit neuen und wunderbaren Fähigkeiten ausgestattet: durch Christus gelangt er zum Sieg über den Tod und erhebt sich so in einem herrlichen Körper (Soma) zum "ewigen Leben". In der Apokalypse erwähnt man die 144.000 in weißen Kleidern mit Siegespalmen in der Hand. Diese und andere Vorstellungen finden wir ins christliche Geistesgut eingebettet, einschließlich, wie wir gleich feststellen werden, der Theorien der Präexistenz der Seele und anderer Ausdrucksweisen des alten Reinkarnationsmythos.

Diese Streitfrage wurde in letzter Zeit von einer Anzahl von Schriftstellern diskutiert, unter denen die Professoren Oscar Cullmann, Jaroslav Pelikan und Helmut Thielicke hervorgehoben seien.(1) Pelikans Schlußfolgerung ist charakteristisch für die christliche Tradition: "Der Kern des christlichen Glaubens liegt im Lebenspessimismus und Optimismus gegenüber Gott und daraus resultiert die Hoffnung eines Lebens in Gott."(2) Man fühlt sich dabei an Whittiers Zeilen erinnert, denen John Baillie beipflichtend zustimmte:

I know not where his islands drift
Their fronded palms in air
I only know I cannot drift
Beyond his love and care.(3)

Thielicke ist in seiner Brandmarkungsschrift dessen, was er als "weltliche Theorien zur Unsterblichkeit bezeichnet", betonter und dogmatischer, und er ist überzeugt, daß jene Theorien das christliche Denken einschließlich der Reinkarnationslehre beeinflußt haben.(4) Er nennt jene Theorien rundweg blasphemisch. Er betrachtet sogar die Gleichsetzung des Menschen mit Gott — eine Auffassung, die Eingang in die katholische Tradition fand — als höchsten Ausdruck der Blasphemie.(5)

Solchen Schriftstellern ist es ein wichtiges Anliegen, das christliche Versprechen der Auferstehung ernst zu nehmen. Es ist nicht gesagt, daß dieses Versprechen mit der Reinkarnationslehre und anderen weitverbreiteten und traditionellen Lehren in der Religionsgeschichte vollkommen unvereinbar ist. Thielickes Ansicht repräsentiert eine besondere Anforderung an die

1) O. Cullmann, Immortality, a.a.O.

2) J. Pelikan, "The Shape of Death", Nashville 1961, S. 5,121

3) "Ich weiß nicht, wie Gottes Reich aussieht, doch ich weiß, daß er mich liebt und beschützt." J. Baillie, And the Life Everlasting, New York 1966, S. 198

4) H. Thielicke, Tod und Leben, Tübingen 1946, S. 196

5) ebd., S. 197

christliche Tradition, deren klassischer Vertreter Tertullian ist. Was hat Athen mit Jerusalem zu tun? Es gibt jedoch noch einen weiteren Standpunkt im christlichen Denken, von dem die humanistische und christliche Tradition betrachtet wird: nicht als sich feindlich gegenüberstehende Lager ohne gegenseitigen Belang, sondern sich gegenseitig ergänzend.
Eine Annäherung verringert meiner Meinung nach nicht die Kraft oder das Wunder des christlichen Kerygmas und beeinträchtigt nicht seine Besonderheit.

Im Gegenteil, alle diejenigen, die diese Hoffnung wertschätzen, werden bemerken, daß die humanistische Tradition und die in ihr eingeschlossenen und verschiedenen Unsterblichkeits- und Reinkarnationslehren, die besondere Größe der christlichen Hoffnung eher betonen anstatt sie zu verringern.
Auf jeden Fall ist der Mythos der Reinkarnation mit gewissen Vorstellungen zur Natur des Menschen verbunden. Zum Beispiel vermag die Seele nicht jeweils wieder in einem neuen Körper zu existieren, es sei denn, man billigt ihr auf die eine oder andere Weise eine unabhängige Existenz zu. Philosophieempiriker der Gegenwart finden eine solche Vorstellung unverständlich, doch spielte sie in der Geschichte religiösen Geistesgutes eine außerordentlich wichtige Rolle, und bevor wir uns ihrer entledigen, sollten wir bemüht sein, sie zu verstehen. Das Konzept, das menschliche Leben mit einer Pilgerfahrt zu vergleichen, ist für den Buddhismus und das Christentum charakteristisch, obwohl das Wesen der Pilgerfahrt unterschiedlich verstanden werden kann. Tatsächlich finden wir im Buddhismus und im Christentum unterschiedliche Auffassungen darüber. Der Begriff der Reinkarnation braucht jedoch nicht von der christlichen Hoffnung getrennt zu werden, wie Thielicke fordert. Es ist richtig, daß das orthodoxe Christentum, der biblischen Tradition folgend, auf seltsame Weise auf die Allmacht Gottes besteht und auf des Menschen vollkommener Abhängigkeit vom göttlichen Willen. Diese Betonung ist für das östliche Konzept der Unsterblichkeit und Reinkarnation nicht charakteristisch. Trotzdem stellen wir fest, daß man sich die Wege zum Heil, auf die man sich beruft, auf verschiedene

Weise vorzustellen vermag, obwohl die Umstände, die nach ihnen verlangen, wenig voneinander abweichen mögen. Wir sollten dergleichen bei der Untersuchung der Reinkarnationslehre und ihrer Voraussetzungen berücksichtigen.

Bis jetzt vermochten wir festzustellen, daß der Begriff der menschlichen Wiedergeburt extrem alt und bemerkenswert weit verbreitet ist. Er erscheint in der Religionsgeschichte in vielerlei Form, wurde sehr unterschiedlich ausgelegt und trägt verschiedene Namen: Reinkarnation, Transmigration, Wiedergeburt und Metempsychosis. Obwohl er eng verknüpft ist mit Indien und jenen asiatischen Kulturen, die durch religiöses Engagement und Nachdenken erhalten werden, entdeckten ihn Anthropologen auch in primitiven animistischen Religionen, an Orten, die so weit voneinander entfernt liegen wie Afrika und Lappland.

Sie fanden heraus, daß die Lappen glauben, der Geist eines verstorbenen Vorfahren, der sich wieder in einem Kind inkarniere, unterrichte die schwangere Mutter über den Namen des Kindes. Ähnliches wurde bei den amerikanischen Koloshes beobachtet. Einige schwarze Afrikaner, die sich durch die 'tödliche' Farbe der Weißen, denen sie begegneten, sehr erstaunt fühlten, vertreten die Theorie, ihre eigenen Toten seien in einem seltsamen, blaßen Körperkleid zurückgekehrt.

Falls man sich die Reinkarnationslehre in ihrer klassischen Form als verständlichen Begriff vorzustellen vermag, muß der Glaube, daß die Seele sich aus dem Körper entfernt, oder umgekehrt ihn beseelt, vorausgesetzt werden. Der typische Primitivglaube, wonach die Seele, die anscheinend als quasi materiell betrachtet wird, während des Todes durch die Nasenlöcher austritt (oder sogar an der Spitze des Speeres, sollte es sich um einen gewaltsamen Tod handeln), ließ verschiedene Formen des Aberglaubens entstehen, wie z.B. denjenigen, der sich gegen das Schlafen mit offenem Mund wendet. Eine moderne Variante dieses Aberglaubens drückt sich darin aus, indem man dem Niesenden Gesundheit wünscht: der Zweck dieser magi-

schen Formel liegt darin, die Seele in dem Körper zu behalten, in dem sie gerade inkarniert ist. Alle diese Vorstellungen reflektieren den Glauben, die Seele sei zu einer Existenz unabhängig vom Körper fähig. Man steht der Auffassung, daß die Seele sich in entkörpertem Zustande unbehaglich fühlt und sich deswegen immer auf der Suche nach einem neuen Körperkleid befindet, aufgeschlossen gegenüber.
Verbunden mit diesem Glauben sind Handlungsweisen der Grönländer, die einen Iglu leerräumen, bevor er unbewohnt zurückbleibt. Diesem Glauben liegt die Vorstellung zugrunde, daß Torngarsuk, eine gierige Gottheit, stets nach unbewohnten Behausungen sucht und falls ein Iglu gemütlich ausgestattet ist, wird er sich dort häuslich niederlassen und es dürfte schwierig sein, ihn zum Auszug zu bewegen.

Die Verbindung zwischen solchen Ideen und den primitiven Formen der Transmigrationstheorie, bei der menschliche Seelen sich in Tieren, ja sogar Bäumen zu inkarnieren vermögen, ist nicht von der Hand zu weisen. Der Prozeß, während dem entwickeltere Formen der Reinkarnationslehre Gestalt annehmen, ist vielleicht wenig offensichtlich und doch ist er nicht weniger bemerkenswert als andere Entwicklungen in der Religionsgeschichte, wie z.B. die Entwicklung des klassischen Judentums zu einer ethischen Religion und ihr allmählicher Triumph über ihre älteren und primitiven kultischen Vorläufer. Die Art, in der die Reinkarnationslehre im allgemeinen den Studenten der Religionsgeschichte vorgestellt wird, verknüpft sich mit den vielen Formen des Hinduismus und Buddhismus, in denen die Inkarnationskette (Samsara) von einem unpersönlichen moralischen Gesetz beherrscht wird, dem Gesetz des Karma, welches besagt, daß ethische Handlungen belohnt werden und Bedingungen nach sich ziehen, die sich günstig auf die spirituelle Weiterentwicklung auswirken, während unethische Handlungen negative Auswirkungen mit sich bringen und Hindernisse auf dem Weg derer zur Folge haben, die diese Taten begingen.
Wo dieses Verständnis der Reinkarnationslehre vorherrscht, liegt zugleich eine starke Betonung der moralischen Freiheit vor. Westliche Kritiker der Lehre haben ihr oft gewisse unangenehme Konsequenzen vorgeworfen,

wie z.B. moralisches Zögern, was in dem berühmten Gebet von Augustinus zum Ausdruck kommt: "Bitte verleihe mir Reinheit, aber bitte erst später" oder moralische Paralyse, die in Fatalismus und in einer "es ist sinnlos gegen mein Karma zu kämpfen"-Haltung sichtbar wird.

Derartige Gedanken sind dem indischen Geist fremd. Natürlich wurden sie manchmal auch beim indischen Volk sichtbar, doch indem dies geschah, war der Karmalehre auch nicht gedient. Ähnliches ereignete sich unter Cromwells Soldaten, die mit der Bibel und dem Schwert in die Schlacht zogen, mit der Gewißheit, der Herr werde an ihrer Seite sein, ungeachtet ihrer Taten. Eine theologische Doktrin vermag nicht durch Beobachtungen derer beurteilt zu werden, die sie absurd handhaben.

Selbst in Indien scheint die Reinkarnationslehre nicht überall verbreitet gewesen zu sein. Obgleich Radhakrishna, ein bedeutender Hindugelehrter, sogar in den Rig-Veden, den ältesten der Veden, die zur alten indischen Literatur gehören, von der Reinkarnationslehre spricht, stellten westliche Gelehrte im allgemeinen wenig oder gar nichts von der Reinkarnationslehre in den Veden fest.(6) Der Rig-Veda gibt sicher nicht — um es wenigstens zu erwähnen — vollständige Auskunft zur Reinkarnationslehre. Er spricht eher von einer Unsterblichkeit im Paradies der Götter. Auf jeden Fall dürfen wir annehmen, daß nicht in allen alten indischen Religionen von der Reinkarnationslehre die Rede ist, da gemäß einem Hinweis in den Upanishaden, viele Jahrhunderte später (zu einer Zeit als der Begriff bereits wohlbekannt war), weder Svetaketu noch sein Vater Gautama davon gehört hatten.

Die Ursache war darin zu suchen, daß es sich um eine Lehre der Militärkaste, den Kshatriyas, handelte, welche zu jener Zeit zum ersten Mal den Brahmanen erschlossen wurde.(7) Solch ein Zugang läßt darauf schließen, daß die Brahmanen, die gebildete oder Priesterkaste, erkannten, auf welche Weise der Reinkarnationsmythos in der Vergangenheit wurzelte: er ist ein

7) Vgl.: Chandogya-Upanishade 5,3; 6,1,2
6) vgl.: Rig-Veda I, 164, 30 u. 38 / Atharva-Veda 12, 2, 52 b

Mythos unter vielen. Es handelte sich jedoch um einen Mythos, den die Brahmanen annahmen und auf ihre Weise vereinfachten, indem sie ihn in eine ethische und metaphysische Form kleideten. Ihr Vorgehen in dieser Hinsicht glich den hebräischen Propheten, die das alte ursprüngliche Konzept von Yahweh übernahmen und es in das Konzept von Yahweh Sabaoth umwandelten, den allmächtigen Herrn, der universalen und ethischen Gottheit, vor der alle anderen Götter, Mächte und Idole sich zu beugen hatten.

Die Upanishaden übernahmen den Reinkarnationsmythos so wie etwa ein christlicher Theologe des 20. Jahrhunderts eine der vorherrschenden zeitgenössischen Anthropologien, wie die von Freud oder Marx übernimmt, seinen Segen dazu gibt und sie dem christlichen Glauben einfügt. Das Christentum durchlief einen ähnlichen Prozeß vor langer Zeit, als sein erster Kontakt mit der heidnischen Welt seine Hellenisierung erzwang; jedoch hatte bereits eine Vorhellenisierung durch die Hellenisierung des Judentums in vorchristlicher Zeit stattgefunden.

Den Anklang, den der Reinkarnationsmythos beim upanishadischen Geist fand, ist verständlich. Die Upanishaden erschienen zu einer Zeit, als die Gebildeten die Nichtigkeit des bloßen kultischen Rituals erkannten. So warnt eine der Upanishaden zum Beispiel davor, zu rituellen Opfern Zuflucht zu nehmen, um sich so von der Wiedergeburt zu erretten.(8) Diese Opfer waren auch unter dem Namen "unsicheres Gefährt" bekannt. Nein, der einzige Weg ist die Disziplin (tapas) und der Glaube (sraddha).(9) Erlösung findet eher im Wald als am Marktplatz statt. Man erreicht sie durch Wissen, doch handelt es sich dabei nicht um informatives Wissen. In der Tradition westlicher Kultur würde man von Gnosis sprechen. Das heißt, Wissen wird als Bereich der spirituellen Welt verstanden. Wir denken hierbei nicht an Wissen, das aus einer Ansammlung von Fakten besteht. Dieses Wissen wird nicht vom Geist aufgenommen wie Murmeln in einer Flasche. Ein Lehrer

8) Mundaka-Upanishade 1,2,7

9) ebd., 1,2,11

oder Guru vermag denjenigen zu begleiten, der nach Erlangung esoterischen Wissens strebt, doch letztendlich kann ein solcher Lehrer nicht mehr sein als eine Hebamme bei der Geburt eines Kindes — auf diese Weise verstand auch Sokrates seine Aufgabe. Der Suchende muß seinen eigenen Weg finden und dies erfolgt durch strenge Disziplinierung seines Wesens. Uns ist diese Art von Wissen auch als Weisheit bekannt und Selbstdisziplin stellt den Anfang dessen dar.

Es ist kennzeichnend, daß die Schriftsteller der Upanishaden der Wiedergeburt nicht die gleiche Bedeutung beimaßen. Sie neigten dazu anzunehmen, es handele sich hierbei um etwas wenig Wünschenswertes.

Jener Annahme unterliegt die gesamte Entwicklung der Karma-Samsara-Voraussetzung. Sie bestimmte die Form der Reinkarnationslehre, die später die Basis des indischen Geistesgutes bildete und von buddhistischen Missionaren erfolgreich auf andere asiatische Kulturen übertragen wurde, vor allem in China und Japan. Die Reinkarnationslehre, die weit davon entfernt ist, eine Antwort auf religiöse Fragen darzustellen, wird so zur Frage, die eine Antwort verlangt. Die Antwort ist stets soteriologisch: sie sagt einem, wie man sich aus dem Kreis der Wiedergeburt zu befreien vermag; der Gedanke an diese Wiedergeburtskette mag für viele nachdenkliche Menschen bedrückend sein. Die Karmalehre, die von einem religiösen Lehrsatz weit entfernt war, entwickelte sich allmählich zu einer moralischen und metaphysischen Annahme über die Natur der Existenz, während man von den Religionen die Lösung zur Befreiung erwartete. Die großen Religionen, welche Indien hervorgebracht hat, wie das Vedanta, den Jainismus oder Buddhismus, waren alle auf ihre eigene Weise bemüht, auf diese Frage eine Antwort zu geben. Es existiert unter ihnen hinsichtlich der Reinkarnation keine Streitfrage, sowie zum Beispiel ein Jesuit und ein Dominikaner sich über die unbefleckte Empfängnis der Jungfrau Maria gestritten haben mögen. Vielmehr berufen sie sich auf Annahmen, so wie ein Existenzpsychologe bei seinen Patienten einen Zustand der Angst vermutet, von der sie sich zu befreien versuchen. Erklärt er den Begriff der Angst seinen Patienten, dann geschieht dies mit der Absicht, um ihnen das Problem verständlich zu machen.

Kurz gesagt, die Reinkarnationslehre in den östlichen Religionen stellt keinen religiösen Lehrsatz dar, sie ist eher eine Voraussetzung, welche aufrichtige religiöse Fragen nach sich zieht. Hört ein westlicher Mensch, der sich von den östlichen Religionen angezogen fühlt, von der Reinkarnationslehre, mag er erfreut fragen: "Stimmt es wirklich, daß ich wieder auf die Erde zurückkomme?" Niemand, der einer Hindufamilie oder Buddhistenfamilie entstammt, würde die Frage auf diese Weise stellen. In solchen Kulturen würde der religiöse Sucher eher die Frage stellen, die der Reiche Jesus im Evangelium stellte: "Meister, was kann ich tun, damit ich das ewige Leben erlange?"(10) und erwarten, daß man ihm sage, wie er die Kette der Wiedergeburt durchbreche, um Nirvana zu erreichen.

Der Reinkarnationsmythos mag folglich auf viele verschiedene Weisen ausgelegt werden. Pythagoras scheint, falls wir seinem Biographen Diogenes Laertius glauben dürfen, die menschliche Wiedergeburt literarisch verstanden zu haben, da er stets (gemäß Diogenes) zu sagen pflegte, er sei früher Äthalides, danach Euphorbus gewesen und von Menelaus während der Belagerung von Troja tödlich verwundet worden.(11) Platon andererseits betrachtete, wie man weiß, die Transmigration als Teil des allgemeinen mythologischen Ausdruckes seiner Zeit, doch es ist unklar, ob er sich näher damit befaßte. Wir wissen nur, daß er zur Darstellung seiner eigenen Gedanken jenen Mythos verwendete, so wie er auch andere beliebte Mythen jener Zeit verarbeitete.

Des weiteren besitzt der Reinkarnationsmythos, wie Professor Eliade es formuliert, eine offensichtliche Verbindung mit dem Mythos der ewigen Wiederkehr, der den Rhythmus der Geburt, des Todes und der Wiedergeburt als zyklische Realität im Innersten des Kosmos darstellt. "Entsprechend dieser Lehre", schreibt er, "ist das Universum ewig, doch wird es periodisch zerstört und jeweils im Großen Jahr wieder hergestellt." Dieses

10) Mark, 10,17

11) Diogenes Laertius, The Lives and Opinions of Eminent Philosophers, Buch 8, Kap. 4

"Große Jahr" scheint ein chaldäischer Begriff zu sein, der sich in allgemein verständlicher Form im dritten Jahrhundert vor Christus in der hellenistischen Welt ausbreitete und zum Beispiel die Gedanken des Zeno und der Stoiker beherrschte.

Der Mythos des Weltenbrandes befand sich innerhalb der gesamten römisch-östlichen Welt, beginnend ab dem ersten Jahrhundert vor Christus bis zum dritten Jahrhundert unserer Zeitrechnung, entschieden in Mode, er fand aufeinanderfolgend einen Platz in einer beträchtlichen Anzahl von gnostischen Systemen, die vom griechisch-iranisch-jüdischen Synkretismus herrührten. Diese Gedanken, die man bei den Mayas und Azteken genauso wie in Indien und im Iran findet, erkennen eine zyklische Katastrophe als normales Vorkommnis im Zeitablauf des Universums an.(12) In der Hindumythologie begann der gegenwärtige Zeitabschnitt als schöner Frühling der Freude, doch er löst sich auf, bis er schließlich von den tanzenden Füßen Shivas zerstört wird.
Danach erfolgt die Wiedergeburt der Welt, welche von einem lachenden Vishnu unterstützt wird, und dergleichen ereignet sich in einem endlosen Zyklus. Die Vorstellung eines zyklischen Universums findet sich in unzähligen Ausdrucksformen in der Religionsgeschichte. Das Rad der Wiedergeburt ist in der buddhistischen Kunst sehr bekannt. Im alten Griechenland finden wir es im Orphismus. Es kommt auch in der Legende des Phönix, jenes mythischen Vogels, vor, der sich selbst auf einem Scheiterhaufen verbrennt und sich strahlend aus der Asche erhebt, um für einen weiteren Zeitabschnitt zu leben. Die Phönixlegende erscheint in verschiedenen Formen in Gegenden, die so weit voneinander entfernt sind wie Ägypten und Irland, die Türkei und Japan. Der Phönix taucht sogar in der rabbinischen Lehre auf.
Nachdem eine zyklische Betrachtungsweise des Universums und der Tragweite der Reinkarnation, verbunden mit vorgenannter Auffassung, Teile des gnostischen Systems darstellten, das sich im intellektuellen Klima des

12) Mircea Eliade, The Myth of the Eternal Return, New York 1954, S. 87

Mittelmeerraumes zu Zeiten des Neuen Testamentes als sehr einflußreich erwies, zu einer Zeit, als das Christentum sich in der heidnischen Welt verbreitete, fanden solche Vorstellungen gewissermaßen auch in der Gedankenwelt und Sprache derer Eingang, die den christlichen Weg lehrten. Innerhalb eines Jahrhunderts nach dem Tode Christi bekehrte sich Justin der Märtyrer zum Christentum, nachdem er unter den bedeutenden Alternativen seiner Zeit (und es gab deren viele) gesucht hatte. Entsprechend dem "Dialog mit Tryphon" lehrte er, daß die menschliche Seele im Laufe ihrer irdischen Wanderschaft mehr als einen Körper bewohnt.(13) Er erwähnte sogar, daß diejenigen, welche ein sinnliches Leben führten, sich damit der Fähigkeit Gott zu sehen beraubten und sich somit als Tiere inkarnierten.

Christen, die die Präexistenz der Seele lehrten, wurden als "Pre-Existiani" bekannt. Wie wir in einem späteren Kapitel feststellen werden, verkündete auch Origenes die Lehre der Präexistenz der Seele und lehrte wahrscheinlich ebenfalls eine gewisse Form der Reinkarnation. Als einer der größten Denker jener Zeit besaß er einen außerordentlichen Einfluß in der christlichen Kirche. Verschiedene Umstände trugen jedoch dazu bei, die offizielle Anerkennung der Reinkarnationslehre zu verhindern.
Wahrscheinlich bestand der mächtigste dieser Umstände im extremen apokalyptischen Charakter der ursprünglichen christlichen Wesensart. Im ersten Jahrhundert betrachtete man die Parusie (die Wiederkehr Christi) als unmittelbar bevorstehend. Im Reich Christi erwartete man eine neue und bessere Welt. In einer solchen Erwartungsstimmung zeigten die Christen vermutlich wenig Interesse an Spekulationen über die Präexistenz der Seele und noch weniger an der Reinkarnationslehre. Wenn der Mensch glaubt, das Ende der Welt stehe bevor, verliert er wahrhaftig das Interesse an philosophischen Spekulationen jeglicher Art. Statt dessen ist ihm die Dringlichkeit der Situation bewußt und er verspürt ein Bedürfnis nach Reue und Vorbereitung. Weiß jemand, er hat nur noch wenige Monate oder Jahre zu leben, so befaßt er sich ungerne mit einem spekulativen, metaphysischen Sy-

13) Dial. IV (P.G. 6, cols. 481-484)

stem. Man widmet sich eher den praktischen Fragen, denen man sich bedingt durch den herannahenden Tod gegenübergestellt sieht.

Der Mensch, der sich in einen letzten kurzen, grausamen Kampf mit 'Satan' verwickelt sieht, bei dem ihn als Belohnung das Paradies am Ende des endgültigen Gottesurteiles erwartet, wird das Thema der Metempsychosis genauso ungeduldig behandeln, wie ein Soldat bei einem Bajonettangriff einen von Spinozas Lehrsätzen. Das heißt nicht, daß oben genannter Mensch die Reinkarnationslehre nicht anerkennen würde, es will nur besagen, daß er gar keine Zeit dazu hat.
Theoretisch betrachtet, mag das Interesse an den Themen der Präexistenz und Metempsychosis in dem Maße wieder erwachen, in dem die eschatologische Hoffnung der Kirche allmählich neuinterpretiert wird. Wir wir sehen konnten, war dies auch teilweise der Fall. Jedoch resultierten daraus andere Faktoren. Der Gnostizismus stellte eher eine vorherrschende Stimmung dar, eine moderne Richtung des religiösen Gedankens in den frühen Jahrhunderten des Christentums, anstatt einen spezifischen Kult oder eine Schule.

Er verkörperte eine synkretistische, ausgewählte Verbindung religiöser Ideen. So sah das Klima aus, in dem sich das Christentum entwickelte und aus der heidnischen Welt hervorging. Die Kirche vermochte von der institutionellen und verwaltungsmäßigen Seite, ganz zu schweigen von anderen Auffassungen, all diesen Dingen keine besondere Freundlichkeit entgegenzubringen. Neuere Untersuchungen und archäologische Entdeckungen zeigen, daß der Einfluß gnostischer Ideen auf das frühe Christentum größer war als man gemeinhin angenommen hatte. Wären jedoch alle gnostischen Ideen von der Kirche angenommen worden, so hätte sich das Christentum zu einem Sammelbecken religiöser Ideen entwickelt. Als solches hätte es schwer dem Wettbewerb mit anderen einflußreichen Schulen, wie z.B. dem Neuplatonismus, standhalten können. Denn anders als der Hinduismus, der die Funktion eines solchen Sammelbeckens innehatte, besaß das Christentum keinen rassischen Zusammenhalt.

Der Hinduismus stellt mit seiner Aufgeschlossenheit gegenüber religiösen Ideen, selbst gegenüber logisch unvereinbaren Systemen, die fundamentale und institutionelle Religion des Industales dar. Wie das Judentum hat er seine Pforten allen Ankömmlingen geöffnet, und die Tatsache, daß ein Isländer Hindu oder Jude werden kann, läßt uns trotzdem nicht übersehen, daß beide Religionen eine tiefgreifende Blut- und Bodenphilosophie besitzen. Da das Christentum sich aus dem Heidentum entwickelte, hat es dergleichen nicht vorzuweisen. Der Unterschied ist wahrhaftig außerordentlich. Als der Buddhismus sich vom Hinduismus abspaltete und sich in seiner Mahayana-Form als große internationale Religion in China, Tibet und Japan verbreitete, besaß er keinen ihm ebenbürtigen Konkurrenten außerhalb Indiens, wo er entstanden war. In Indien vermochte er sich nicht mit dem Hinduismus zu messen, aus dem er hervorgegangen war und der seine reformerischen Ideen wieder aufnahm. Sowohl die geschichtlichen Umstände als auch die Probleme, denen sich das Christentum gegenübergestellt sah, erwiesen sich als gründlich verschieden von vorgenannten Geschehnissen und somit unvergleichbar. Es dürfte nicht schwierig sein, den Kern dieser Betrachtungen auszumachen.
Die Kirche zeigte sich in ihrer diskriminierenden Haltung gegenüber modernen gnostischen Lehren nicht geneigt, irgendwelchen Dogmen zuzustimmen. Sie war im Prinzip Neuformulierungen abgeneigt, es sei denn, man übte von außen Druck aus. Bei der Formulierung neuer Lehren mußten natürlich ihre Anforderungen berücksichtigt werden, doch die Tendenz war dahingehend, ganz besonders, wenn die Kirche als Institution auftrat, alles beiseite zu schieben, das nicht unbedingt dogmatisiert werden mußte, vor allem, wenn es gnostisch angehaucht schien und den biblischen Bezug vermissen ließ. Alle maßgebenden Theorien zur Präexistenz schienen unter diese Bestimmung zu fallen.

Wir werden einigen dieser Fragen noch mehr Aufmerksamkeit widmen und sie im Detail später behandeln. Da ich sie bereits hier erwähne, liegt mir sehr daran, das Problem näher zu erläutern. In der Religionsgeschichte wurde der Reinkarnationsmythos im allgemeinen als Ausdruck gewisser Voraussetzungen bezüglich der menschlichen Situation verstanden. Dieser Ausdruck war in etwa mit der Funktion des Eingekerkertseins in der modernen Literatur des Existentialismus zu vergleichen. Genauso wie der Existentialist annimmt, daß man nur den Gleichgültigsten sagt, sie seien Opfer der Umstände, so betrachteten es die Anhänger der Reinkarnation gewöhnlich als selbstverständlich, daß die Kurzsichtigen sofort sagen würden, wir seien auf die eine oder andere Weise Gefangene eines Zyklus, der unser Schicksal bestimmt. Der Kurzsichtige vermutet, daß es sich im Fall einer Streitfrage nur um die Lösung eines Problemes handeln kann, welches für jeden nachdenklichen Menschen bereits erkenntlich ist. Die typische Lösung liegt in einer ausgereifteren, ethischen Version, indem wir hinnehmen, daß wir mittels unseres freien Willens in der Lage sind, zur Befreiung zu gelangen, die Kette zu durchbrechen.

Was diese Kette genau darstellt und wie man sie zu durchbrechen vermag, ist soteriologisch von geringer Bedeutung. Spielt es eine Rolle, ob um Himmels willen man im Treibsand oder im Schlamm versinkt? Spielt es eine Rolle, ob man mit einem Seil oder mittels eines Kranes herausgezogen wird?

Ist es in einer solchen Lage von Bedeutung, ob man dann im Wald, auf der Wiese oder im Fluß landet? Folglich ist es für den Menschen innerhalb der Wiedergeburtskette und unter dem Karmagesetz belanglos, ob die vorgeschlagene Lösung Auferstehung oder Nirvana heißt, ewige Ruhe oder Arbeit ohne Müdigkeit und Überdruß. Er wird zunächst sagen: "Laßt mich zuerst aus dem Kreis heraus, danach besteht noch genügend Zeit für die Beschäftigung mit der Theologie." Ähnlich scheint es von geringem Belang, ob der Begriff Metempsychosis literarisch oder figurativ aufgefaßt wird, ob es sich um eine Lehre der Präexistenz handelt, die einen Sanskritnamen trägt. Der wahre Sucher ist kaum an der Ätiologie seiner Situation interessiert, sondern vor allem am Mittel zur Erlangung des Heils. Mit der Sprache des Neuen Testaments mag er fragen: "Was kann ich tun, damit ich errettet werde?" Nur wenn ihm eine befriedigende Antwort zuteil wird (tapas oder "verkaufe alles, was du besitzt" und ähnliches), dann erst wird er bereit sein, sich mit der Natur der menschlichen Lage oder dem menschlichen Schicksal auseinanderzusetzen.

Trotz vorgenannter Tatsachen ist die Verbreitung des Reinkarnationsmythos, wenn man nicht gerade bestrebt war, ihn in bereits erwähnter Art und Weise zu unterbinden, wirklich bemerkenswert. Eliade stellte überzeugend fest, daß "die archaische Bestimmung des Todes als höchstes Mittel zur spirituellen Regeneration einen Rahmen schuf, der sogar die großen Weltreligionen überdauerte und im Christentum wieder an Wert gewinnt .... Doch ... falls ... der Mensch beständig zahllose Tode stirbt, um als jemand anderer wiedergeboren zu werden, nähert er sich immer mehr der Unsterblichkeit."(14) Besonders hervorzuheben ist dabei, daß der Reinkarnationsmythos als Vehikel diente, des Menschen tiefsten existentiellen Schmerz zum Ausdruck zu bringen.

Die Reinkarnationslehre erlebte nicht nur in Indien und im fernen Osten ihre Blütezeit, wo sie bereits lange Zeit vor dem Christentum Verbreitung fand, sondern man stieß überall auf sie, unter den ungünstigsten Umständen und selbst im Bereich einer ihr ablehnend gesonnenen Umgebung.

Moderne Parapsychologen, Seelenforscher und Wissenschaftler unternahmen ernsthafte Studien der Fälle, in denen Menschen aussagten, sich an ein früheres Leben erinnern zu können. Die Literatur zu diesem Thema ist umfangreich, die Ergebnisse scheinen problematisch, da sie viele ungelöste Rätsel offen lassen. Die Prüfer stießen jedoch, nachdem sie sich vieler Fälle entledigten, die sich als unecht erwiesen, auf einige Begebenheiten, die sich nicht so einfach von der Hand weisen ließen. Ein beachtenswerter Forscher auf diesem Gebiet ist Ian Stevenson, Carlson-Professor der Psychiatrie an der Universität von Virginia. Falls Kinder sich an ein früheres Leben zurückzuerinnern zu vermeinen, so besteht seine Hauptmethode darin, sie zur Wiedererinnerung einem Kreuzverhör zu unterziehen und dann das

14) M. Eliade, Myths, Dreams and Mysteries, New York 1960, S. 227

Kind in die Umgebung zu bringen, in der er oder sie in einer angeblich früheren Inkarnation lebten und Freunde identifizieren zu lassen, die er unabhängig davon ebenfalls einem Kreuzverhör unterwirft.
Stevensons Methoden beinhalten auch die Überprüfung von Geburtsnarben und Mißbildungen. Es besteht die allgemeine Annahme, daß z.B. ein gewaltsamer Tod durch eine Kugel, in der darauffolgenden Inkarnation an gleicher Stelle eine Geburtsnarbe zur Folge haben kann. Einer seiner Fälle, ein Türke, behauptete, in einem früheren Leben ein Gangster in Istanbul gewesen zu sein, der in einem Schußgefecht mit der Polizei getötet wurde. Er deutete auf die Stelle an seinem Kopf, an der die Kugel eingedrungen war. Nachdem Stevenson diese Aussagen notiert hatte, überlegte er: falls die Kugel an der bezeichneten Stelle am Kopf des Türken und in der entsprechenden Richtung eingedrungen war, dann mußte sie an anderer Stelle wieder ausgetreten sein und zwar an einem Punkt, den man ungefähr würde festlegen können. Er begab sich zurück, um den Kopf des Türken zu untersuchen. Das Haar erwies sich an dieser hypothetischen Stelle als sehr dicht, so daß zunächst keine Geburtsnarbe auszumachen war. Nachdem jedoch Stevenson das Haar auseinanderteilte, fand er genau die Geburtsnarbe, die er hypothetisch vermutet hatte, obwohl der Türke behauptete, nie etwas davon gewußt zu haben.
Stevenson stieß auch auf zahlreiche andere Fälle von Kindern und Erwachsenen, mit denen er den Ort eines angeblichen früheren Lebens aufsuchte und den sie in ihrem gegenwärtigen Leben kaum besucht haben konnten, obwohl sie die Familienmitglieder mit Namen kannten, sowie eine ganze Menge über die Geschichte zu berichten wußten. Manchmal handelte es sich dabei um Informationen, die selbst denjenigen unbekannt waren, die zur Zeit der Nachforschungen noch am Leben waren.(15)
Der Reinkarnationsmythos stellt uns vor einige Rätsel, die selbst der größte Skeptiker nicht als vollkommen trivial abzutun vermag. Es handelt sich zwar um einen alten Mythos, der jedoch in voller Blüte steht. Obwohl er vorwiegend mit dem Osten verknüpft ist, weist er auch, wie wir noch bemer-

15) Ian Stevenson, Reinkarnation, Freiburg 1979[3]

ken werden, eine lange Geschichte im Westen auf. Die vor uns liegende Aufgabe beinhaltet außerdem eine Überprüfung der Bedeutung dieses Mythos. Wie darf man ihn verstehen? Auf welche Weise vermag er der heutigen Religion angepaßt zu werden? Welche Art von Antwort wird erforderlich im Lichte modernen Wissens und der gegenwärtigen Situation? Bevor wir uns jedoch mit diesen Fragen befassen, tun wir gut daran, die historische Rolle dieses Mythos in jenen westlichen Gesellschaften und Kulturen zu untersuchen, in denen er aus dem einen oder anderen Grund offensichtlich nicht heimisch ist.

Kap. IV

Die Reinkarnationslehre im jüdischen, islamischen und christlichen Glauben.

Als Jesus seines Weges ging, sah er einen Mann, der von Geburt an blind war. Und seine Jünger wandten sich an ihn: "Herr, wer hat gesündigt, dieser Mann oder seine Eltern? Warum ist er blind?"

(Joh. 9,1-3)

Die Reinkarnationslehre ist sicherlich nicht Teil der zentralen Lehre der Bibel, sie ist jedoch Hauptbestandteil der indischen Literatur, welche das Erbe Buddhas darstellt. Trotzdem war sie dem späten hebräischen Geistesgut aus der Zeit Christi, das bereits in großem Maße von Gedanken aus der hellenistischen Welt durchdrungen war, nicht vollkommen fremd. Es ist gut möglich, daß die Tanaiim, die bereits im 3. Jahrhundert vor Christi in Jerusalem ansässig waren, und die man später als die spirituellen Vorfahren der mittelalterlichen Kabbalisten bezeichnete, die Reinkarnationslehre verkündeten. Diese Gedanken schienen den jüdischen Lehrern zur Zeit Christi besonders geistesverwandt. Hillel und der Alexandriner Philon mögen auch dazugehört haben.
Gott sprach zu Jeremiah: "Noch bevor Du Fleisch wurdest, kannte ich dich, und bevor du den Mutterleib verließest, wurdest Du geweiht und ich erkor Dich zum Propheten des Volkes."(1)

Bereits zur Zeit Christi war die Vorstellung, daß die menschliche Seele unsterblich ist, Teil der Lehren verschiedener jüdischer Gruppen und Sekten geworden. Die Pharisäer befanden sich auch unter denen, die diese Lehre unterstützten. Josephus, der jüdische Historiker, berichtet, daß sie an die Unvergänglichkeit der Seele aller Menschen glaubten; während die Seelen

1) Jer. 1,4-5
Für weitere Details bezüglich der Reinkarnationslehre im Judentum vgl.: A. Orbe in "Estudies Ecclesiasticos" 1959, S. 77-91

der Bösen der ewigen Strafe anheimfielen, existierten die Seelen der guten Menschen in neuen Körpern weiter.(2)
Die Essener, berichtet er, waren der Meinung, der menschliche Körper sei vergänglich und die Seele unsterblich. Sie entsteht aus den "subtilen Energien". Sie wird durch eine Art Magnetismus dem Körpergefängnis zugeführt, doch nach dem Tode befreit, und steigt dann voller Freude zu höheren Ebenen auf. In der kabbalistischen Tradition, welche verborgenes und geheimes Wissen für sich in Anspruch nimmt, stellt die Reinkarnation einen zentralen Begriff dar. Rabbi Chajim Vital, der die Lehre des Rabbi Isaac Luria auslegte, welcher wiederum der Gründer der kabbalistischen Schule in Spanien im 16. Jahrhundert war, schrieb einen Aufsatz mit dem Titel "Otz Chüm" (Der Baum des Lebens), der typische Reinkarnationsauffassungen enthält. Yalkut Reubeni, dessen Einstellung man heute als chauvinistisch bezeichnen würde, warnte, daß ein Mann, der sowohl mit seinen Talenten als auch mit seinem Besitz geizig umgehe, bestraft werde, indem er sich als Frau inkarniere! Der Begriff der Reinkarnation ist so eng mit der esoterischen jüdischen Literatur verknüpft, daß jene Juden, die den kabbalistischen Pfad beschreiten, die Reinkarnationslehre fast zu einem wesentlichen Bestandteil des jüdischen Glaubens werden lassen.

Verbunden mit dem Kabbalismus ist eine mystische Bewegung, die unter dem Namen Chassidismus bekannt ist und auf das jüdische Leben großen Einfluß ausübte. Im Chassidismus war die Reinkarnationslehre ein allgemein akzeptierter Glaube, der in der jiddischen Literatur seinen Ausdruck fand und noch unlängst, z.B. im Dybbuk, einer beliebten mystischen Legende von S. Ansky (Solomon Judah Lob Rapoport) und in den Schriften von Sholem Asch gelehrt wurde.

Aufgrund einer solchen eindrucksvollen Entwicklung der Reinkarnationslehre im Judentum stellen die Hinweise im Neuen Testament keinerlei Überraschungen dar. Wie es bei Johannes heißt, fragten sich die Jünger, als

2) Flavius Josephus, Der Jüdische Krieg, II, 8,14

sie einen Mann sahen, der seit Geburt blind war, wer gesündigt hätte, er oder seine Eltern? (3)
Handelte es sich um den Blinden, dann mußte er in einem früheren Leben gesündigt haben. Daraus erhebt sich folgende Frage: Wie läßt sich das Vorhandensein eines angeborenen Leidens wie diesem mit der Gerechtigkeit Gottes in Einklang bringen? Durch die Erbsünde oder durch die Reinkarnationslehre? Entsprechend den Aussagen des Matthäus, erwähnten die Jünger, nachdem Jesus fragte, für wen man ihn hielte, verschiedene Namen, z.B. Elias oder Jeremiah.(4)

Die Reinkarnationslehre war im gnostischen Klima, in dem sich das Christentum entwickelte, Bestandteil des alltäglichen Lebens.

Der Gnostizismus, der eine Mischung verschiedener Einflüsse darstellte und sich im Mittelmeerraum ausbreitete, besaß im ursprünglichen Christentum einen erheblichen Einfluß und neuerliche Schriftentdeckungen zeigen, wie tiefgehend sich seine Wirkung zu jener Zeit erwies. Obwohl gnostische Tendenzen in Verdacht gerieten und von der Kirche mitunter verdammt wurden, stellten die gnostischen Lehren für die frühe Generation der Christen die Lehre der Wahl dar.(5) Die Zugehörigkeit zur Gruppe der sogenannten Prä-Existiani, welche eine Art Transmigrationslehre verkündete, rief keineswegs Mißbilligung hervor, die sonst das Festhalten solcher Betrachtungsweisen begleitete. Clemens von Alexandrien, obwohl eindeutig in seiner Lehre, interessierte sich für die theoretische Betrachtungsweise bezüglich der Metemsomatose.(6) Die Tatsache, daß Tertullian, einer der frühesten lateinischen Kirchenväter, sich vehement gegen Reinkarnationsinterpretationen im christlichen Glauben ausspricht, stellt

3) Joh. 9,1-3

4) Matth. 16, 13-14

5) Vgl. hierzu die Schriften von Geo Widengren

6) Vgl. Stromata 4,26; eine Stelle, die allerdings nicht einheitlich gedeutet wird. Trotzdem klagte im 9. Jhdt. Photius Clemens an, die Reinkarnation gelehrt zu haben. (Libr. 109)

einen beredten Beweis des weitverbreiteten Einflusses dieser Lehre dar, die seiner Ansicht nach den Stempel der Brandmarkung verdiente.
Man sollte hierbei Origenes besondere Aufmerksamkeit schenken. Sein Name ist nicht nur mit der Reinkarnationslehre verknüpft, sondern er war zweifellos auch der größte Bibelgelehrte sowie der originellste philosophische Geist seiner Zeit. Er wurde ca. 185 geboren und starb ca. 254. Sein Bestreben war dahingehend, eine systematische christliche Philosophie zu entwickeln, die sich auf die Bibel gründete.
Aus dem einen oder anderen Grunde brachte man seine Person mit Betrachtungsweisen in Verbindung, die als ketzerisch angesehen wurden. Die politischen Umstände, welche seine Verdammung begleiteten und die theologischen Konsequenzen seiner Lehre werfen derartig komplexe Fragen auf, daß wir ihm und seiner Schule ein eigenes Kapitel widmen werden. Wie wir im nächsten Kapitel lesen werden, fiel die mit Origenes verknüpfte Reinkarnationslehre einem schlechten Ruf anheim, da das Volk irrtümlicherweise annahm, daß mit der Verdammung seiner Person auch die Präexistenzlehre der Seele unter diese Verdammung fiel.
Im 13. Jahrhundert schien der Rat von Lyon vorauszusetzen und ebenso der Rat von Florenz im 14. Jahrhundert, daß die Reinkarnationslehre unter den Kirchenbann gefallen war und man bestand darauf, daß die Seele nach dem Tode entweder zum Himmel aufsteige oder in die Hölle bzw. das Fegefeuer komme. Wir haben jedoch festgestellt und es wird später noch offensichtlich werden, daß die Lehre des Fegefeuers bzw. der Läuterung, wie sie im Mittelalter vertreten wurde, durchaus mit einer gewissen Form der Reinkarnationstheorie vereinbar ist. Die orthodoxe theologische Meinung im Mittelalter mißbilligte allerdings offen die Reinkarnationslehre. Trotz der Nichtanerkennung im orthodoxen Christentum (das als die an die Apostel überlieferte Glaubensgrundlage angesehen wurde), tauchte die Reinkarnationstheorie immer wieder in unzähligen Sekten auf, besonders bei den Albigensern (Katharern) im Westen, die einen besonderen Einfluß in Südfrankreich ausübten, den Paulikanern und und Bogomilen im Osten und unter verschiedenen anderen exoterischen Vereinigungen, in ketzerischen Gruppen und Untergrundbewegungen in ganz Europa.

Die Albigenser, welche aufgrund ihres kompromißlosen Geist-Materie-Dualismus als mittelalterliche Manichäer bezeichnet wurden, dürfen als eindeutig neognostisch in ihrer allgemeinen Auffassung charakterisiert werden.
Sie zeigten sich der Reinkarnationslehre aufgeschlossen und lehrten, die Basis unserer Erdexistenz liege darin, daß wir gefallene Geister und aufgrund dessen gezwungen seien, uns in Körpern zu inkarnieren und Befreiung durch die Transmigration von einem Körper in den anderen zu erlangen. Ihre Reinkarnationslehre ähnelt sehr der Karmalehre Indiens, doch sie sahen in Christus die Möglichkeit der göttlichen Erlösung vom Rad der Wiedergeburt.

Im 7. Jahrhundert christlicher Zeitrechnung vollzog sich der Aufstieg des Islam. Mohammed suchte Anerkennung sowohl bei den Juden als auch bei den Christen zu finden und wurde von beiden abgelehnt. Die Gründung des Islam kann deswegen vielleicht als erstaunlichste Begebenheit eines schnellen missionarischen Erfolges in der Religionsgeschichte betrachtet werden. Der Islam verbreitete sich schnell in den arabischen Ländern. In kurzer Zeit erstreckte er sich von Persien nach Spanien, wahrscheinlich erfaßte er auch jenes Gebiet des indischen Subkontinentes, das uns heute als Pakistan bekannt ist und eventuell sogar den fernen Osten. Das islamische Reich, das durch Jihad, den heiligen Krieg, erweitert wurde, stützte sich auf den Glauben der Einheit und des Herrschertums in Allah, ein Glaube, der beabsichtigterweise einfach war. Man kann das, was der Muezzin vom Minarett ausruft, in wenigen Worten zusammenfassen. La ilaha illa Allah. Muhammed rasul Allah: es gibt keinen anderen Gott außer Allah und Muhammed ist sein Prophet. Die Beliebtheit des Islam und seine Ausübung läßt sich vor allem auf seine Einfachheit zurückführen. Jeder, wie ungebildet er auch sein mag, kann sich schnell das Grundwissen des Islam zu eigen machen und findet Frieden in seinen ethischen Idealen und durch die unkomplizierten Glaubensprinzipien.
Trotzdem ließ die große Einfachkeit des Glaubens, wie sie von den Massen verstanden wurde, weiten Raum für philosophische Spekulationen. Bereits

in den Anfängen des Islam entwickelte sich eine Spannung zwischen den beiden Bereichen, die wir heutzutage als Religion und Wissenschaft abgrenzen.
Die Enthüllung des Koran auf der einen und die philosophischen Erwägungen und wissenschaftlichen Forschungen auf der anderen Seite, machten die arabische Welt im Mittelalter berühmt. Innerhalb dieses weiten Rahmens vermochten sich Ideen und Gedanken, die dieser Einfachheit, um nicht zu sagen Naivität, der allgemeinen moslemischen Lehre fern standen, frei auszubreiten. Die arabischen Philosophen beriefen sich hierbei speziell auf griechische Quellen. Genau wie der Heilige Augustinus und durch ihn das gesamte westliche Christentum, so unterlagen auch die arabischen Denker dem Einfluß neuplatonischer Tradition. Aufgrund eines solchen intellektuellen Erbes und bedingt durch eine gewisse Art der Freiheit, erschien der Begriff der Transmigration unvermeidlich in einer Kultur, die ihm auf den ersten Blick gesehen feindlich gegenüber gestanden haben mag.

Während die weniger Gebildeten fraglos die Grundprinzipien hinnahmen, die man sie lehrte und die Gedankenlosen unter den Gebildeten den Koran mit kompromißloser Buchstäblichkeit lasen, glaubten andere wiederum, daß er sowohl eine innere als auch äußere Bedeutung besaß. Bedingt durch derartige esoterische Interpretationen war die Reinkarnationslehre imstande, Fuß zu fassen.

In den Lehren der Sufis, die beanspruchten, Kenner der esoterischen Lehre des Korans zu sein, wurde der Reinkarnationstheorie ein bevorzugter Platz eingeräumt. Einige der großen Sufilehrer gerieten aufgrund dessen in Schwierigkeiten. Im 10. Jahrhundert behauptete z.B. Mansur Al-hallaj eins mit Gott zu sein, was natürlich als höchste Gotteslästerung ausgelegt wurde. Er wurde hingerichtet, doch übten andere auf dem Sufipfad eine große Wirkung auf den Islam aus. Durch sie und andere Quellen fand der Reinkarnationsgedanke Eingang in die islamische Literatur. Die Drusen, heute eine der interessantesten Gruppen im Mittleren Osten, weisen eine unbekannte

Geschichte auf und sind vollkommen abgeneigt, ihre religiösen Praktiken im Einzelnen zu erläutern, doch die Reinkarnationslehre stellt zweifellos die Grundlage ihres Glaubens dar und besitzt vordergründigen Charakter. Da sie als verantwortungsbewußte Mitglieder der Gesellschaft auftreten, verfügen sie im allgemeinen über den Respekt ihrer Nachbarn.
In der Gruppe, die mich vor einigen Jahren in Nordisrael empfing, vermochte man jeden einzelnen von ihnen als anziehend, höflich und gastfreundlich zu bezeichnen. Vor allem die Frauen, welche bescheidene dunkelblaue Kleider trugen, erschienen mir als würdige Vertreter dieser Kultur des Mittleren Ostens.

Das Judentum, Christentum und der Islam gehören zur Gruppe der Stifterreligionen, deren Kulturgut im semitischen Leben und in semitischen Gedankenmustern wurzelt. Ungeachtet der Kontroversen der Kirchenväter, des Kirchenbannes und mittelalterlicher Verfolgungen fand die Reinkarnation als Erklärung des menschlichen Schicksals selbst auf diesem relativ wenig versprechenden Boden ein unerwartetes Zuhause. In der nachmittelalterlichen Welt, bis auf den heutigen Tag, erwies sich die Reinkarnationslehre als erstaunlich widerstandsfähig dort, wo Gedanken und Ideen keinen Beschränkungen unterworfen waren und dort, wo man sich Fragen hinsichtlich eines Nachlebens und des menschlichen Schicksals aufgeschlossen zeigte, und wo es keinen Grund gab, die Reinkarnationstheorie aufgrund dogmatischer Erwägungen nicht anzuerkennen. Wir sollten dieses Einflußspektrum im großen und ganzen betrachten, um zu ermessen, was die Reinkarnationslehre für unsere eigene Kultur bedeuten könnte und was ihre Anerkennung in Zukunft dem christlichen Leben und Gedankengut bringen mag.

Als erstes jedoch sollten wir, wie bereits besprochen, die frühen christlichen Streitfragen beleuchten, die sich auf das Werk von Origenes konzentrierten, der bei weitem als das bemerkenswerteste Genie, mit der eventuellen Ausnahme von Augustinus, unter den christlichen Kirchenvätern zu betrachten ist und dessen Schriften, mit Ausnahme der Bibel, in der Kirche eine größere Autorität darstellen als jede andere Literatur.

Kap. V
Der Angriff auf Origenes

„.... wir existieren seit dem Anfang, denn am Anfang war das Wort .... mehr als einmal erwies der Logos uns seine Güte auf unserer Wanderung; er gewährte sie uns von Anfang an."

Clemens v. Alexandrien, Stromata

Die Geschichte des Origenes erweist sich für unsere Studien von erheblicher Wichtigkeit. Traditionsgemäß wurde Origenes, der als der gebildetste und originellste Denker unter den frühen Kirchenvätern gilt, als Anhänger einer Irrlehre angesehen. Seit sein Name mit Reinkarnationsideen in Verbindung gebracht wurde und seit er immer mehr von der orthodoxen Lehre abwich, nahm man gemeinhin an, daß die Reinkarnationslehre, so interessant und anziehend sie sein mochte, für den Christen als Wahlmöglichkeit absolut nicht in Frage käme.

Die historischen Tatsachen besagen jedoch das Gegenteil und sind weit davon entfernt, die trockene Betrachtungsweise des Themas zu unterstützen. Sie erweisen sich wahrhaftig als außerordentlich kompliziert. Sie zu entwirren stellt einen mühsamen, um nicht zu sagen ermüdenden Vorgang dar; doch Origenes ist von einer solchen Wichtigkeit für unser Thema, daß es angeraten erscheint, die genauen Umstände zu untersuchen, welche zum schlechten Ruf dieses so beeindruckenden christlichen Gelehrten führten. Das Ergebnis ist nicht beweiskräftig, doch die uns bekannten Tatsachen versetzen den geduldigen Leser in die Lage, sich über ihre Bedeutung selbst ein Urteil zu bilden. Auf jeden Fall stellt die Geschichte, mag sie unseren Untersuchungen auch schwer zugänglich sein, ein faszinierendes Epos dar.

Denn es beweist, wie die Kirche selbst den entschlossendsten Versuchen, sie zu zerstören, durch die vorzügliche Verbindung von Dummheit und Schändlichkeit widerstand, sowohl politisch als auch kirchlich gesehen, welche ihren Ausdruck in einer offensichtlichen Feindschaft gegenüber der

Anwendung des Denkvermögens im Zusammenhang mit religiösen Fragen fand.
Die Grundfakten über das Leben des Origenes, die uns seit dem Altertum bekannt sind, wurden von Eusebius aufgezeichnet (ca. 260 - 340), welcher Bischof von Cäsarea war und auch allgemein als "Vater der Kirchengeschichte" einen Namen besitzt. Origenes wurde, wie bereits erwähnt, um das Jahr 185 in Ägypten, wahrscheinlich in Alexandria, geboren. In seinem Elternhaus wurde ihm eine christliche Erziehung zuteil. Man nimmt im allgemeinen an, daß er unter Clemens von Alexandrien studiert hat, was jedoch von einigen Gelehrten bezweifelt wurde.(1)
Während der Christenverfolgung im Jahre 202 wurde der Vater von Origenes getötet. Es gibt in der Überlieferung Hinweise auf das entschlossene Temperament des jungen Mannes, der bereit war, seinem Vater zu folgen und selbst ein Märtyrer zu werden, so daß seine Mutter seine Kleidung verstecken mußte, um ihn an der raschen Ausführung seines Entschlusses zu hindern. Als Clemens vor der Christenverfolgung floh, nahm Origenes die Stelle des Oberhauptes der Katechismusschule von Alexandrien ein. Die Reife seines Geistes offenbarte sich auch dadurch, indem er sich in der Lage zeigte, eine solche Nachfolge in so jungen Jahren zu übernehmen. Nicht weniger bemerkenswert war seine Selbstdisziplin. Die vielerzählte Geschichte seines übergroßen Eifers, der ihn zwang, sich selbst zu entmannen, indem er die Gebote des Evangeliums (2) wörtlich nahm, brachte ihm beträchtliche Bekanntheit ein. Man sollte sie im Zusammenhang mit der Zeit sehen, in der er lebte und mit seinen Lebensumständen. Ganz sicher bewies er trotz seines jugendlichen Ungestümes die notwendige Reife, um ein schaffensreiches und einflußreiches Leben der Gelehrsamkeit und des Lehrens zu führen.
Schließlich wurde er im Rahmen der Christenverfolgung unter Decius im Jahre 250 gefangengenommen, gefoltert und starb einige Jahre später.

1) Vgl.: J. Munck, Untersuchungen über Clemens v. Alexandrien, Stuttgart 1933, S. 224-229
2) Vgl.: Matth. 19,12

Wie es von einem so großen Geist zu erwarten ist, erwies er sich als Polemiker seiner Zeit und behielt diesen Ruf auch lange bei. Einesteils verfügte er über große Beliebtheit, andererseits stieß er auf heftige Feindseligkeit. Die Kirchenfürsten behandelten ihre Denker selten mit Freundlichkeit. Aufgrund der späteren Verdammung seiner Lehren, die teilweise durch die übermäßige Länge seiner Schriften bedingt war, gingen die meisten der griechischen Originaltexte seiner Schriften verloren, und es blieben nur Fragmente erhalten oder die lateinische Übersetzung. Deswegen ist auch nicht genau bekannt, welche Meinung er gegenüber bestimmten Dingen vertrat, ob die ihm zugeschriebenen Ansichten wirklich auf ihn zurückzuführen waren. Trotz allem ist die allgemeine Richtung seiner Gedanken eindeutig.

Origenes gründete all seine Lehren unzweifelhaft auf die Heilige Schrift, doch wurde er ebenfalls tief vom Platonismus geprägt, der das intellektuelle Klima von Alexandria durchdrang. Genau genommen könnte man ihn als christlichen Platoniker bezeichnen. Tatsächlich wäre es für einen Menschen wie ihn in diesem Klima und umgeben von griechischen Klassikern schwer gewesen, sich diesem außerordentlich durchdringenden Einfluß zu entziehen. Eine der typisch platonischen Lehren, die Origenes' Denken berührte, war die, daß es der Seele, die unabhängig vom Körper existiert und ihm überlegen ist, am besten ergeht, sobald sie sich vom Körper gelöst hat. Das Gebundensein an den Körper kann folglich mit Einkerkerung gleichgesetzt werden. Obwohl Hindernis, stellt der Körper auch ein Instrument dar. Eine solche Lehre über die Seele war natürlich ganz im Sinne der Reinkarnationsansichten, wie man sie in Platons Schriften niedergelegt fand.

In Origenes bedeutendstem Werk, in "De Principiis", wurde uns eine systematische und philosophische Darstellung christlicher Theologie überliefert. Unumstößlich ist seine Ansicht, daß Gott der Eine ist und seine Schöpfung transzendiert.

In diesem fundamentalen Punkt gibt er sich unweigerlich orthodox und bringt allen pantheistischen Systemen Ablehnung entgegen. Wie bereits gesagt, gründet sich seine Lehre auf die Bibel, trotzdem ist er gemäß dem alexandrinischen Wesen dafür aufgeschlossen, die Bibel sinnbildlich zu verstehen. Er erkannte, daß die Heilige Schrift auf dreierlei Art verstanden werden kann, in buchstäblicher, moralischer und in sinnbildlicher Art. Im Zweifelsfall zieht er die sinnbildliche Form des Verständnisses vor. Dieser Aspekt seines Vorgehens ist insofern von Wichtigkeit für uns, da er besagt, daß Origenes einer Lehre wie jener von der Reinkarnation offen gegenüberstünde, stellte sie Teil des Textes dar oder falls der Text eine entsprechende Auslegung erlaubte, vorausgesetzt natürlich, daß keine Einwände aus anderen Gründen existierten. Origenes betrachtete den gesamten Kosmos als mit Symbolen aus einer jenseitigen Welt durchdrungen, einer unsichtbaren Welt, die an Platons Welt der Formen erinnerte. Für ihn gab es deswegen zwei Möglichkeiten, die göttliche Offenbarung zu betrachten: 1. den einfachen Glauben des ungelehrten Geistes, der nicht imstande ist, darüber hinauszuwachsen und 2. die Entwicklung des Geistes zur Gottesbetrachtung. Die spirituell Begabten vermögen sich nicht vollständig mit der sinnbildlichen Betrachtungsweise zufriedenzugeben, sie beschäftigen sich, so wie es die Philosophenkönige Platons zu tun pflegten, mit der Betrachtung ewiger Wahrheiten. Origenes verpflichtete die Gebildeten, sich mit der Spannung, die er zwischen christlichem Denken und christlichem Leben sah, auseinanderzusetzen. Als christlicher Denker nimmt er unvermeidlich eine einsame Position ein: für den einfachen Geist erweist er sich als zu spekulativ und für die Philosophen als zu biblisch.

Origenes war sehr schöpferisch, weshalb eine der Schwierigkeiten der Interpretation darin liegt, daß man nicht immer sicher zu sein vermag, ob er eine Lehre ernsthaft vorschlug oder sie nur als erforschenswerte Möglichkeit erachtete. Bedingt durch das Fehlen der Originaltexte fragen wir uns oft, in welchem Ausmaß an seinem Werk Fälschungen vorgenommen worden sein mögen, um entweder vermutete Ketzereien zu beseitigen oder den Eindruck von Meinungen zu erwecken, die er in Wirklichkeit gar nicht vertreten hat. Jedoch dürfen wir annehmen, daß bestimmte Lehren auf ihn zurückzuführen sind.

Das kreative Wirken Gottes ist ewig. Wir dürfen Gott als Schöpfer "par métier" bezeichnen: falls Gott jemals mit der Schöpfung aufhörte, würde er aufhören, Gott zu sein. Gott erschafft Seelen, und sie alle sind von der Schöpfung her gleich. Alle verfügen über einen freien Willen. Die sündigen Seelen werden zu Dämonen (bösen Geistern), oder es erwartet sie die Einkerkerung im Körper. Der Wachstums- und Verzögerungsprozeß ereignet sich unaufhörlich. Ein Mensch mag sich nach seinem Tode zu einem Engel oder Dämonen entwickeln. All dies drückt eine sehr sinnbildliche Auslegung der Genesis aus. Gott schickte in seiner Liebe Christus, um den Erlösungsprozeß zu beschleunigen und zu vollenden. Im Gegensatz zu früheren Generationen im Christentum, die von einem bevorstehenden Ende der gegenwärtigen Welt sprachen, stellte sich Origenes eine lange Evolution über einen Zeitraum von Äonen vor. Letztendlich käme es zu einer universellen Erlösung, bei der auch die Dämonen errettet würden. Doch dies besagt nicht, daß Sünde ungestraft bleibt. "Die in Sünde gefallene Seele wird nie mehr zu dem, was sie einst war ..... Der reine Geist kehrt heim; er lehnt sich nicht mehr auf, er ergibt sich seinem Schicksal, aber er findet keinen Eingang in jenen heiligen Kreis, in dem die, die reinen Herzens sind, sich von Angesicht zu Angesicht gegenüberstehen."(3)

Origenes vertrat die Präexistenz der Seele, sie existiert bereits, bevor sie an einen Körper gefesselt wird; der Tod, lehrte er, beendet ihre Weiterentwicklung genausowenig, wie er die Möglichkeit eines Rückfalles ausschließt.(4) Ihm liegt offenbar sehr viel daran, die Seelenreise gut verständlich darzustellen. Obwohl man erwarten würde, Hinweise zur Reinkarnationslehre zu finden, gibt es in keinem der vorhandenen Texte eindeutige Stellen, die dergleichen untermauern. Im Gegenteil, er spricht von der "falschen Lehre der Transmigration der Seele in den Körper."(5) Er scheint die Auffassung zu vertreten, daß die Reinkarnationslehre nach pythagoräischem Muster,

3) Charles Bigg, "The Christian Platonists of Alexandria", New York 1970, S. 292

4) Auch Thomas v. Aquin erkannte in der Präexistenz-Lehre die Nähe zu Reinkarnationsvorstellungen. (Vgl.: quaest. disp. de pot., q.3,a.10)

wie sie an Platon überliefert wurde, eine fatalistische Vorstellung des Schicksals der Seele beinhaltet und aus diesem Grunde lehnt er sie offensichtlich ab.(6)
Während er die weitverbreitete Vorstellung seiner Zeit verneint, die Seele eines Menschen könne auch in einen Tierkörper übergehen (was er für ein Wesen, das nach dem Bilde Gottes geschaffen wurde, als höchst unpassend empfindet) (7), gibt er andererseits zu, daß der Begriff der Reinkarnation durchaus einleuchtend ist.(8)
Jene fatalistische Auslegung ist auf keinen Fall wesentlich für den Reinkarnationsglauben und würde von modernen Theosophen und anderen, die die Reinkarnationslehre als fundamentalen Grundsatz betrachten, unzutreffend genannt werden.

Man gewinnt immer wieder den Eindruck, daß Origenes sich zur Reinkarnationslehre hingezogen fühlt, daß ihm jedoch einige Formen verdächtig erscheinen. Er beschäftigte sich sehr ausführlich mit der angeblichen Identität Johannes des Täufers mit Elijah (Johannes 1.21), an dessen Rückkehr man glaubte (Malachäer 3.23) und betont an dieser Stelle die Schwierigkeit der Frage und die Vielfalt der Probleme, die sie beinhaltet. Er weist darauf hin, daß wir nicht nur untersuchen sollten, was mit der Seele geschieht, wenn sie aus diesem Leben scheidet, wir sollten uns auch fragen, ob sie einen neuen Körper zu betreten vermag und falls ja, ob dieser Vorgang stets die gleiche Zeitspanne in Anspruch nimmt und ob die Vorbereitungen immer die gleichen sind. Desweiteren sollten wir uns fragen, ob der Glaube an einen solchen Reinkarnationsvorgang den Gedanken an die Ewigkeit der Welt einschließt.

Derartige Fragen scheinen für jeden Anhänger der Reinkarnationslehre Standardprobleme zu sein und niemand, der die Reinkarnationslehre nicht

5) Matth.-Komm. XIV, 10,20

6) Contra Celsum, 5.29

7) ebd. 4,83

8) Joh.-Komm. VI, 13.74

ernst nähme, würde sich dafür interessieren. Nachdem Origenes letztendlich alle Möglichkeiten in Betracht gezogen und auf alle sie begleitenden Schwierigkeiten hingewiesen hat, bestätigt er die Komplexität des Themas und stellt fest, daß die Lösung dieser Schwierigkeiten die Überprüfung von vielerlei Bibelstellen erforderlich machen würde. Er schlägt deswegen vor, sich nicht weiter über dieses Thema zu verbreiten, da es gesonderter Aufmerksamkeit bedürfe.
Er bemerkt, daß die Frage, mit der sich die Juden an Johannes den Täufer wandten, voraussetzt, daß sie an Metensomatose glaubten, eine Lehre, die ihnen von ihren Vorfahren überliefert wurde und folglich in keinerlei Konflikt steht mit den geheimen Lehren der Meister.

Kardinal Danielou stellt in seinem bemerkenswerten Werk über Origenes fest (9), daß sein ganzes System auf zwei Prinzipien beruhe: der Liebe Gottes und der menschlichen Freiheit.(10) Weiterhin fährt er fort, gewisse Texte von Origenes schienen zu bestätigen, daß die Seele ewige Freiheit besitze und diese Freiheit auch die Möglichkeit weiterer Rückfälle beinhalte. Mit anderen Worten wäre darauf zu schließen, daß die Seele niemals Sicherheit erreichte, da dies den Verlust ihrer Freiheit bedeuten würde.(11) Ich meine, jegliche Auslegung der Genesis, sei sie von Origenes oder anderen, schließt solchen Zustand mit ein. Wie sonst ließe sich der Fall Luzifers erklären, ganz zu schweigen von Adam und Eva? Dürfen wir annehmen, Gott habe Seelen erschaffen, die zu fallen imstande waren und sich so, bedingt durch die Inkarnation, die kosmische Anordnung geändert habe, wenngleich auf lange Sicht ein solcher Rückfall — obwohl er schon so lange zu existieren scheint — ausgeschlossen werden kann?

Daniélou erinnert uns, daß die beständige Möglichkeit des Fallens genau der Punkt ist, in dem Gregor von Nyssa Origenes als angreifbar betrachtete

9) Jean Daniélou, Origène, Paris 1948

10) Er zitiert: De Princ., I,8,3 und III,5,6

11) Daniélou, S. 280

und ihm platonische Metempsychosis vorwarf.(12) Daniélou vertritt die Meinung, daß Origenes durch die Lehre der Apokatastasis (der letztlichen Rückkehr alles Gefallenen), sich über diesen Einwand hinwegsetzt, was jedoch zu Lasten eines der beiden fundamentalen Prinzipien des origenischen Systems, nämlich der menschlichen Freiheit, geht. "Die schwache Stelle im Gedankengut von Origenes", schreibt Daniélou, "ist die Lehre mehrerer aufeinanderfolgender Existenzen. Die Seele erfährt vielerlei Inkarnationen und ist sich weder der vorhergehenden, noch der nachfolgenden Inkarnation bewußt. Dies ist ein Echo auf die platonische Lehre der Metempsychosis, welche eingehend Origenes Gedanken gekennzeichnet und geprägt hat."(13)

Gregor von Nyssa erhob Einwände, zwar nicht gegen die Lehre der Apokatastasis, doch gegen die Version, die er als Entstellung seitens Origenes ansah. Er sprach sich gegen Origenes' Vorstellung einer Rückkehr zum "reinen Geist" aus, sowie gegen aufeinanderfolgende Leben und den Begriff der Unsicherheit.(14) Daniélou betrachtet Gregor als bescheidener in seiner Haltung hinsichtlich des Mysteriums der Apokatastasis, da er in ihr den höchsten Ausdruck einer Liebe sieht, die die Freiheit nicht verletzt. Für Gregor bedeutet dies die Sicherheit der Erlösung, die dem Menschen durch Christus zuteil wird, die dem Einzelnen aber trotzdem die Möglichkeit läßt, sich davon loszusagen.(15)

Die Anerkennung der Größe und Macht der Gottesliebe ist grundlegend im christlichen Glauben. Die Zusicherung der Erlösung durch Christus stellt die größte Freude im christlichen Leben dar. Schränkt jedoch die Gottesliebe die menschliche Freiheit vollkommen ein, erhebt sich die Frage: Was heißt es, daß ich auf Kosten der Einschränkung meiner Freiheit er-

12) Er verweist auf: Matth.-Komm., XIII,12 und De Princ. III,1,23

13) Daniélou, S. 282

14) Vgl. für Gregor: P.G. LXXXVI,898 B und XLVI,108 C, 109 C

15) Daniélou, S. 283

löst werde? Die ganze Herrlichkeit der Erlösung durch Christi beruht darin, daß uns dadurch noch mehr Freiheit verliehen wird. Es liegt bei mir, das Ergebnis der Erlösung in Anspruch zu nehmen oder nicht. Daniélou, der den gegenwärtigen, traditionellen Widerstand in Bezug auf die Reinkarnationstendenzen von Origenes verteidigt, muß andererseits bestätigen, daß Origenes Größe gerade hierin liegt. So vermag er an diesem Punkt lediglich von einem "Geheimnis" zu sprechen.

Es ist unbekannt, was Origenes wirklich von der Reinkarnationslehre hielt. Seine Sympathie für Transmigrationsideen ist offensichtlich. Da das Nichtvorhandensein größerer Vorurteile gegen die Reinkarnationslehre in früherer Zeit des Christentums — wie bereits in einem früheren Kapitel festgestellt — diese zur Wahlmöglichkeit innerhalb der Kirche werden ließ, können wir nicht umhin zu glauben, daß er die Reinkarnationslehre ernst nahm. Es wäre seltsam, hätte er es mit seinen allgemeinen Ansichten und seiner alexandrinischen Erziehung nicht getan. Doch so natürlich es für Origenes gewesen wäre, die Reinkarnationslehre in ihrer klassischen pythagoräischen Form, sozusagen als die "andere Hälfte" der Präexistenzlehre, welche von ihm anerkannt wurde, anzunehmen, es war ihm dies nicht so einfach möglich.

Der Grund hierzu liegt in seiner Ablehnung des gnostischen Dualismus und der historischen Zyklustheorie. Basierend auf zyklischer Geschichtsphilosophie würde ein Christ behaupten, daß Gott in Christus nicht nur einmal auf Erden erscheint, sondern viele Male wiederkehrt. Origenes ist nicht imstande, solches Denken zuzulassen. Er glaubte, das Ende der Welt sei nahe und "der gegenwärtige Zustand der Sünde gehe in einen Zustand der Reinheit über", die Seele könne nicht mehrere Male unter den Bedingungen des gegenwärtigen Lebens existieren. Vom Standpunkt einer zyklischen Betrachtungsweise aus gesehen, hätten aufeinanderfolgende Inkarnationen kein Ende. Der Grund, warum Origenes in diesem Zusammenhang gegen die Reinkarnationslehre eingenommen ist, ist folgender: die Geschichte hat ein Ziel und die Handlungen und Erfahrungen der Seele sollten daher, so meint er, diesem Ziel dienlich sein. Er verteidigt seine Präexistenztheorie aufgrund biblischer Texte und teilweise dadurch, indem er die Mannigfaltigkeit der Geschichte durch den Schöpfungsakt Gottes erklärt. Die Reinkarnationslehre schien ihm nicht in die christliche Geschichtsphilosophie zu passen, er verspürte ihr gegenüber jedoch eine rationale Anziehung.

Seine Gegner verfuhren mit ihm wenig zart und behandelten ihn ziemlich diskriminierend, als sie seine Lehre in bezug auf ein Weiterleben angriffen. Die Kirche maß in früheren Jahrhunderten der Vorstellung große Bedeutung bei, daß sich bei der Wiederauferstehung die Toten in ihren Körpern erheben würden, die sie zu Lebzeiten besaßen. Origenes wollte solchen Vorstellungen nicht zustimmen. Man beschuldigte ihn einer Vielzahl von Ketzereien, welche sich nicht nur auf die Präexistenzlehre bezogen, sondern auch auf eine Form der Dreieinigkeitslehre, die auch unter dem Namen Subordinationslehre bekannt war. Überdies diffamierten, wie dies so oft geschieht, die Schüler die Lehren des Meisters. Der Origenismus zeigte sich weitaus eigensinniger als Origenes es hätte jemals sein können, was zur Folge hatte, daß sein Name mit vielerlei seltsamen Ansichten und Meinungen in Verbindung gebracht wurde. Man beschuldigte ihn des weiteren jener Lehre, die besagt, bei der Wiederauferstehung nehme der Körper eine kugelartige Gestalt an.

Die Präexistenzlehre stellte das Hauptziel des Angriffes dar und uneinsichtige Gegner hätten sie am liebsten verdammt. Der Origenismus wurde bald zu einer bequemen Sammelstelle aller mißliebigen Meinungen und Vorstellungen. Die Feinheit von Origenes' Gedanken ging in derartig billigen kirchlichen Streitereien schnell verloren.

Der Origenismus wurde im späten vierten Jahrhundert zum Mittelpunkt einer scharfen Auseinandersetzung. Epiphanius eröffnete den Angriff, der von Hieronymus fortgeführt wurde, welcher zunächst ein glühender Verteidiger von Origenes war, sich aber offensichtlich als Ergebnis der Verhandlungen mit Epiphanius in Jerusalem von der Gegenseite überzeugen ließ und danach bestrebt war, die Verurteilung von Origenes zu erwirken. Dieses Bestreben hatte Boomerangwirkung, denn der Bischof, den er um Origenes' Verurteilung ersuchte, sprach sich nicht nur dagegen aus, sondern erhielt von den weltlichen Behörden die Exilsermächtigung gegen Hieronymus. Theophilus, seit dem Jahre 385 Patriarch von Alexandria, besaß den Ehrgeiz, um nicht zu sagen die Skrupellosigkeit, die Interessen seines erzbischöflichen Amtes durchzusetzen. Ehemals ein Verfechter von Origenes' Lehren, hatte er sich wie Hieronymus gegen Origenes gewandt. Er berief im Jahre 400 den Rat von Alexandria ein, wo der Origenismus verurteilt wurde. Theophilus setzte seine Kampagne gegen Origenes fort, nannte ihn die "Hydra des Ketzertums" und verfolgte seine Anhänger.

Man darf wohl annehmen, daß sich hinter diesen Maßnahmen politische Motive verbargen. Als die Auseinandersetzungen im 6. Jahrhundert erneut entbrannten, war der politische Hintergrund nur allzu eindeutig und wohlbekannt. Die Umstände, die die Versammlung des zweiten Rates von Konstantinopel begleiteten (des fünften ökumenischen Rates der Kirche), gestalteten sich derart, daß einige moderne römisch-katholische Gelehrte bezweifeln, ob der durch diesen Rat verhängte Kirchenbann heute noch für die katholischen Gläubigen bindend ist.

Bevor der Rat einberufen wurde, bestand ein harter Konflikt zwischen Kaiser Justinian und Papst Vigilius. Es besteht kein Zweifel, daß Vigilius unter starkem politischen Druck stand, und es scheint eindeutig, wie Gegner der Lehre des Origenes Justinian beeinflußten, indem sie seine despotischen Neigungen zu ihrem Vorteil nutzten.
Auf jeden Fall ist es schwierig, den Handlungen des Vigilius zu folgen: er ist schwankend in seiner Meinung, er ändert seinen Standpunkt, zeigt andererseits jedoch oft auch großen Mut. Überdies wurde der Name des Origenes von vielen als Deckmantel zur Unterstützung eines pantheistischen Mystizismus genutzt, der gerade in einigen Klöstern in Palästina modern war. Zu alledem war die Auseinandersetzung über Origenes in den größeren Rah-

men einer Auseinandersetzung eingebettet, welche so komplizierte Themen wie Monophysitismus und Nestorianismus umfaßte. Dieser Streit stellte nur einen Teil und wahrscheinlich nicht einmal den wichtigsten einer drohenden tiefen Kirchenspaltung zwischen Ost und West dar, die, obwohl der Bruch erst 1054 endgültig und formell wurde, schon vorher die gesamte christliche Kirche beunruhigte. In diesem Labyrinth des politischen Druckes, kirchlicher Intrigen und theologischer Schärfe vermögen wir nicht alle relevanten Fakten zu erfassen, aber es tauchen doch Dinge auf, aus denen wenigstens versuchsweise Schlüsse gezogen werden dürfen.

Die Einsiedlermönche von Neulaura, nahe Jerusalem, die sich vom Kloster Großlaura abgetrennt hatten, ergriffen besonders stark Partei für die Lehre des Origenes, doch auch andere vertraten seine Lehre. Wie ich bereits im vorhergehenden Absatz bemerkte, wurde der Name des Origenes wahrscheinlich benutzt, um Vorstellungen und Begriffe abzudecken, die ganz und gar nicht von Origenes gelehrt wurden und die genausoweit von seiner Lehre entfernt waren, wie diejenigen der Neuplatoniker von der Lehre Platons. Wie dem auch sei, es gelang den Gegnern von Origenes Kaiser Justinian davon zu überzeugen, einen Brief an den Patriarchen von Konstantinopel zu schreiben, in dem Origenes als verderbter Ketzer bezeichnet wurde. Auf Befehl von Justinian wurde 543 in Konstantinopel eine Synode einberufen und ein Edikt erlassen, das eine Liste von Irrtümern enthielt, die man Origenes zuschrieb und die angeblich widerlegt werden sollten. Dieses Edikt sollte zwar zur Stützung des Friedens zwischen Ost und West beitragen, vertiefte aber die Kluft zwischen beiden noch stärker.

Papst Vigilius widersetzte sich als erster dem kaiserlichen Edikt und brach die Verbindung zum Patriarchen von Konstantinopel ab, der es unterstützte. Als er jedoch in Konstantinopel ankam, widerrief er seine Meinung, und indem er sich weigerte, dem Kaiser Autorität in theologischen Angelegenheiten zuzugestehen, verabschiedete er ein Dokument, das die Schriften verurteilte, die im kaiserlichen Edikt unter den Kirchenbann gestellt worden waren. Dieses Dokument wurde von den Bischöfen in Gaul, Nordafrika, und auch anderswo vielfach kritisiert und Vigilius zog es 550 zurück.

Jene Angelegenheiten erwiesen sich als so kompliziert und weitreichend, daß man eigentlich nicht zu sagen vermochte, was es wirklich mit der Auseinandersetzung über Origenes im Zusammenhang mit dem allumfassenden Konflikt auf sich hatte. Inzwischen spalteten sich die Origenesmönche in zwei Gruppen: in die Isochristen und die Protoctisten. Erstere vertraten die Auffassung, daß möglicherweise alle Menschen wie Christus werden würden, während die letzteren dergleichen leugneten. Die Vorstellung der Isochristen bewegt sich in Richtung einer Form des Pantheismus, die eng mit östlichen Formen der Reinkarnationslehre verknüpft ist und unsere gegenwärtige Studie zeigt, daß sie mit dem christlichen Weg unvereinbar ist. Die Protoctisten, die sich als Gegner der Isochristen zeigten, vermochten die Präexistenzlehre der Seele nicht anzuerkennen und schlossen sich den Gegnern des Origenismus an.

Nach vielerlei Untersuchungen und Erörterungen berief Kaiser Justinian einen Rat der gesamten Kirche ein, der als zweiter Rat von Konstantinopel oder fünfter ökumenischer Rat der Kirche bekannt wurde und sich 553 versammelte. Die Absicht bestand darin, Ost und West zu vereinen, und eigenartigerweise schlug dieses Vorhaben fehl. Justinian hatte gehofft, mit diesem Edikt die Monophysiten zu versöhnen (sie vertraten die Meinung, daß Christus lediglich eine göttliche Natur besaß), indem er ihren Gegnern, den Nestorianern, Strafen androhte.

Der Monophysitismus war damals in der christlichen Kirche weit verbreitet und es gibt selbst heute noch einige Kirchen, wie z.B. die koptische und äthiopische Kirche, welche eingestandenermaßen dem Monophysitismus anhängen. Überdies wurde die allgemeine mittelalterliche Frömmigkeit außerordentlich von ihm beeinflußt, obwohl er offiziell von der katholischen Kirche nicht anerkannt wurde. Justinian hatte in seinem Edikt von 543 - 544 Schriften verurteilt, die sich den Lehren des Nestorius aufgeschlossen zeigten und welche als "Die drei Kapitel" bekannt wurden. Diese Schriften hatten mit Origenes absolut nichts zu tun und wegen ihnen wurde hauptsächlich der fünfte ökumenische Rat einberufen. Es fragt sich, in welchem Maß und ob überhaupt die Lehre des Origenes während jenes Konzils verurteilt wurde. Justinian war damit befaßt, den theologischen Standpunkt der Schule von Antiochien anzugreifen, der demjenigen Standpunkt der alexandrinischen Schule entgegengesetzt gegenüberstand und deren glänzendster Vertreter Origenes war. Ihm war in diesem Unterfangen ein deutlicher Mißerfolg beschieden, jedoch gelang es ihm, alte Auseinandersetzungen anzufachen, die ohne sein Eingreifen eingeschlafen wären.

Der ökumenische Rat wurde am 5. Mai 553 unter der Vorherrschaft des Patriarchen von Konstantinopel einberufen, doch der Kaiser überwachte die Verhandlungen. Die Beschlüsse wandten sich gegen den Westen. Von den 165 Bischöfen, welche die Ratsgesetze am 2. Juni während der letzten Zusammenkunft unterzeichneten, gehörten wohl höchstens sechs der westlichen Seite an. Aus Protest dagegen und gegen weitere Regelwidrigkeiten verweigerte Papst Vigilius seine Anwesenheit. Wie wir unseren gegenwärtigen Untersuchungen entnehmen, so sind die tatsächlichen Beschlüsse des Rates nicht ganz klar. Über "Die drei Kapitel" wurde der Kirchenbann verhängt, doch wie wir gesehen haben, hatten sie direkt mit Origenes nichts zu tun. Unter den vierzehn Personen oder Schriften, die mit dem Kirchenbann des Rates belegt wurden, wird Origenes Name einmal auf der Liste der Ketzer erwähnt, doch es gibt Beweise, die den Glauben rechtfertigen, daß es sich hierbei um eine Einschiebung handelt. Vigilius akzeptierte auf lange Sicht die Ratsverordnungen, doch was diese Akzeptierung bezüglich unseres Themas bedeutet, ist ganz und gar nicht klar.

Jedoch wurde selbst mit seiner Zustimmung jener Rat im Westen nicht umgehend als ökumenischer Kirchenrat anerkannt. Einige Diözesen, einschließlich Mailand, brachen die Verbindung zu Rom ab. Mailand unterhielt bis zum Ende des sechsten Jahrhunderts keine Verbindung mit Rom. Es ist schwer, sich einen noch ergebnisloseren Ausgang vorzustellen, selbst wenn wir sicher wären — was in Bezug auf die Lehre von Origenes nicht zutrifft — was es mit diesem Mangel an Beweiskraft auf sich hatte.

Origenes jedoch litt mehr unter seinen Freunden als unter seinen Feinden. Fragen wir uns heute, was wir über seine Ansicht zur Reinkarnation wissen, stellt sich heraus, daß wir nicht imstande sind zu sagen, welche Auffassung er vertrat, da seine Freunde in seinen Werken und Schriften eine Art informeller Zensur dort ausübten, wo sie den Eindruck hatten, seine Rechtgläubigkeit könne Schaden erleiden. So verschwanden alle Werke und Abschnitte, welche seine kühneren und interessanteren Ideen enthielten. Schreiber, die seine Aussagen mißbilligten, ließen diese einfach weg. Bei dem einzigen vollständigen Text von Origenes' Hauptwerk, "De Principiis", das sich heute in unserem Besitz befindet, handelt es sich um eine freie Übersetzung, welche das Werk von Tyrannius Rufinus (ca. 345 - 410) darstellt, einem tendentiellen Charakter, auf dessen Übersetzungen bereits Hieronymus (ca. 342 - 420) hinwies, der unbestreitbar der größte Übersetzer der frühen Kirche war. Rufinus verballhornte die Texte von Origenes, um ihn so vor der Anklage der Ketzerei zu schützen. Evagrius Ponticus (346 - 399) entwickelte eine Art "origenischer Superlehre", die alle Schwierigkeiten im sechsten Jahrhundert erheblich verstärkte. Rufinus richtete jedoch den größeren Schaden an, während Evagrius dazu beitrug, Origenes unter den Gläubigen in schlechten Ruf zu bringen. Rufinus und die mißbilligenden Schreiber wußten zu verhindern, daß weder Gläubige noch Nichtgläubige erfuhren, was Origenes von der Reinkarnationslehre hielt.

Welchen Schluß vermögen wir dann aus dieser quälenden Frage zu ziehen? Ich selbst bin überzeugt, daß er in irgendeiner Form die Reinkarnation lehrte.

Zweifellos unterschied er hier, wie auch an anderer Stelle, zwischen kirchlicher Orthodoxie und seinen eigenen Ansichten, wie es wohl jeder originelle Denker unvermeidlich tun würde. Dies erklärt auch, daß er über die "falsche Lehre der Transmigration der Seele in den Körpern" schrieb.(16)

Eine solche Verurteilung hatte zweifellos Ähnlichkeit mit der Verurteilung der "römischen Fegefeuerlehre" seitens der Kirche von England (17), bei

16) Matth.-Komm. XIV, 10,20

17) Vgl.: Book of Common Prayer, Articles of Religion, Article XXII

der die Kirche selbst nicht in der Lage war — wie wir später noch feststellen werden — eine eigene Alternativauslegung zu finden. Da sie lediglich "die römische Fegefeuerlehre" ablehnte und nicht den Begriff des Fegefeuers bzw. der Läuterung, so schloß die Tatsache, daß Origenes über eine "falsche Lehre der Transmigration der Seele in den Körper" zu schreiben vermochte, nicht aus, daß er trotzdem eine eigene Alternativlehre vorzuweisen hatte.

Der Schlüssel hierzu ist in seiner Äonentheorie zu finden. Gemäß dieser Theorie benötigt die allmähliche Weiterentwicklung aller Dinge zur endgültigen Vollkommenheit eine außerordentlich lange Zeit, unzählige Serien von Weltzeitaltern oder Äonen. Origenes fühlte sich so frei, eine Lehre vorzuschlagen, die der indischen Karmalehre sehr gleicht, während er gleichzeitig leugnete, daß er tatsächlich die Reinkarnationslehre lehrte.(18) Entsprechend Origenes begibt sich jede Seele nur einmal im Laufe eines Weltzeitalters in einen Körper, während er unter Reinkarnation viele Verkörperungen innerhalb eines Weltzeitalters versteht.(19) So dürfen wir wohl vermuten, daß es neben den offenbar Anti-Reinkarnationsabschnitten, welche die informelle Zensur seiner Freunde überdauerten, im griechischen Originaltext Aussagen gab, die man heute im allgemeinen hinsichtlich ihrer Gültigkeit zum Thema Reinkarnation mit den Upanishaden und der Bhagavad Gita auf die gleiche Stufe stellen würde.(20) Man argwöhnt, daß seine Reinkarnationslehre im Verlauf der kirchlichen Auseinandersetzungen verlorenging, bei denen die Lehre des Origenes zu einem bequemen Sammelbecken aller ungeliebten Meinungen wurde.
Niemand, dem das törichte Parteigängertum kirchlicher Streitgespräche bekannt war, hätte dies uneinleuchtend gefunden.

Es ist sicherlich tragisch, daß seitdem die Christen allgemein glauben (denn nicht jeder weiß über das Durcheinander, die Niedrigkeit und den Mangel an Beweiskraft politisch-kirchlicher Verfahren Bescheid), daß die Reinkar-

18) Vgl.: De Princ. I,8 / III,1,21 f. / III,3,5

19) Vgl.: Über das Gebet XXVII, 14; Matth.-Komm. XI,3 / XII,36 / XIV,3

20) Vgl.: De Pinc. IV, 4,8

nationslehre mit dem christlichen Glauben unvereinbar sei. Sie meinen daher mit größter Selbstverständlichkeit, es handele sich hierbei um einen verbotenen Glauben, der die Leugnung Christi und die Aufgabe der Kirche beinhalte. Aufgrund dessen oder durch das, was sie entweder gelesen oder von Bischöfen, Priestern und aus anderen Quellen gehört haben, von denen sie abhängig waren, mutmaßen sie, daß der fünfte ökumenische Rat die Pforte für immer geschlossen hat. Wie bereits in einem früheren Kapitel erwähnt, nahmen sowohl der Rat von Lyon, im Jahre 1274, und der Rat von Florenz, im Jahre 1439, an, daß die Reinkarnationslehre (die sich zu jener Zeit als ein wichtiger und herausragender Lehrsatz der zweifellos ketzerischen Albigenser erwies) schon vor langer Zeit der Ächtung anheim gefallen war.

Diese mittelalterlichen Ratszusammenkünfte betonten, daß die Seele im Todesmoment in den Himmel aufsteige oder in die Hölle komme. Eine solche Aussage erwies sich als zu fürchtender Punkt in den allgemeinen Predigten. Doch die gesamte Frage über das Schicksal der Seele befand sich und verblieb in einem solchen chaotischen Zustand, daß man sich wundern muß, warum sich selbst die Nachlässigeren unter den Christen damit zufrieden gaben. Die vom Körper losgelöste Seele kommt geradewegs in den Himmel oder die Hölle. Traditionsgemäß wird diese Feststellung als das göttliche Gericht bezeichnet. Doch nach allgemeiner Ansicht erhalten die Seelen ihre Körper wieder zurück (genau den gleichen Körper, den sie auf Erden bewohnten), doch was diese Körper für eine Funktion für die Seelen besaßen, welche offensichtlich auch ohne sie zu existieren vermochten und bereits den Segen des Himmels genossen oder die Qualen der Hölle verspürten, blieb für jeden Menschen in peinvoller Dunkelheit.

Die Schwierigkeit, über die zeitweise entkörperte Seele zu berichten, wurde durch die bereitwillige Anerkennung der aristotelischen Lehre durch spätmittelalterliche Denker noch verstärkt. Aristoteles, dessen Lehre im 12. Jahrhundert wieder an Gültigkeit gewann, stellte für die großen mittelalterlichen Denker die höchste Autorität auf dem Gebiet der Wissenschaft dar. Seine Lehre der Einheit von Körper und Seele schien die biblische Lehre zu bestärken, da man in der frühen hebräischen Lehre Körper und Seele als Einheit verstand, die die Schöpfung Gottes ist. Folglich erwies sich die platonische Lehre als unpassend. Entgegengesetzt den häufigen Vermutungen, beeinflußten platonische und neuplatonische Vorstellungen tiefgreifend die mittelalterlichen Denker, selbst nachdem die Lehre von Aristoteles wieder an Gültigkeit gewonnen hatte. Aristoteles bedeutete eine Herausforderung für ihren Geist, während Platon ihren Herzen näherstand. Das gemeine Volk, das sich um die Lehre von Aristoteles wenig kümmerte, nahm instinktiv in diesen Dingen eine gleichgültige Haltung ein. Es war von der Vorstellung erfüllt, Religion bedeute ein Nachinnengekehrtsein der Seele (und deswegen Entfernung vom Körper); gleichzeitig war es (wie man in der Bibel liest) sehr weltlich eingestellt. Der Glanz von Dantes literarischen Leistungen rührt daher, daß er beide Aspekte des mittelalterlichen Geistes vereinigt. Auf jeden Fall schenkte die "Wissenschaft" jener Tage der apostolischen These von der Auferstehung des Körpers Glauben, welche im Gegensatz zur alten heidnischen Vorstellung der Unsterblichkeit der Seele stand. Die apostolische These stimmte jedoch nicht mit der Betrachtungsweise überein, die die Theologen gemeinhin vom Todesgeschehen hatten. Papst Benedikt XII. vertrat z.B. in seiner päpstlichen Bulle "Benedictus Deus" (1336) die Lehre, daß die Seele sofort in den Himmel, die Hölle oder das Fegefeuer kommt, was die Vorstellung einer vorübergehend "schlafenden Seele" ausschließt, wie sie für einige frühe Kirchenväter charakteristisch gewesen zu sein scheint.

Die Erwähnung des Fegefeuers läßt uns daran denken, wie wenige Menschen nur im Mittelalter die Kühnheit besaßen zu erwarten, sofort in den Himmel zu kommen.

Die meisten fühlten sich dafür nicht heilig genug. Die allgemeine Vorstellung war dahingehend, daß man glaubte, falls man überhaupt errettet werden würde, zuerst ins Fegefeuer zu kommen, um sich dort "einige Zeit" aufzuhalten, bevor einem die himmlische Seligkeit zuteil wurde. Die Zeitspanne im Fegefeuer ließ sich nicht bestimmen. Man nahm jedoch an (vor allem die Gebildeten), daß sie sich von der irdischen Zeitspanne unterschied. Jedoch ließ sich das Wesen des "Fegefeuers" verständlicherweise nicht erklären, obwohl man das Fegefeuer stets mit einer Läuterung durch das Feuer in Verbindung brachte. Nachdem der Körper nicht mehr existierte, konnte es sich offensichtlich nicht um ein Feuer handeln, das von einem Chemiker oder Physiker in seiner Zusammensetzung hätte überprüft werden können.

Die Schwierigkeiten finden selbst hier kein Ende, da es noch einen anderen Zustand gab: die Vorhölle. Traditionsgemäß spricht man von wenigstens zwei Arten der Vorhölle: "limbus patrum" und "limbus infantium".(21) Dem "Limbus Patrum" ordnete man heilige Männer und Frauen zu, welche vor Christi Geburt gestorben waren und die nun seiner Wiederkehr harrten, damit er sie erlöse und in den Himmel bringe. Man erwartete dieses Ereignis zwischen Christi Tod am Karfreitag und seiner Auferstehung an Ostern. Es handelte sich um ein Thema, das von der mittelalterlichen Kunst häufig dargestellt wurde und oft als Abstieg in die Hölle oder (in England) als Höllenqual abgebildet wurde. Der "Limbus Infantium" entspricht dem Zustand der Kinder, die vor der Taufe sterben und deswegen (wie es weitverbreiteter Glaube unter mittelalterlichen Christen war) für den Himmel ungeeignet sind. Beide Formen erachtete man als angenehme Orte oder Zustände, welche sich jedoch nicht mit der überaus großen Freude der himmlischen Seligkeit vergleichen ließen. Die Gebildeten wußten, daß man "Limbo" eher als Zustand denn als Ort aufzufassen hatte (was auch für weitere Schicksalsformen des Menschen zutrifft); aber das Problem bezüglich der Funktion der entkörperten Seele blieb erhalten. Es ergaben sich Schwierigkeiten im Ausdruck der spätmittelalterlichen Gedanken, die auf ihre Weise den Menschen wohl genauso viel Kopfzerbrechen bereiteten wie das Körper-Geist-Problem den zeitgenössischen Philosophen.

In einem gesonderten Kapitel wird zu erörtern sein, wie sowohl die moderne Philosphie als auch die moderne Wissenschaft dem Begriff der entkörperten Seele feindlich gegenüberstehen.

21) Vgl. Thomas von Aquin: 3. Sent., dist. 22, q.2, a.1; dist. 45, q.1, a.2

Kapt. VI
Reinkarnation in der Renaissance und der späteren Literatur

Ich persönlich bin über jeden Zweifel überzeugt, daß die Reinkarnation eine Tatsache ist.

Lord Dowding, Lynchgate

Es läßt sich eigentlich kaum feststellen, ob Reinkarnationsideen im Mittelalter weiterhin einen untergründigen Einfluß ausübten. Zudem sollte man das intellektuelle Chaos berücksichtigen, von dem soeben die Rede war. Desweiteren erinnere man sich, wie tiefgehend sich der Einfluß gnostischer Ideen an der Entstehungsstätte der großen Religionen des Westens im Mittelmeerraum erwies. Vor Erfindung der Buchdruckkunst erfolgte die Nachrichtenübermittlung langsam. Hörte man von einer neuen Idee, welche von denen verurteilt wurde, denen man sonst in dieser Angelegenheit Autorität zusprach, so lehnte man sie aus diesem Grunde auch ab oder man gab sie an den Untergrund weiter, der sich stets als der sicherste Ort zur Entwicklung interessanter Ideen erwies.

Besonders bemerkenswert ist es, mit welcher Beharrlichkeit sich dieses Thema durch die Literatur der Renaissance bis hin zur modernen Zeit zieht. Das Motiv der Reinkarnation erscheint immer wieder und springt einem sozusagen an den unerwartetsten Stellen ins Auge. Viele unter den naturalistischen Denkern und auch andere stimmten der Erklärung "natura nihil agit frustra" (in der Natur geschieht nichts ohne Grund) zu, die der berühmte Arzt des 17. Jahrhunderts, Sir Thomas Browne, in seiner berühmten Religio Medici "das einzig unbestreitbare Axiom der Philosophie" nannte.(1) Dieser berühmte Autor, der zwar nicht der Reinkarnationslehre in der traditionellen Form, wie man sie in Indien und woanders fand, zustimmte, akzeptierte jedoch die alte Vorstellung, daß es "etwas Göttliches in uns

1) Thomas Browne, Religio Medici, XV, S. 28

gibt, etwas, das bereits vor den Elementen existierte", und er glaubte auf gewisse Art und Weise an Transmigration. Diesem Glauben, so unklar er auch gewesen sein mag, scheinen doch viele humanistische Denker im Anschluß an die Renaissance des 16. Jahrhunderts angehangen zu haben. Das Wiederaufleben des Neuplatonismus unter der Medici-Protektion bewirkte ein zunehmendes Interesse am Reinkarnationsgedanken, wie er gemeinhin mit der platonischen Tradition in Verbindung gebracht wurde.

Reinkarnationsvorstellungen fanden auch die Zustimmung der "Umanisti", der italienischen Humanisten, die speziell im 14. Jahrhundert ihre Blütezeit erlebten. Pico della Mirandola, ein typischer italienischer Humanist der Renaissance, interessierte sich für kabbalistische und esoterische Literatur, die besagte, daß die Seele beim Tode den Körper verläßt und einen neuen Körper betritt. Der Neapolitaner Giordano Bruno, der sich dem Dominikanerorden im Alter von fünfzehn Jahren anschloß, zeigte ebenfalls zunehmendes Interesse an esoterischer Literatur. Er stützte sich auf die Kosmologie von Kopernikus und verkündete eine besondere Form der Reinkarnationslehre, bis er schließlich am 17. Februar 1600 in Rom auf dem Scheiterhaufen verbrannt wurde. Selbst nach seinem Tod war sein Einfluß noch spürbar, nicht zuletzt bei den Philosophen des 17. Jahrhunderts, wie Leibniz und Spinoza. In seinem Glaubensbekenntnis vor der Hinrichtung erklärte er, als Katholik glaube er, daß die Seele nach dem Tode entweder in den Himmel, die Hölle oder ins Fegefeuer komme, doch als Philosoph, der sich eingehend mit diesem Thema beschäftigt habe, finde er den Glauben einleuchtend, daß die Seele nie körperlos bleibe und folglich von einem Körper in einen anderen übergehe, wie Pythagoras es bereits vor langer Zeit gelehrt habe.

Die italienischen Humanisten der Renaissance waren oft tiefreligiös. Ihre Auffassungen wichen außerordentlich von dem ab, was uns heute als Humanismus bekannt ist. Der Ausdruck "Humanismus" taucht im Englischen erst im frühen 19. Jahrhundert auf. Er war eine Erfindung von Samuel Taylor Coleridge, der neue Ausdrücke liebte und sich diesen Ausdruck zu eigen machte, um einen theologischen Standpunkt zu bezeichnen, der die Göttlichkeit Christi leugnet.

Allerdings war das Wort "Humanität" bereits viele Jahrhunderte eher bekannt: es wurde durch Francis Bacon begründet, der es im alten Sinne der italienischen "Umanisti" benützte, wo es keine dogmatischen Anklänge und keine solche Negativität besaß. Es drückte eher eine positive Bestätigung der Größe des Menschseins aus und forderte den Menschen zur Würdigung der berühmten Zeilen von Terence auf: "homo sum, humani nil a me alienum puto" (ich bin Mensch, nichts Menschliches ist mir fremd). Der Humanismus war weit davon entfernt anti-religiös oder eine Alternative zur Religion zu sein. Als Humanist wurde ein Mensch bezeichnet, der einerseits die Offenheit der sokratischen Tradition pflegte und andererseits den religiösen Gedanken als untrennbar vom menschlichen Schicksal betrachtete. Einige von ihnen wurden sogar nach der Sitte eines religiösen Ordens begraben, da sie sich als Mitglieder einer weltlichen Gruppe zu dessen Idealen bekannten und bis zu einem gewissen Grade seinen Regeln folgten. Marsiglio Ficino, der an Lorenzo de Medici schrieb, beanspruchte sogar den Titel "Sacerdos Musarum" (Musenpriester), da er sich eher als Priester einer künstlerischen Bruderschaft innerhalb der Kirche als einen Rebellen dagegen betrachtete. Die Quellen der humanistischen Inspiration befanden sich nicht ausschließlich, wie man gerne annimmt, im griechisch-römischen Bereich. Man war so um die umfassende Bildung des Menschen bemüht, daß man Inspiration suchte, wo immer sie zu finden war. Orientalische Teppiche weisen Merkmale vieler Bilder des 14. Jahrhunderts auf. Die Malerei von Siena, nicht zuletzt die des Francesco di Giorgio, spiegelt indisch-persische Motive wider. Der gotische Norden und nicht weniger der byzantinische Osten dienten den Zwecken jener, die vom Geist der Renaissance erfaßt worden waren. Im Geiste dieses Zeitalters entfalteten sich Reinkarnationsideen auf neue Weise. Obwohl die Umanisti sich zur Blütezeit des neuen Zeitalters ehrerbietig gegenüber religiösen Ideen erwiesen, zeigten sie kein Interesse für die traditionelle dogmatische Theologie der einzelnen Schulen. Sie gaben sich vielmehr gegenüber religiösen Ideen jeglicher Art aufgeschlossen, von denen sie glaubten, sie würden in den Rahmen des christlichen Humanismus passen. Auch erwies sich diese Haltung in typischen Fällen ziemlich wählerisch. Jene Humanisten waren viel zu tief im Katholizismus verwurzelt und ihr Geist hatte sich zu sehr an die Archetypen gewöhnt, um der bequemen Auswahl eines Systems nachzugeben.

Wenn wir deshalb feststellen, daß Reinkarnationsthemen eine große Faszination auf sie ausübten, dürfen wir gewiß sein, daß die Reinkarnationslehre für sie mehr als nur eine Laune bedeutete. Sie stellte eine Richtung dar, in welche sie sich natürlicherweise bewegten, sobald sie sich von den intellektuellen Fesseln ihres katholischen Erbes befreit hatten.

John Milton (1608 - 74) wird allgemein als einer der größten Poeten der Weltliteratur betrachtet. Obwohl er Puritaner war, berief er sich in theologischen Angelegenheiten auf die Bibel. Er war in christlicher Literatur sehr bewandert und lehrte in vielerlei Hinsicht Dinge, die dem Inhalt der Lehre der vornizänischen Väter und ganz besonders des Origenes entsprachen.(2) Milton war jedoch in seinen theologischen Meinungen extrem unabhängig, um nicht zu sagen fast andersgläubig, was sowohl für "Paradise Lost" (Das verlorene Paradies) als auch für "De Doctrina" zutrifft. Er folgte weniger den Auffassungen von Origenes, statt dessen war er mit weitreichenden Zukunftsvisionen befaßt. Der Begriff des Fegefeuers widerstrebte ihm: aufgrund seines puritanischen Charakters vermochte er ihn mit der Erlösung von unseren Sünden durch Jesus Christus nicht in Übereinstimmung zu bringen. Deswegen erwartet man bei Milton auch keinen Hang zur Reinkarnationslehre und man findet dergleichen bei ihm auch nicht. Doch als Schüler der jüdisch-kabbalistischen Lehre muß er mit Reinkarnationsvorstellungen vertraut gewesen sein, welche von den platonischen Ideen abwichen, die ihm wohlbekannt waren.

2) Vgl.: H.F. Robins, If This Be Heray: A Study of Milton and Origen, Urbana 1963

In einem Moment, in dem er sich der Theologie nicht bewußt ist, fragt er in einem seiner kleinen Gedichte anläßlich des Todes eines Kindes:

Or wert Thou that just Maid who once before
Forsook the hated earth, oh! tell me sooth,
And camest again to visit us once more? (3)

Coleridge (1772 - 1834), ebenfalls ein mit Theologie befaßter Dichter, entwickelte ähnliche Gedankengänge zur Geburt eines Sohnes.(4)

Sowohl die Platonanhänger von Cambridge, im 17. Jahrhundert, als auch die amerikanischen Transzendentalisten des 19. Jahrhunderts, fühlten sich von der Reinkarnationslehre sehr angezogen. Im allgemeinen sind alle Dichter geneigt, sich Gedanken zu öffnen, die einleuchtend erscheinen. Man könnte deshalb erwarten, Hinweise zum Thema Reinkarnation überall in ihren Werken zu finden. Dergleichen finden wir auch und noch sehr viel mehr. Seit der Renaissance haben sich die großen Dichter europäischer Nationen sehr ernsthaft mit der Reinkarnationslehre beschäftigt und verkündeten mitunter ihre tiefe Verbundenheit damit. Shakespeare schreibt:

If there be nothing new, but that which is
Hath been before, how are our brains beguiled,
Which, labouring for invention, bear amiss
The second burthen of a former child! (5a)

Dryden spielt in einer seiner Oden noch eingehender auf die Transmigration an:

3) Und warst du genau jenes Mädchen, welches schon einmal die gehaßte Erde verließ? Sprich, bist du wiedergekommen, um uns erneut zu besuchen?

4) Vgl.: Irene H. Chayes, Journal of English Literary History, Dezember 1958

5a) Wenn es nichts Neues gibt und das was ist auch schon zuvor existierte, wie wurde dann euer Verstand betrogen, der, immer nach neuen Erkenntnissen strebend, nicht erschaut, die zweite Geburt eines gewesenen Kindes.

If thy pre-existing soul
Was form'd at first myriads more,
It did through all the mighty poets roll
Who Greek or Latin laurels wore,
And was that Sappho last, which once it was before. (5b)

Eine ähnliche Idee finden wir auch bei Addison:

Eternity — thou pleasing, dreadful thought!
Through what variety of untried being,
Through what new scenes and changes must we pass! (5c)

Der skeptische Voltaire bemerkte einmal, da man von einem Wiedererwachen der gesamten Natur spreche, sei der Gedanke mehrere Male geboren zu werden nicht ungewöhnlicher als derjenige, nur einmal geboren zu werden, und folglich sei die Lehre der Metempsychosis weder absurd noch überflüssig. Goethe vertiefte sich ebenfalls in okkulte Literatur: "Ich bin überzeugt", bemerkte er anläßlich der Beerdigung eines Freundes, "daß ich schon viele tausend Male auf dieser Erde wandelte und hoffe, noch viele Male wiederzukehren."

Schiller, Blake, Shelley, Coleridge, Browning und Southey, sie alle spielen solcherart auf den Reinkarnationsbegriff an, daß kein Zweifel bleibt, wie ernst sie ihn nahmen. Die Zeilen von Wordsworth zur Präexistenz sind wohlbekannt:

Our birth is but a sleep and a forgetting.
The soul that rises with us, our life's star,

5b) Wenn deine prä-existente Seele im Ursprung unzählige Male geformt wurde, zog sie durch all' die großen Dichter hindurch, die griechische und römische Ehren erlangten und wurde zuletzt Sappho, die sie zu Urzeiten bereits war.

5c) Ewigkeit — du betörender, furchtbarer Gedanke! Durch welche Fülle neuerforschter Gestalten, durch welche Kulissen und Wandlungen müssen wir noch hindurchschreiten!

Hath had elsewhere its setting
And cometh from afar. (5d)

Als Benjamin Franklin 22 Jahre alt war, verfaßte er für sich selbst eine Grabinschrift, welche später in vielerlei Versionen die bekannteste Grabinschrift in der Geschichte der Nation wurde. Indem er seinen Körper mit dem Dekkel eines alten Buches vergleicht, sieht er einem neuen Leben entgegen, in dem der Inhalt des Buches in einer neuen und besseren Auflage erscheint und Fehler beseitigt sind, welche die alte Auflage verunzierten. Poe ging so weit zu schreiben: "Es wäre nutzlos zu behaupten, daß ich nicht schon früher lebte und daß die Seele keinerlei vorhergehende Existenz besitzt." Die amerikanischen Dichter Longfellow und Lowell, Whittier und Whitman bezeugen alle ihr Interesse und ihre Sympathie für die Reinkarnationslehre. Whitman hegte einen festumrissenen Glauben über Karma und Metempsychosis, der seinen Ausdruck in seinem Werk "Leaves of Grass" findet, welches erstmals 1855 veröffentlicht wurde. Flaubert meinte, der Begriff der Erblichkeit werde falsch angewandt: die uns vererbten Eigenschaften und Wesenszüge seien auf frühere Existenzen zurückzuführen.

Die Beschäftigung mit der Reinkarnationslehre ist tatsächlich so weitverbreitet, daß es einfacher wäre, eine Liste derjenigen Dichter und Novelisten zu verfassen, die keinerlei Interesse dafür zeigten. Überdies fällt uns bei den an Reinkarnation interessierten Dichtern und Schriftstellern sowohl ein sehr unterschiedliches Temperament als auch ein sehr unterschiedlicher Hintergrund auf.

Unter den Dichtern des 20. Jahrhunderts stellen sicherlich der Ire W.B. Yeats und der Engländer John Masefield zwei der unterschiedlichsten Charaktere dar. Beide bringen — jeder auf seine Art — den klaren Glauben

5d) Unsere Geburt ist nur ein Schlaf und ein Vergessen. Die Seele, die sich mit uns erhebt, der Stern unseres Lebens, besitzt eine Ruhestatt in anderen Welten und kommt aus fernen Landen.

an eine genaue, um nicht zu sagen schlichte Form der Reinkarnationslehre zum Ausdruck, so wie wir sie in den Upanishaden Indiens finden. Masefield war Hofdichter und ebenfalls Träger des angesehenen Verdienstordens. Die erste Strophe seiner Verse "A Creed" wird zu Beginn des ersten Kapitels zitiert. Es handelt sich hierbei um eine eindrucksvolle Erklärung an den Reinkarnationsglauben.

Auch bei den Nichtliteraten stoßen wir auf ein erstaunliches Interesse an diesem Thema. Henry Ford verkündete kategorisch seinen Glauben an die Reinkarnation, ebenso berühmte Soldaten. In der neueren Zeit erwiesen sich Lord Dowding, Oberster des Kommandos der königlichen Luftwaffe in Großbritannien, und der amerikanische General George Patton als leidenschaftliche Vertreter des Reinkarnationsglaubens. Weniger bekannt dürfte das ausdrückliche Bekenntnis zum Reinkarnationsglauben sein, das man Lloyd George zuschreibt, der bei seinem Tode 1945, mit der Ausnahme von Winston Churchill, wahrscheinlich der berühmteste britische Staatsmann des 20. Jahrhunderts gewesen ist. Lord Riddell berichtet über Lloyd George, daß dieser bei der Erinnerung an seine Jugendzeit gesagt haben soll, er habe sich mehr vor dem Himmel als vor der Hölle gefürchtet, da er sich den Himmel als ewigen Sonntag mit fortwährendem Gottesdienst, unter der Aufsicht Gottes und der Engel vorstellte, wobei Gott genauestens über den Besuch des Gottesdienstes wachte. Dieses Himmelskonzept ließ ihn für zehn Jahre zum Atheisten werden. "Meiner Meinung nach", erklärte er, "werden wir wiedergeboren". Besonders anziehend fand er die Reinkarnationsidee deswegen, da Gerechtigkeit, nicht zuletzt soziale Gerechtigkeit, durch das Karmagesetz zur Anwendung kam. (6)

Unter den großen amerikanischen Persönlichkeiten des 19. Jahrhunderts demonstrierten Thoreau und William James, jeder auf seine Art, eine amerikanische Tradition, die man im konventionellen Sinn nicht als religiös bezeichnen kann. Zudem befanden sich ihre jeweiligen Auffassungen, Inte-

6) Vgl.: Lord Riddell's Intimate Diary of the Peace Conference and After, London 1933, S. 12

ressen und Temperamente weit voneinander entfernt, doch beide bringen ihren Reinkarnationsglauben zum Ausdruck. "Soweit ich weiß", schrieb Thoreau in seinen Aufzeichnungen, "habe ich mich schon immer unbewußt an die Erfahrungen einer früheren Existenz erinnert."(7)

Thoreau glaubte, daß der Reinkarnationsgedanke einen tiefverwurzelten Instinkt der gesamten menschlichen Rasse darstellte. Er gehörte zu denen, welchen in größerem Umfange deja-vu Erlebnisse zuteil geworden waren, die Erfahrung, sich bereits schon einmal irgendwo befunden zu haben. William James, eine der bemerkenswertesten Persönlichkeiten in der Geschichte der amerikanischen Philosophie, bekennt in einem Nachsatz zu seinem vielgelesenen Buch "The Varieties of Religious Experience", soweit er das Karmagesetz im Buddhismus verstünde, stimme er ihm im Prinzip zu.(8)
William James jüngerer Bruder Henry, ein namhafter anglo-amerikanischer Novellist, schlug Axel Munthe vor, seine außerordentlich populären Memoiren "The Story of San Michele" zu verfassen. Mehr als einmal werden in diesen Memoiren Hinweise zur Reinkarnation gefunden. Er erzählt z.B. von einem alten Fischer in Capri, dessen Art sich auszudrücken, manchmal sogar die Wortwahl, "reinsten griechischen Stiles" waren. Munthe vermutet, daß der alte Mann sie aus der Zeit kannte, als er als Mitglied der Flotte des Ulysses an der griechischen Küste entlangsegelte.

Sowohl George Eliot als auch seine französische Zeitgenossin George Sand bezeugen eine Neigung zur Reinkarnationslehre. Unter den englischen Schriftstellerinnen des viktorianischen Zeitalters genoß Marie Corelli eine außerordentliche Beliebtheit, und es heißt, sie sei die Lieblingsautorin von Königin Viktoria gewesen. Ihre Novellen behandeln an vielen Stellen das Reinkarnationsthema.

7) Vgl.: The Journal of H.D. Thoreau, Boston 1949 (Eintrag vom 16.7.1851)

8) William James, a.a.O., S. 467

Kap. VII

Welches ist das Selbst?

Es gibt wahrhaft eine andere Seele, die "bhutatman" genannt wird.

Maitri-Upanishade

Der moderne Fragesteller, der mit psychologischen Diskussionen zur Natur der Psyche vertraut ist und mit den philosophischen Zweifeln zum Begriff des Selbst, wird sicherlich folgende Frage stellen: Was genau ist es, von dem Anhänger der Reinkarnationslehre behaupten, es werde wiedergeboren. In diesem Kapitel befassen wir uns jedoch noch nicht mit den modernen philosophischen Einwänden, sie sollen dem nächsten Kapitel vorbehalten sein. Im Moment liegt uns daran herauszufinden, was ernsthafte Anhänger der Reinkarnationslehre auf vorgenannte Frage zu antworten haben.

Ansichten zur Reinkarnation wurden von so vielen unterschiedlichen Menschen und unter vielfältigen kulturellen Umständen vertreten, daß man auf diese Frage keine einfache Antwort erwarten darf. Jedoch darf man von gewissen gemeinsamen Tendenzen des Reinkarnationsgedankens sprechen. Abgesehen von metaphysischen und theologischen Betrachtungen, bedeutet z.B. für den Anhänger der Reinkarnationslehre das Selbst, das wiedergeboren wird, etwas anderes als das Selbst, an das ich denke, wenn ich sage "ich selbst" oder "du selbst". Spreche ich von "mir selbst", beziehe ich mich im allgemeinen auf meine gesamte Persönlichkeit, einschließlich des Klanges meiner Stimme, der Form meiner Augenbrauen und sogar jener Merkmale, über die sonst kaum jemand Bescheid weiß, wie z.B. ein verletzter Zeh. Bei längerem Nachdenken muß ich jedoch zugeben, daß einige Merkmale des Selbst, auf die ich mich beziehe, vergänglich sind, wie Rükkenschmerzen oder ein Pickel auf meinem Hals.

Solche Erscheinungen mögen heute vorhanden sein, wenn ich mich mit jemandem unterhalte, doch ich hoffe, daß bei der darauffolgenden Unterhaltung am nächsten Tag nichts mehr zu spüren oder zu sehen ist. Treffe ich jemanden und habe ungewöhnliche Merkmale, wie z.B. einen Hautausschlag im Gesicht vorzuweisen, so mag mich mein Gegenüber nicht gleich erkennen, doch anschließend wird er wahrscheinlich bemerken: "Sagen Sie, was ist mit Ihnen passiert?" Eine Aussage dieser Art stellt die Bestätigung dessen dar, wonach das Selbst, als das ich mich betrachte und als das auch andere mich erkennen, eine Änderung erfahren hat; nur daß es sich in diesem Fall um eine oberflächliche Änderung, ungeachtet des Schocks und der Überraschung, handelt. Man sieht sozusagen hinter dem Hautausschlag das wirkliche Selbst, das immer noch auf die gleiche Weise lächelt, den gleichen bestürzten Ausdruck trägt, die gleiche Stimmlage besitzt. Selbst eine außerordentliche Gewichtszunahme oder ein alarmierender Gewichtsverlust würde meine Freunde nicht zur Frage "wer bist du" veranlassen.

Der Anhänger der Reinkarnation muß offenbar beim Erkennen des Selbstes noch viel weiter gehen. Dabei stellt sich die Frage: wieviel weiter? Alle von uns, es sei denn, es handelte sich um krasse Materialisten, kennen die Bedeutung des "Dahinter-Sehens", des "Unter-die-Oberfläche-Sehens", womit wir auf die Seele eines Menschen verweisen. Ein Mensch mag einen Schlaganfall erlitten haben, der seinen Körper und sein Gesicht gelähmt hat, und er mag sich ebenfalls einer Tracheotomie unterzogen haben, so daß seine Stimme nur noch einem heiseren Flüstern gleicht und mit dem vollen Baritonklang, an den ich mich erinnere, nicht mehr in Verbindung zu bringen ist. Doch sage ich, ganz besonders wenn ich diesen Menschen liebe oder bewundere, daß er trotz allem Mißgeschick "noch der gleiche alte Bob geblieben ist". Ich sehe etwas in ihm, das im "tiefsten Inneren" immer dasgleiche bleibt. In diesem "tiefsten Inneren" finde ich noch seinen alten Sinn für Humor und seine Erinnerung an vergangene Ereignisse, die wir zusammen erlebt haben. So betrachte ich Bob letztendlich als "ihn selbst".

Bleibt die Frage: wie sehr müßte Bob reduziert werden, damit er als solcher nicht mehr erkenntlich wäre, bis er vielleicht gar nicht mehr Bob wäre? Eine solche Frage kann sich leicht auf dem Gebiet der medizinischen Ethik erheben. Nehmen wir an, Bob hat zusätzlich zu allen anderen Erkrankungen noch seinen Verstand in einem solchen Ausmaß verloren, daß er nur noch dahinvegetiert. Aus gesetzlicher und kirchlicher Sicht würde man den jetzt noch lebenden und atmenden Bob weiterhin als Mensch betrachten, doch das Selbst, das Bobs Freunde gekannt und geliebt hatten, ist nicht mehr wahrnehmbar. Die Anhänger der Reinkarnationslehre werden selbstverständlich sagen, daß sein "inneres Selbst", jenes Selbst, das bereits viele Inkarnationen durchlaufen hat und weitere durchlaufen wird, noch immer existiert, da das innere Selbst in jedem Menschen unzerstörbar ist. Was ist nun dieses "innere Selbst" und wie unterscheidet es sich vom anderen Selbst, das ich als "ich" oder "ich selbst" bezeichne?

Wann immer ein großer König den weisen Sakayanya um spirituellen Rat bittet, rät ihm letzterer, seine Seele (atman) zu erforschen. "Diese ist wahrhaftig unser Selbst (atman)", wie er sagt.
"Was ist unser Selbst?" mag der König erneut fragen.
Sakayanya beginnt dann von der unsterblichen Seele (atman) zu sprechen, die sich nach oben erhebt und die umherschweifend und wiederum ruhend die Dunkelheit vertreibt. Dies ist die Weisheit, sagt er zum König, die in allen Upanishaden enthalten ist. Der menschliche Körper, spricht er und weist auf eine weitere spirituelle Wahrheit hin, ist nichts anderes als ein "Gefährt ohne Intelligenz" (a-cetana). Im Gegensatz dazu verharrt die Seele in einsamer Größe: sie ist "rein, leer, ruhevoll, ohne Atem, selbstlos, endlos, unzerstörbar, standhaft, ewig, unabhängig. Sie verharrt in ihrer eigenen Größe."

Bei der Beschreibung der herrlichen Natur der Seele erfahren wir, daß es noch eine "andere Seele" gibt.

Hierbei sprechen wir von "bhutatman", der Seele, die je nach den Früchten ihrer Handlungen, den Leib einer gütigen oder weniger guten Mutter betritt und sich damit auf einen positiven oder negativen Weg begibt. Sie wandert umher, "überwältigt von Gegensätzen". Hierbei spricht man von der "Elementarseele". Diese "Elementarseele" befindet sich unter der Herrschaft der Materie (Prakrti) und erleidet Verwirrung durch ihre Stricke und Fallen. So wie ein Vogel sich aus der Falle zu befreien versucht, in die er geraten ist, so gerät die "Elementarseele" mehr und mehr unter die Herrschaft des Körpers, an den sie gefesselt ist. Aufgrund ihrer Verhaftung ist sie gefangen und aufgrund dessen kehrt sie immer wieder in verschiedene Mutterleiber zurück.(1)

Hier zeigen sich sehr deutlich die zugrundeliegenden Voraussetzungen der Upanishaden. Das innere Selbst (atman) müßte nicht wiedergeboren werden, wäre es nicht in der Welt der Materie gefangen. Es bestünde kein Grund zur Wiederkehr. Wäre es sich der Einheit mit Brahman bewußt, wäre es für immer vom verhaßten Gefängnis des Körpers befreit. Nehmen wir an, ich übertreibe den Körperhaß, der für die upanishadische Tradition charakteristisch ist und zitiere folgenden Text: "Es steht überall geschrieben: der Körper entsteht aus dem Geschlechtsverkehr. Er entwickelt sich in der Dunkelheit des Mutterleibes. Danach geht er aus der Vaginalöffnung hervor. Er besteht aus Fleisch und Knochen, ist mit Haut bedeckt und mit Kot, Urin, Galle, Schleim, Knochenmark, Fett, Schmiere und vielen Krankheiten gefüllt ....."(2)

Was folglich gemäß dem Karmagesetz wiedergeboren wird, ist nicht der reine, unverfälschte Atman, sondern eher das Selbst, das verflochten ist mit der Materie einer fremden Welt, der Welt der Maya. Vom Standpunkt desjenigen betrachtet, der bereits die Einheit mit dem Ewigen (brahman-atman) erreicht hat, muß das sich reinkarnierende Selbst wahrhaftig in elendem Zustand sein. Man konnte fast an eine häßliche Schmeißfliege denken, die von einem Tierexkrement zum anderen fliegt. Dieser Prozeß würde sich wiederholen, wenn nicht durch das gnädige, aber wiederum auch unerbitt-

1) Maitri-Uphanishade 2 und 3

2) ebd. 3.4.

liche Karmagesetz die frühere oder spätere Befreiung von dieser Wanderung verheißen wäre und das Göttliche sichtbar wird.

Wann immer der westliche Mensch den hinduistischen Lebensstil kritisiert, neigt er dazu, über dessen offenbare Tendenz zu beständiger Armut zu klagen. Dies würde jedoch bedeuten, am Kern der Sache vorbeizugehen. Aus der Sicht eines Hindus ist der Leib einer Prinzessin genauso Feind der Seelenfreiheit wie derjenige des Pariah. Beide jedoch unterliegen dem ewigen Moralgesetz, dem Gesetz des Karma und können deshalb gleichermaßen sowohl als Instrument zur Erlösung als auch als Hindernis angesehen werden. Ein solcher Körper-Geist Dualismus reicht tiefer als es die meisten Menschen im Westen wahrhaben wollen. Er wurzelt in einem sehr alten Gedankenarchetypus und basiert auf der einfachen Entdeckung erstaunlicher Geisteskräfte und der unterschiedlichen Natur dieser Kräfte im Vergleich zu den schwächeren Kräften des Körpers. Die Verleugnung des Körpers wird so zur Hauptpflicht des spirituellen Menschen und zum fundamentalen Grundsatz seines religiösen Glaubens.

Ich will damit nicht sagen, daß es bei diesem Gedankengang, der mit einer solchen Schlußfolgerung endet, etwas Tadelnswertes gibt. Im Gegenteil, es handelt sich um den mutigen Versuch, eine wichtige Einsicht des menschlichen Geistes zu verteidigen. Sie beruht jedoch auf dem alten Irrtum, daß das "wirkliche ich" mit Gott identisch ist, ungeachtet der Mißgeschicke im Reich der Materie. Uns ist aufgefallen, inwiefern sich die biblische Sichtweise nicht mit derjenigen der Upanishaden in Einklang bringen läßt. Fragen wir überdies nach der Lösung des in diesem Kapitel zu untersuchenden Problems, so bieten die Upanishaden keine zufriedenstellende Antwort. Der reine Atman, der ewig und göttlich ist, wird zur Geburt gedrängt und das sich reinkarnierende Selbst kann nicht dasjenige sein, das ich genau in diesem Moment bin, da dies Seltsamkeiten und Eigenarten beinhaltet, die bereits morgen nicht mehr existieren, ganz zu schweigen in einer anderen Inkarnation.

Darüber wird wohl niemand Zweifel haben, doch stehen wir immer noch einigen Ungereimtheiten gegenüber. Das Selbst, das wiedergeboren wird, beinhaltet nicht die Männlichkeit meines Geschlechtes, die mein ganzes Menschsein durchdringt, es sei denn, ich würde als Frau oder Eunuch, wenn nicht sogar als Bewohner eines fernen Planeten in meiner nächsten Inkarnation geboren werden, wo die Fortpflanzung auf unvorstellbar andere Art erfolgt. Selbst mein Gedächtnis, durch das ich meine Tiernatur zu überwinden und die Stufe zu erreichen vermochte, auf der ich zum Menschen wurde, müßte zu existieren aufhören, ansonsten wäre ich im nächsten Leben in der Lage, mich wenigstens klar an einiges aus dem gegenwärtigen Leben zu erinnern. Dergleichen (obwohl einige Fälle das Gegenteil beweisen) geschieht nicht und falls doch, so ist diese Erscheinung ziemlich ungewöhnlich. Man könnte als Vergleich eine Artischocke heranziehen: nachdem ich alle äußeren Blätter entfernt habe, stoße ich auf das Herz, das ich als innerste Schicht bezeichnen darf. Allerdings stellt dieses Herz, falls ich es überhaupt finde, letztendlich nicht das dar, was sich wieder inkarniert. Denn das innerste Selbst ist ewig und göttlich, rein und frei, während das sich wieder inkarnierende Selbst ein wenig edles Selbst ist, das so in das Netz unnützer Wünsche und vergeblicher Ambitionen verstrickt ist, die das ewige Selbst verdunkeln und verhüllen, das in ihm verborgen liegt, vergleichbar mit einer Gruppe kanzeröser Zellen, die die gesunde Zelle umgeben. Was ist dann dieses Selbst, bei dem es sich weder um meine ewige Seele, meinen Atman, noch um etwas handelt, das jemand mit meiner Persönlichkeit gleichsetzen könnte?

Die Hauptschwierigkeit zum Verständnis dessen, wie der Geist der Alten Fragen dieser Art behandelt, liegt darin, daß er einige Dinge mit übermäßiger Spitzfindigkeit und andere wiederum mit unvorstellbarer Einfachheit anging. Aufgrund dessen mag es auch zu falschen Vermutungen kommen: da sie einerseits keine Computer und kein Telefon kannten, dürfen wir nicht annehmen, daß sie in ihren Gedankengängen primitiv waren. Andererseits besaßen sie offenbar auf einigen Gebieten ein hochentwickeltes Wissen, das viele zu der Annahme einer weitentwickelten Kultur verleitete.

Es fällt uns schwer zu begreifen, wie solche klugen Menschen sich in manchen uns wohlbekannten Angelegenheiten so einfach geben konnten. Sie sprachen z.B. von der Seele als dem "eigentlichen Selbst" und als einer Wesenheit im Körper, die ihn belebt. Sie vertraten geistreiche Theorien, die besagten, daß die Seele aus verschiedenen konzentrischen Zellen bestehe, die ineinander gelagert sind. Sie sprachen von der Verwicklung der Seele, vergleichbar mit einem in Seetang verwickelten Felsen. Einigen von uns dürfte bewußt sein, wie sie auf diese Weise eine sehr bedeutende Wahrheit auszudrücken versuchten, und trotz alledem denken wir heute über das Selbst ganz anders. Die philosophischen und wissenschaftlichen Gründe gegen ein solches Konzept werden wir im nächsten Kapitel in Betracht ziehen.

Im Augenblick sei lediglich gesagt, daß, was immer das Selbst auch sein mag, es gewiß mehr ist als ein Bestandteil in meinem Körper, genausowenig wie ich meine Persönlichkeit mit einem einzelnen Organ, z.B. der Leber, gleichzusetzen vermag. Wenn wir also den Begriff "des spirituellen Menschen" zu verteidigen suchen, muß dies auf andere Art geschehen als es früher der Fall zu sein pflegte. Das Selbst, was auch immer dieser Ausdruck bezeichnet, ist eigenartigerweise nicht faßbar. Ganze Teile von mir mögen ausgelöscht werden, die ich als untrennbar vom "ich selbst" angesehen habe und trotzdem bleibt meine Identität in großem Ausmaß erhalten. Das Selbst scheint unergründlich zu sein. Man könnte wohl am ehesten von einer Doppelsinnigkeit sprechen. Wie kann ich so leer sein, damit meine Freunde nichts mehr von meinem "ich selbst" erkennen und einen Mutterleib betreten, der wieder neues Leben bedeutet? Was heißt es zu sagen: "ich" werde wiedergeboren?

Kap. VIII
Philosophische und wissenschaftliche Einwände

Ich verfolge hiermit den destruktiven Zweck aufzuzeigen, daß eine Serie radikaler Fehler die Quelle der Körper-Seele Theorie darstellt. Die Darstellung des Menschen als Geist, der sich auf geheimnisvolle Art in einer Maschine, dem Körper, verbirgt, leitet sich von dieser Aussage ab.

Gilbert Ryle, The Concept of Mind

Das wiederauflebende Interesse der letzten Jahre am Reinkarnationsgedanken entfaltete sich sowohl auf allgemeiner Ebene als auch in Kreisen, die sich ernsthaft parapsychologischen Forschungen widmen. Psychologische und parapsychologische Untersuchungen sind natürlich unter den traditionsbewußten Christen genauso verdächtig, wie die dogmatische Theologie denen nicht geheuer ist, denen die Chemie des Geistes genauso gerechtfertigt erscheint wie alle anderen Arten wissenschaftlicher Forschung. Die Theologen neigen zu der Auffassung, daß sowohl Parapsychologen und Seelenforscher als auch Neo-Gnostiker und Pseudowissenschaftler sich auf Künstlichkeiten und Falschheiten berufen. Die Parapsychologen wiederum betrachten die Theologen als so eng mit den traditionellen, um nicht zu sagen verknöcherten, Vorstellungen verbunden, daß sie die Fähigkeit verloren haben, neue spirituelle Meinungen aufzunehmen oder auf dem Gebiet der Religion kreatives Denken zu zeigen.

Beide Seiten sehen sich jedoch den gleichen Einwänden seitens der modernen Philosophie und Wissenschaft gegenübergestellt. Der Einwand ist radikal. Er richtet sich nicht gegen Überlegungen im Zusammenhang mit einem "jenseitigen Leben".

Es handelt sich eher um einen Einwand hinsichtlich des Begriffes der "Seele" oder des "Geistes", von denen behauptet wird, sie bewohnten den Körper und wären in gewisser Weise von ihm unabhängig. Gilbert Ryle warnte die Philosophen in seinem einflußreichen Buch "The Concept of Mind" vor einigen Jahrzehnten vor dem unbewußten Akzeptieren solcher Auffassungen, die er als unglückliches Erbe Descartes ansah. Ryles bekannter Spott über die Seele, die er als Geist innerhalb einer Maschine betrachtet, spiegelt jedoch eine unmoderne Ansicht wieder. Das Universum ist alles andere als eine Maschine, was für den Menschen gleichermaßen zutrifft, der dessen mikrokosmisches Gegenstück darstellt. Zeigenössische positivistische Philosophen werden oft genug ihren eigenen mechanistischen und folglich unmodernen wissenschaftlichen Vorstellungen untreu. Der Einwand jedoch erfolgt nicht nur seitens solcher Philosophen, sondern auch seitens religiös gesinnter Wissenschaftler wie Teilhard de Chardin, der aus unterschiedlichen Gründen vorschlägt, nicht von der Seele, sondern von einer Strahlenenergie zu sprechen.(1) Die Energie ist ein Ganzes, doch es existieren zwei Schichten, das Innere und das Äußere. Vor langer Zeit witzelte Ludwig Feuerbach, Marx' Mentor: "Der Mensch ist, was er ißt." Teilhard erkennt, daß der Mensch, um denken zu können, essen muß. "Aber", fügt er urteilend hinzu, "welch eine Vielfalt von Gedanken vermag eine Scheibe Brot hervorzubringen!"(2)

Welche fundamentalen Einwände haben das philosophische Verständnis und der wissenschaftliche Gedanke dem Begriff der "Seele" entgegenzusetzen? Es handelt sich nicht allein um die Aussage, daß dieser Begriff primitiv ist, obwohl dies gewiß auch der Wahrheit entspricht. Man hatte auch vom Universum eine primitive Vorstellung, und obwohl sie eine Umwandlung erfuhr, haben weder moderne Philosophen noch Wissenschaftler ihre Vorurteile abgelegt. Wir befassen uns mit Astronomie und Biologie und haben seit der Zeit Babylons und Aristoteles außerordentliche methodische Fortschritte auf diesem Gebiet gemacht. Der Haupteinwand gegen den Begriff einer "Seele", selbst unter gebildeten und nachdenklichen Menschen, ganz zu schweigen von den Massen, bezieht sich auf die einfache Betrachtungsweise der "Seele", die sozusagen unser Denken verdirbt, und er be-

1) Vgl.: T. de Chardin, The Phenomenon of Man, New York 1961

2) ebd., S. 64

zieht sich ganz besonders auf theologische und theosophische Überlegungen zum Weiterleben nach dem Tode.
Die Vorstellung eines "Weiterlebens nach dem Tode" wird als Absurdität erachtet, die aus dem allgemeinen Irrtum des Körper-Geist-Problemes erwächst. Dies zielt vor allem auf die Idee, es gäbe einen Körper und einen Geist, die voneinander trennbar sind, so wie sich das Eigelb und Eiweiß voneinander durch einen kompetenten Koch trennen lassen.

Bevor wir die Frage beantworten, die zu Beginn des Kapitels gestellt wurde, sollten wir genauer untersuchen, was wir unter einer einfachen bzw. primitiven Betrachtungsweise zu verstehen haben.

In ursprünglichen Gesellschaften trat die Vorstellung der "Seele" als getrennte und eingekapselte, dem Körper innewohnende Wesenheit in verschiedenen Formen in Erscheinung — vergleichbar mit einem Kirschkern in einer Kirsche. Die einzelnen Formen besaßen gemeinsame Charakteristika. Die Hebräer sprachen von "nephesh" und dachten dabei an einen Begriff, der noch vor der Bibel existierte. Nephesh stellte man sich als Miniatur des entsprechenden Menschen vor: sie bestand aus dem gleichen Stoff wie der Körper jenes Menschen, allerdings wies sie eine feinere Struktur auf. Diese Substanz war so fein, daß sie beim friedlichen Tod unbemerkt aus den Nasenlöchern entweichen konnte und im Falle eines gewaltsamen Todes an der Stelle, an der das Schwert des Mörders eingedrungen war. Mitunter löste sich diese Substanz auch während des Schlafes; daher rührt der alte Aberglaube, nicht mit offenem Munde zu schlafen, um das Wandern der Seele zu unterbinden. Wird ein Mensch geisteskrank, sagen wir immer noch: "Er hat seinen Verstand verloren." Bei dieser Aussage handelt es sich um ein Überbleibsel des alten Nephesh-Konzeptes.

Im Buch Hesekiel finden wir noch einen Hinweis auf diesen primitiven Glauben. "Elend komme über jene Frauen, welche Rüschen für die Handgelenke nähen und Schleier aller Größen für den Menschen herstellen, um so besser das Leben zu erhalten ..... Denn so spricht der Herr, ich werde mich der Schleier annehmen, mit denen ihr das Leben zu fesseln versucht wie Vögel. Ich werde eure Schleier in Stücke reißen und mein Volk vor euch erretten; es wird hinfort nicht mehr unter eurem Einfluß stehen. Denn wisset, ich bin Yahweh."(3)

Vorgenannter Abschnitt weist auf die Angst vor Hexen hin, welche in primitiven Gesellschaften ein gewinnträchtiges Geschäft mit der nächtlichen Ausbeutung der Nepheshim, der unbedachten Schläfer, trieben. Sie fingen sie mit Taschentüchern, weiten Ärmeln oder dem Ärmelaufschlag, so wie man etwa Raupen oder Motten fängt und verkauften sie an Familien, in welchen sich ein geisteskrankes Familienmitglied befand. Anthropologen weisen darauf hin, daß selbst heute noch ähnliche Praktiken in primitiven Gesellschaften von Zauberern ausgeübt werden.

Die Araber nannten die Seele "Nefs" und vertraten ähnliche Auffassungen. Die alten Griechen glaubten ebenfalls, die Seele verleihe dem Körper Leben. Sie bezeichneten sie als "Psyche", wovon ein ganzer Wortstamm moderner Ausdrücke, wie z.B. "Psychologie" herrührt. In welchem Ausmaße Sokrates diese Vorstellungen akzeptierte, ablehnte oder sie zu ändern wünschte, darüber läßt sich streiten, doch es gibt wohl keinen Zweifel, daß die allgemeine Vorstellung der Seele dahingehend war, sie als vom Körper verschieden, wenn nicht sogar unabhängig zu betrachten, was charakteristisch für das geistige Klima war, aus dem Sokrates und Platon hervorgingen.

So brachte man dem Reinkarnationsmythos, ob er nun von den griechischen Philosophen ernst genommen wurde oder nicht, von ihrer Seite oder seitens ihrer Zuhörerschaft keine Einwände entgegen, so wie sie heute üblich sind. In Ägypten, einer größeren und älteren Zivilisation als jener der Hebräer, existierte eine komplexere Betrachtungsweise der Seele, wobei man z.B. auch vom "Ba" und vom "Ka" sprach. Trotzdem war die Grund-

3) Hesek. 13, 17 f.

voraussetzung die gleiche: die Seele vermag sich vom Körper zu trennen, ist von ihm unabhängig. Das "Ba", das manchmal als vogelköpfiger Mensch geschildert wurde, hatte seinen Sitz im Herzen oder in der Bauchgegend und entwich beim Tod aus dem Körper. Das "Ka" jedoch hielt Einzug in den Körper des Verstorbenen, worüber uns auch die ägyptischen Begräbnissitten Aufschluß verleihen, während das "Ba" nur von Zeit zu Zeit in den Körper zurückkehrte, vorausgesetzt, es waren entsprechende Vorkehrungen getroffen worden, wozu die Mumifizierung gehörte und die Vorsorge, für das "Ba" einen Ein- und Ausgang zu schaffen.

Denjenigen, welche sich in der frühen indischen Geschichte auskennen, werden ähnliche metaphysische und religiöse Begriffe von den Veden und Upanishaden bekannt sein. Obwohl der Begriff des Selbstes immer komplexer wurde, blieb die Grundidee eines Selbst bestehen, das sich auf die eine oder andere Weise vom Körper zu lösen vermag, so wie sich der Apfelsamen vom Apfel löst. Selbstverständlich erwachsen Theorien zur Transmigration der Seele aus keiner dieser Auffassungen, doch ermöglichen Vorstellungen solcher Art die Reinkarnationstheorie. Gelinde gesagt, schaffen sie ein Geistesklima, das sich Reinkarnationsgedanken sowie anderen Theorien zur Unsterblichkeit aufgeschlossen zeigt. Vorgenannte Ansicht über die Seele war in der Mittelmeerwelt bemerkenswert weit verbreitet. "Was nützte es einem Menschen, gewänne er die ganze Welt und verlöre dabei seine Seele?"(4) Es scheint, als wäre es möglich, die Seele zu verlieren, und entsprechend der späteren Entwicklung in der lateinischen Theologie vermögen schwerwiegende Sünden die Seele so anzugreifen, daß sie ihren "Tod" erleidet. Aus jenem Grund spricht man in diesem Zusammenhang auch von "Todsünden". Im Zustand der Todsünde zu sterben bedeutet, daß sich die Seele auf immer außerhalb von Gottes Reichweite befindet. Trotz des starken hebräischen Charakters dieses paulinischen Gedankens, der ihn zu einer Theorie bedingter Auferstehung führte, durchdringen typische Gedanken aus dem Mittelmeerraum das Neue Testament. Die Seele

4) Matth. 16,26 / Mark. 8,36

ist der wertvolle Teil des Individuums. Sie darf bei der Auferstehung nicht auf einen "herrlichen" Körper hoffen, es sei denn, sie überlebte den gegenwärtigen Körper, der ihre Behausung darstellt und gelangte auf diese Weise zur Auferstehung "in Christus".

Der zeitgenössische Geist stößt sich genau an diesem Begriff des "Fortlebens". "Fortleben" bedeutet "weiterleben" und so erhebt sich ganz von selbst die Frage: was hat es mit der Aussage auf sich, daß Johannes starb und doch weiterlebte?

Entweder starb er nicht "wirklich" oder er kann nicht weitergelebt haben. Die alte Antwort, die sich auf die besprochenen Voraussetzungen gründet, lautet also: der Körper des Johannes starb, aber seine unsterbliche Seele lebte auf die eine oder andere Art fort.

Wir sollten genau die Gründe erforschen, warum der Zeitgeist diese Antwort als bedeutungslos hinstellt, trotz der Tatsache, daß entsprechende Theorien bereits seit der Zeit des Neanderthalers aktuell sind, wie es von der Archäologie bestätigt wird. Der Grund, warum moderne Philosophen solche Antworten bedeutungslos finden, liegt darin, daß sie sich der Entstehung und Weiterentwicklung der Spaltung zwischen der "gegenständlichen" und "spirituellen" Welt sehr bewußt sind. Diese Spaltung entstand, als der Mensch erkannte, daß der Geist ganz anders als der Körper funktionierte: das "innere Leben" eines Menschen unterschied sich wesentlich von seiner Tiernatur. Sowohl die Existenz des einen als auch des anderen ließen sich leugnen und folglich hieß es: es gibt zwei Welten, die beide nach unterschiedlichen "Gesetzen" funktionieren. Als das Maschinenzeitalter anbrach, sah die Intelligenz ein, daß sie vorgenannte Gedankengänge nicht unbeachtet lassen konnte und versuchen mußte, alles einem allgemeinen Gedankensystem einzufügen. Den einfachsten Weg sah man darin, die bereits bestehenden Theorien zu erweitern, während man gleichzeitig die Originalteilung bewahrte. Auf "spiritueller" Seite verfügte man über eine unterschiedliche Sammlung von Gründen, die sich ebenfalls auf die mechanische Welt auswirkten. Einige meiner Arm- und Beinbewegungen sind, bedingt durch diese Sichtweise, auf mechanische Gründe zurückzuführen, d.h. auf Bewegungen der Muskeln, während andere Bewegungen der Gliedmaßen auf meinen Geist zurückzuführen sind. Die Denker, welche eine Lösung des Körper-Geist-Problems anstrebten, neigten zu der Annahme, daß die Gesetze, nach denen der Geist funktionierte, denen entsprachen, welche die mechanistische Welt beherrschten. So sehr der primitive Mensch die Seele als Abbild des Körpers sah (das mikrokosmische Abbild, von dem bereits die Rede war), so sehr fühlten sich jene Denker des 19. Jahrhunderts geneigt, die mit den mechanistischen Theorien von Newtons Zeitalter konfrontiert wurden, Anleihen bei den Physikermodellen der "materiellen" Welt zu nehmen, um so ihre metaphysischen Theorien zur "geistigen" Welt entwickeln zu können.

Man gewann den Eindruck, als ob jemand sich die Biologie als eine andere Form der Physik vorstellte: folglich erwartete man, ein System der Biologie vorzufinden, das mit dem Wortschatz eines Physikers beschrieben wird und auf seinen Begriffsmodellen beruht. Viele zeitgenössische positivistische Philosophen haben tatsächlich niemals die Neigung überwunden, das Newtonsche Modell in ihr Denken miteinzubeziehen. Dergleichen wirkt sich nicht nur auf eine genaue Analyse fatal aus, sondern auch auf den kreativen, wissenschaftlichen Fortschritt. Wie Max Planck beobachtete, hätten die Methoden der Positivisten niemals die Entdeckung der modernen Quantenphysik zugelassen.

Offenbar stimmt grundlegend irgendetwas mit diesen Methoden nicht, wenn sie die Möglichkeit einer solchen epochemachenden Entdeckung ausschließen.

Der Einwand von der Seite der modernen Wissenschaft, die durch die Quantenphysik eine Umwandlung erfahren hat, ist nicht weniger scharf. Wie immer wir auch das Körper-Geist-Problem angehen, so dürfen wir nicht nach klassischen Richtlinien verfahren. Die moderne Wissenschaft vermag für den alten Dualismus in seinen vielerlei Formen, seien sie primitiver oder anderer Art, keinen Ersatz anzubieten. Hierin offenbarte sich wahrhaftig das Genie Berkeleys, der bereits im 18. Jahrhundert erkannte, daß der traditionelle Körper-Geist-Dualismus einfach nicht ausreichte. Was auch immer die Ausdrücke "Geist" und "Materie" aussagen, so sollte man sie nicht im Zusammenhang mit den zwei unterschiedlichen "Reichen" oder "Welten" anwenden. Es ist wenig sinnvoll, von einem "moralischen" und einem "physikalischen" Universum in der Art zu sprechen, als ob sich das eine auf dem anderen befinde oder nebeneinander oder sogar das eine das andere durchdringe. Es kam nur zu dieser Schlußfolgerung aufgrund der modernen wissenschaftlichen "Feldtheorie". "Ein neues Konzept erscheint in der Physik", schrieb Einstein, "die bedeutendste Erfindung seit Newton: die Feldtheorie. Es bedurfte großer wissenschaftlicher Phantasie zu erkennen, daß weder die Ladung noch die Partikel sondern das Feld im Raum zwischen Ladung und Partikel wesentlich für die Beschreibung der physikalischen Phänomene ist .... Die Relativitätstheorie leitet sich aus den Feldproblemen ab ... Die Relativitätstheorie ändert die mechanischen Gesetze ... Eine weitere Konsequenz .... ist die Verbindung von Masse und Energie. Masse ist Energie und Energie ist Masse. Die beiden Erhaltungssätze von Masse und Energie werden durch die Relativitätstheorie zu einem verbunden, dem Erhaltungssatz von Energie-Masse."(5) "Materie" wird im Licht der Relativitätstheorie zu einer Bezeichnung dessen, "was die Wissenschaftler zu verstehen suchen", so daß die von Berkeley vertretenen Auffassungen, zwei Jahrhunderte vor Einsteins Erkenntnissen, den Kern der Sache trafen, was jedoch nicht unbedingt von den Gleichgesinnten unter seinen Zeitgenossen erkannt wurde.

Das Bewußtsein wird folglich auch als Energie betrachtet, als eine besondere Form der Energie, wenn man so will, doch nicht als separater Bereich. Selbstbewußtsein stellt im Evolutionsprozeß eine eigenartige Entwicklung dar; es entsteht, durch das Nachinnengerichtetsein des Bewußtseins auf

5) A. Einstein/L. Infeld, The Evolution of Physics, New York 1938, S. 259

sich selbst, das Nachdenken des Geistes über sein eigenes Denken und somit über seine eigene Existenz. Die Erlangung von Selbstbewußtsein, welche die Entwicklung eines Innenlebens nach sich zieht, stellt das wichtigste Ereignis in der menschlichen Geschichte und der Geschichte der Wissenschaft dar.

Dies geschieht jedoch nicht aus dem Grund, weil man neue "Bereiche" oder eine neue "Welt" entdeckt hat, sondern eher deswegen, weil das Individuum sich als Mittelpunkt jener Energie erkennt, von der getrennt nichts existieren kann.

Auf der einen Seite besteht die Entwicklung zum Selbstbewußtsein. Auf der anderen Seite haben wir das uns vertraute zweite Gesetz der Thermodynamik, gemäß dem ein Teil der Energie dorthin gelangt, was uns als kosmischer "Abfalleimer" bekannt ist.

Jene Entropie — wie sie von den Physikern genannt wird — scheint der Gegenpol des Energieprozesses zu sein. Die Konsequenzen einer solchen Betrachtungsweise aller Dinge, egal ob "geistig" oder "materiell", wirken sich fatal auf die traditionellen Theorien der Unsterblichkeit der Seele aus. Aus dieser Sicht wird es unbegreiflich, daß ein Teil von mir, der traditionsgemäß als meine Seele bezeichnet wird, meinen Körper heil überdauert, so wie ein Kirschkern die Kirsche überdauert, nachdem diese verrottet und in den Boden getreten worden ist. Dieser Einwand erweist sich als fatal, nicht nur gegenüber den Reinkarnationstheorien, wie sie bereits vorgestellt wurden, sondern gegenüber allen Vorstellungen zur Unsterblichkeit, die sich auf das gleiche Modell der unabhängigen Seele beziehen. Bedingt durch die dynamische Betrachtungsweise des Universums, die sich die Wissenschaft zu eigen gemacht hat, ist nichts mehr statisch; statisch, so wie die Seele in traditionellen Mustern dargestellt wurde. Falls man der Seele, was sie auch immer sein mag, Bedeutung unter denen beimißt, die sich für ihre Unsterblichkeit einsetzen, dann muß sie par excellence dynamisch und in einem außerordentlichen Grad der Entropie unterworfen sein. Folglich kann der

Mensch, der ich gerade bin, mit all seinen seltsamen Erinnerungen, seiner speziellen Gestalt, das männliche Geschlecht verkörpernd, mit all seinen besonderen Hoffnungen und Wünschen, die erheblich dazu beitragen, mich als Selbst zu definieren, begreiflicherweise nicht als solcher weiterexistieren.

Gibt es überhaupt einen Teil meines "Selbst", der weiterbesteht? Hier sollte darauf hingewiesen werden, daß es uns nicht darum geht herauszufinden, ob der Körper weiterexistiert. Wir sind auch um keinen Beweis und um keine Widerlegung zur Unsterblichkeit bemüht, ganz zu schweigen von den verschiedenen, dazu existierenden Reinkarnationsformen. Die einleitende Frage lautet einfach: gibt es sinnvolle Berichte persönlicher Unsterblichkeits- oder Wiederauferstehungserfahrungen, egal ob sie richtig oder falsch sein mögen?
Ich denke, es gibt sie. Trotzdem existiert das "Selbst" nicht weiter, denn das würde meine gegenwärtigen Hoffnungen und Ängste beinhalten, meine Denkgewohnheiten, meine Fäigkeit, gewisse Sprachen zu lernen, und meine Schwierigkeit mit anderen Sprachen, meine nostalgischen Gefühle und männlichen Denkweisen, meine Vorliebe für Architektur und meine Abneigung gegen Bridge. All diese Merkmale vergehen mit dem Hirn und dem Körper, die die vorgenannte Entwicklung ermöglicht haben. Vielleicht bleiben einige Neigungen bestehen und gegenwärtige Aktivitäten mögen sich mit zukünftigen Aktivitäten auf diesem oder einem anderen Planeten verbinden. Wohl mag der gegenständliche Ausdruck meines "Selbst", z.B. meine Bücher und Schriften, eine gewisse Zeit weiterbestehen, doch letztendlich (und sei es in einer Million Jahren) wird die Entropie alle menschlichen Artefakte einholen, einschließlich des Parthenons und der sixtinischen Kapelle, der letzten Mikrofilmkopie von Hamlet und der letzten Aufführung von Faust; denn hierbei handelt es sich um nichts anderes als um Aufzeichnungen und Darstellungen menschlicher Energie. Es besteht für die Wissenschaft und Religion kein Grund zur Annahme, daß irgendwelche dieser Aufzeichnungen, so wertvoll sie uns auch erscheinen mögen, die unerbittliche Entropie im Universum überdauern. Anzunehmen, daß es

für sie einen Ort, entweder in einem buddhistischen Nirvana oder in einem christlichen Himmel, gäbe, wäre ein Paradigma der Absurdität. Kaum weniger absurd wäre die Vorstellung, meine gegenwärtige Persönlichkeit mit all ihren Merkmalen und Besonderheiten, die meine Freunde lieben und meine Gegner mißbilligen, bestünde weiter, und ich vermöchte sie, entweder durch Auferstehung oder Reinkarnation, in einen neuen Körper zu übernehmen. Nein, was auch immer von mir aufersteht oder sich inkarniert, es muß etwas ganz anderes sein.

Ich bin jedoch überzeugt, wie dies auch für Teilhard zutrifft, daß ungeachtet der Entropie, die Hoffnung auf ein persönliches Weiterleben wohlbegründet ist. Nachdem uns das Prinzip der Entropie bekannt ist, wäre es überflüssig zu mutmaßen, daß das "Innere" des Menschen dem nicht zu entgehen vermag.

Die Annahme des Gegenteils, die für das Denken vieler Physiker charakteristisch scheint, entspringt der verborgenen Voraussetzung, daß das Universum keine Energiequelle besitzt, die der religiöse Mensch Gott nennt. Eine solche Energiequelle, falls sie existiert, überdauert selbstverständlich alle Entropie, da sie definitionsgemäß unabhängig von ihr ist, so wie die Quelle unabhängig vom Strom ist, dessen Quelle sie jedoch trotzdem bleibt. Doch falls das Selbstbewußtsein oder das "Innere" des Menschen eine Entwicklung nimmt, die ihn dazu führt, über das Wesen der Energiequelle nachzudenken (so wie es dem Verständnis des Menschen, dem imago Dei, in der Genesis entspricht), dann wird es dem Menschen möglich, der Entropie zu entfliehen. Darin liegt der Haken des gesamten Problems: falls im Universum keine solche Energiequelle sichtbar ist, läßt sich auch kein Sinn davon ableiten; folglich gibt es nichts, das nicht der Entropie anheimfällt. Vermag man sich vorgenannter Aussage anzuschließen, während man nicht unbedingt Teilhards Schlußfolgerungen zustimmen muß (ich persönlich vermag ihm nicht in allem beizupflichten), so wird man ihm doch darin zustimmen können, daß der Mensch die Möglichkeit hat, der Entropie zu entkommen.

Entsprechend der modernen (d.h. der post-einsteinschen) Physik, ist es erforderlich, die klassische Unterscheidung zwischen Energie und Materie beiseite zu lassen. Wir wissen heute, daß es keine radikale Unterscheidung zwischen Energie und Masse gibt. Energie ist Masse, Masse ist Energie. Aus diesem Grunde sind wir nicht mehr imstande, wie es die klassischen Denker zu tun pflegten, von einem spirituellen oder übernatürlichen Bereich oder von einer Substanz zu reden, die sich von materieller Substanz unterscheidet. Trotzdem ist Masse nicht ganz einfach Energie und Energie nicht so einfach Masse. Energie ist als Größe der Masse zu verstehen und diese "Größe" sagt viel aus. Ein gesunder Mensch durchschnittlicher Größe wiegt weniger als 200 Pfund, weniger als ein kleines Pferd, und ist im Vergleich zum Felsen von Gibraltar nichts anderes als ein kleiner Punkt. Doch beachte man, was er auszurichten vermag, und was er ist. Wie groß der qualitative Unterschied zu einem Pferd oder Felsen ist!

Die Komplexität des menschlichen Organismus ist wunderbarer als sie sich der Psalmist vorgestellt haben mag, als er Gott "für das Wunder meines Seins" lobte.(6) Die menschliche Energie ist so angelegt und entwickelt, daß es scheint, als habe der Mensch den Zugang zu seiner eigenen Quelle entdeckt. Es scheint, er habe die richtige Entfernung zur Quelle entdeckt und auch die Art und Weise, aus ihr zu schöpfen, um etwas von der göttlichen Unsterblichkeit zu verspüren. In dieser Entdeckung liegt die große Versuchung der Menschheit, eine Versuchung, die nach der Genesis von der Schlange mit dem Versprechen an Eva wohlgenutzt wird: "Ihr werdet sein wie Gott."(7) Je tiefer der Mensch zur Selbstbewußtheit gelangt, um so mehr sieht er sowohl die Ähnlichkeit mit Gott als auch die Verschiedenheit von Gott. Auf keinen Fall ist er die Energiequelle des Universums, doch trotz seiner Andersartigkeit gelingt es ihm, der Entropie zu entkommen und Unsterblichkeit zu erreichen.

6) Psalm 139,14

7) Gen. 3,5

Der Unterschied zwischen dem alten Begriff der persönlichen Unsterblichkeit und dem von mir vorgestellten ist beachtlich. Nach alter Sichtweise *bin ich eine unsterbliche Seele*, die vorübergehend in einem menschlichen Körper eingeschlossen ist. Gemäß meiner Meinung *habe ich im Laufe von Millionen von Jahren durch die Evolution eine "Seele" entwickelt*, die unsterblich ist. Während früher Evolutionsstufen war ich von genetischen Faktoren hinsichtlich der Vererbung persönlicher Qualitäten vollkommen abhängig. An dem Punkt, an dem ich Mensch wurde, erlangte ich die Befähigung, biologische Prozesse zu transzendieren, um mich von einer Inkarnation zur anderen zu begeben. Daß durch meine Menschwerdung sich in mir etwas ganz Besonderes in der Evolutionsgeschichte ereignete, wurde von Philosophen und Denkern verschiedener Richtungen erkannt. Cassirer betrachtete den Evolutionssprung als Errungenschaft jener Macht, sich einer symbolischen Sprache zu bedienen. Die Bibel spricht von Gott, der dem Menschen den Lebensatem einhauchte und der durch den göttlichen Atem "zur lebenden Seele" wurde.

Welchen Symbolismus wir auch benutzen mögen, so sind wir gezwungen zu erkennen, daß der gewaltige Evolutionssprung zu einer qualitativ neuen Entwicklung führte.

Entsprechend dem Standpunkt, den ich versuchweise vorschlage, gewann einer meiner biologischen Vorfahren die Fähigkeit zur Unsterblichkeit, indem er Mensch wurde. Da ich die Fähigkeit erlangte, mich zu reinkarnieren, wurde es mir in gewissem Grade möglich, meine biologische Geschichte zu transzendieren. Das will nicht heißen, daß ich seitdem keine biologische Geschichte mehr besitze. Ich ähnele meinem Großvater väterlicherseits in diesem Charakterzug und meiner Großmutter mütterlicherseits in jenem. Ich besitze meines Vaters Wesensart, den Stolz meiner Mutter usw. Doch abgesehen davon, ein biologischer Nachkomme zu sein, wie dies für meine Vorfahren seit Millionen Jahren zutrifft, bin ich ebenfalls ein von ihnen unabhängiges Individuum, in dem Sinn, daß ich ein eigenes Wesen besitze, welches ich sowohl in diesem als auch in früheren Leben selbst entwickelt habe. Mir sind Begrenzungen in tausend Mutterleibern widerfahren. Ich habe tausend Schulen besucht und bin tausend Gefängnissen entronnen. Doch mit jeder Inkarnation ist es mir gelungen, mein Karma zu verbessern, wie man im Osten sagt. Ich bin immer mehr Mensch geworden, nicht allein dadurch, indem ich durch Vererbung gewisser Gene bestimmte Vorzüge gewonnen habe, sondern in dem Sinne, indem es mir durch eigene Anstrengungen gelungen ist, die Gnade Gottes um meiner Selbst willen zu erlangen. Damit meine ich nicht, um meiner Selbst willen von Gott getrennt, sondern um meiner Selbst willen unabhängig von meinen biologischen Vorfahren.

Ein solches Wachstum, mit der Fähigkeit zur Verwirklichung persönlicher Unsterblichkeit, wird von einem besonderen spirituellen Bewußtsein begleitet. Es handelt sich um jene Art von Bewußtsein, das den Menschen für religiöse Anregungen empfänglich macht und ihn die Anwesenheit Gottes erfahren läßt. Es beinhaltet ebenfalls ein verstärktes Bewußtsein meiner Selbst, sowohl als eines Wesens mit einem involutionären "Inneren" als auch mit einem evolutionären "Äußeren".

Ich darf mich als Wanderer zweier Welten bezeichnen, die Welt meiner Familie, mit dem gesamten auf mich übertragenen Erbgut und jenes anderen "Reiches", zu dem ich gehöre, an dem ich durch die Gnade Gottes teilhabe und Unsterblichkeit erreiche durch wiederholte siegreiche Wiederauferstehung. Jene Auferstehungen im Rahmen des Inkarnationsprozesses dürfen als erzieherisch und siegreich bezeichnet werden. Um es theologisch auszudrücken: sie stellen sowohl die Unterwerfung unter den Läuterungsprozeß als auch die Teilhabe am Himmel dar.

Die alten Griechen und Römer vermochten, bedingt durch ihre Auffassung vom Menschen als besondere Schöpfung, die Unsterblichkeit nicht in diesem Lichte zu sehen. Jedoch erkannten sie auf ihre eigene Art die fundamentale Wahrheit. Sowohl Origenes und alle Präexistentialisten des frühen Christentums waren sich dessen bewußt, wie auch die große Anzahl jener

Poeten und Denker im Westen, die der pythagoräischen Reinkarnationslehre geneigt waren. Sie hatten vom Menschen die Vorstellung "eines Funkens des göttlichen Feuers", und falls sie sich der pantheistischen Tendenzen einer solchen Ausdrucksweise bewußt waren, betrachteten sie ihn nur deshalb als unsterblich, weil er nach "dem Bild Gottes" erschaffen war.

Ihre Formulierung des Begriffes persönlicher Unsterblichkeit erwies sich, vom Standpunkt moderner Philosophie und Wissenschaft gesehen, als Irrtum. Trotzdem strebten sie auf ihre Weise, so begrenzt ihr Horizont durch das Wissen ihrer Zeit auch war, wie es ja für jede Generation zutrifft, nach Erkenntnissen im Zusammenhang mit der Menschheit, vor allem nach der Erkenntnis, daß der Mensch ein spirituelles Wesen mit der Fähigkeit zur Erreichung persönlicher Unsterblichkeit ist.(8)

Die Entdeckung der "inneren" Dimension des menschlichen Bewußtseins stellt einen beachtlichen Schritt der menschlichen Erfahrung dar. Es handelt sich dabei um den erfreulichsten Schritt, den wir je getan haben. Überdies vollzieht sich die Entdeckung auf vielerlei Art.
Um das Besondere der dramatischen Natur dieser Entdeckung darzustellen, welche mit dem Erwachen des menschlichen Selbstbewußtseins einherging, möchte ich mich zunächst auf eine für die meisten vielleicht wenig versprechende Quelle berufen, nämlich auf die nihilistischen und atheistischen Gedanken Jean Paul Sartres. Sartre vertritt die Ansicht, daß das menschliche Bewußtsein (Heideggers Dasein) nicht in jedem Punkt mit der Umgebung eines Menschen übereinstimmt. Aus diesem Grunde erleidet es Angst und jene Disharmonie "eines Ölfleckens in einem Eimer Wasser oder eines Tropfen Wassers in einem Gefäß voller Öl". Der Tod stellt die größte Manifestation jener Absurdität dar. Sartre wurde deshalb dualisti-

8) Vgl. in diesem Zusammenhang die faszinierenden Darlegungen von Simone Weil, einer der größten religiösen Gestalten unseres Jahrhunderts, die von einer "Transsubstantiation der Energie" spricht, indem sie das Böse, sofern es zum Leid wird, als überwunden betrachtet. (First and last Notebook, London 1970, S. 123)

scher Vorstellungen beschuldigt, die er von Descartes übernommen haben soll, was jedoch absolut nicht zutrifft. Tatsache ist, daß er jenen Zustand, der das Begriffsvermögen der Physiker übersteigt, als Seltsamkeit erkannte, die er auch eingehend geschildert hat. Diese Seltsamkeit definiert er wie folgt: das meiste dessen, das wir als "Mensch" bezeichnen, unterliegt der gleichen Entropie, der auch alles andere unterliegt, einschließlich dessen, was traditionsgemäß als die menschliche "Seele" angesehen wird, doch scheint es noch etwas zu geben, das nicht so recht ins Bild paßt. Wir mögen noch so sehr bemüht sein, ihm einen Platz im Universum zuzuweisen, doch es gelingt uns nicht. Wenn wir dergleichen nicht zu sehen imstande wären, würde der Tod nicht so seltsam erscheinen, wie Sartre ihn findet. Der Tod verliert bereits für jene seine Unheimlichkeit, die in geringem Maße jenes menschliche Bewußtsein erlangt haben. Er erscheint nur unheimlich, wenn man die eigenartige Natur des menschlichen Selbstbewußtseins in Bezug zum übrigen Universum begreift. Das menschliche Selbstbewußtsein stellt jenes in die Gegenrichtung gekehrte Bewußtsein dar, das sich auf unsere gesamte Erfahrung bezieht. Es scheint, als ob ich, der ich seit Millionen von Jahren mit meiner Selbsterweiterung befaßt war, plötzlich mein Innerstes nach außen gekehrt finde und mich mit der Leermachung meines Selbst befasse.

Derartig aufsehenerregende Involutionen haben sich auf allen Stufen der evolutionären Entwicklung ereignet. Wir erinnern uns, wie in den frühen Tagen der Evolutionstheorie rauhe Gewalt den wichtigsten Überlebensfaktor darstellte: man sprach vom Überleben des Stärksten. Danach kam es zu einer neuen Erkenntnis: während dies bis zu einem gewissen Punkt der Fall zu sein scheint und vielleicht sogar noch als gültig betrachtet wird, erforderte der Fortschritt in höheren Bereichen der Evolution andere Qualitäten, zum Beispiel Organisation und Zusammenarbeit, die sogenannten sozialen Tugenden. Das Nachaußengerichtetsein erforderte rauhe Gewalt zum Überleben, doch erreichte man bald einen Punkt, an dem dies nicht länger genügte. An diesem Punkt wurde die nach innen gerichtete Energie geistiger und moralischer Werte notwendig. Nach innen gerichtete Energie bedeutete Verzicht auf jene Energie, derer man sich bislang bediente; sie bedeutete folglich Verzicht auf Aggression. Falls es also einen unsterblichen "Teil" im Menschen gibt, wäre er in dieser Richtung zu vermuten. Natürlich muß er nicht existieren. Ohne die Energiequelle, die wir Gott nennen, gibt es keinen solchen Teil; persönliche Unsterblichkeit wird nur durch die Existenz Gottes verständlich.

Es geht nun darum, die einzelnen Hypothesen zur Unsterblichkeit zu untersuchen, uns mit ihrer Glaubwürdigkeit und Unglaubwürdigkeit zu befassen und zu überlegen, wie sich die Reinkarnationslehre mit dem christlichen Glauben in Einklang bringen läßt.

Kap. IX
Weiterleben im Neuen Testament

Lieber Meister, was kann ich tun, um das ewige Leben zu erlangen?

Markus 10,17

Mag jemand fragen, "Wie können Tote auferstehen und was für Körper haben sie, wenn sie auferstehen?" Solches sind törichte Fragen ... aus jedem Samen erwächst ein bestimmter Körper.

1. Corinther 15,35

Die Denkweise der Schreiber des Neuen Testamentes war durch die Ansichten und Betrachtungsweisen ihres jüdischen Erbes geprägt. Dieses jüdische Gedankengut jedoch wies wiederum griechische Einflüsse auf. Die daraus resultierende Verwirrung war deshalb nirgends größer als in Bezug auf Fragen hinsichtlich eines Weiterlebens.

Die alten Hebräer hegten vage, primitive Vorstellungen: die Toten kamen in den Sheol, einen dunklen Ort, in etwa vergleichbar mit dem griechischen Hades. Sie brachten damit eine Vorstellung zum Ausdruck, die unter ihren Zeitgenossen weit verbreitet schien, ein Weltbild, in dem das Universum aus drei Ebenen besteht: dem Himmel, der Unterwelt (auch Hades oder Sheol) und der dazwischenliegenden Erde. Man findet allerdings Unstimmigkeiten in ihren Berichten über solche Vorstellungen.

Genauso unklar wie die Vorstellung des Himmels sah diejenige der Unterwelt, des Sheol, aus. Manchmal wurde dieser Ausdruck auch als Synonym für Grab benutzt. Mitunter taucht er auch als eine Art Euphemismus für das Wort Tod auf. Man stellte sich einen dunklen Ort darunter vor, eine Art Nichtwelt der Dunkelheit und des Staubes. In der akkadischen Version des Mythos über den Abstieg von Ishtar in die Unterwelt wird diese als ein dunkles Haus beschrieben, als ein Land ohne Wiederkehr. Niemand würde sich freiwillig dorthin begeben. Jeder würde Homer zustimmen, der sagt, er würde lieber ein Bettler im gegenwärtigen Leben sein als ein König im Land der Schatten. Im Sheol gibt es weder Wissen, Denken, Handeln (1) noch die Lobpreisung Gottes.(2) Sheol liegt wahrhaftig so entlegen, daß sich die Macht Gottes gerade darin offenbart, indem sie auch Sheol erreicht.(3)

Im späteren Judentum wird der Einfluß anderer Ideen spürbar, und zur Zeit Christi existiert ein komplexes Netzwerk verschiedener Gedanken. Eine dieser Ideen weist bekannte Wurzeln auf: der Begriff des Paradieses. Das griechische Wort Paradeisos (hebräisch Pardes) leitet sich vom Altpersischen Pairi-daeza ab und bezeichnet einen weitläufigen, von Mauern umgebenen Platz, so wie man ihn sich bei einem Königspalast vorstellen würde. Der Garten Eden war ein solcher Ort, und in der Septuaginta-Version der Bibel wird das hebräische Wort für Garten (gan), das in der Genesis verwendet wird, mit Paradeisos übersetzt. Im späten Geistesgut der Hebräer ist die Hoffnung auf einen Seligkeitszustand selbstverständlich, und wir finden bereits Jahrhunderte vor Christus folgende Unterscheidung: Sheol ist ein Ort für die Bösen, während die Gerechten statt dessen ins Paradies kommen. Man unterscheidet Sheol von Gehenna; dieser Begriff hatte sich in der rabbinischen Vorstellung zur Zeit Christi zu einem Ort der Bestrafung für die Bösen entwickelt.

Der Name "Gehenna" entsprang dem hebräischen Wort ge-hinnom, was die Abkürzung für "das Tal von Hinnoms Sohn" darstellte und sich auf eine geographische Einteilung bezog, gemäß der das alte Jerusalem von den Hügeln im Süden und Westen getrennt wurde, dem heutigen Wadi er Rababi, der sich dem Wadi en Nar (Kidron) im Süden des Zionhügels anschließt. Da dieser Ort zu bestimmten Zeiten als Platz für einen Altar diente, auf dem Menschenopfer dargebracht wurden, hatte er einen üblen Ruf erworben.

1) Hesekiel 9,10

2) Psalm 6,6

3) Deut. 32,22 / Psalm 139,8 / Amos 9,2 / Jes. 7,11

Allmählich entwickelte er sich zu einem Ort (oder Symbol für einen Ort) der Strafe für die Bösen. Er stellte sozusagen "die Müllhalde" dar, auf die Übeltäter als "Abfall" hinkamen und wie Stroh verbrannt wurden.(4)

Zur Zeit Christi existierte bereits das Konzept des letzten Gerichtes, und es gab sowohl das Paradies als auch Gehenna, welche manchmal als vorübergehender Zwischenzustand aufgefaßt wurde.

Jedoch hatten auch andere Vorstellungen in das jüdische Geistesgut Eingang gefunden. Der Ursprung dieser Einflüsse liegt im Dunkeln und soll uns hier nicht weiter interessieren. Am bemerkenswertesten unter allen Vorstellungen darf wohl die der Auferstehung genannt werden, die zur Zeit der Makkabäer in Erscheinung tritt. Das Buch Daniel bezieht sich fast beiläufig darauf, obwohl es sich um einen bereits lange bestehenden Glauben handelt und alles, das uns über hebräisches Geistesgut bekannt ist, solche Mutmaßung unglaublich erscheinen läßt.(5) Hinweise auf die Wiederauferstehung zum ewigen Leben sind in der jüdischen Literatur im Zeitraum vor Christi Geburt reichlich vorhanden, sowohl in den Apokryphen als auch in der Apokalypse und den deutero-kanonischen Schriften.(6) Die Schriften des Neuen Testamentes bestätigen eindeutig, daß die Pharisäer die Wiederauferstehungslehre vertraten, hingegen nicht die Samariter oder die Sadduzäer.(7) Der jüdische Historiker Josephus bestätigt diese Aussage des Neuen Testamentes. Zu jener Zeit, in der Paulus seine Kirchenbriefe schrieb, änderte sich die Situation für die Christen tiefgreifend aufgrund des Glaubens, daß Jesus nach dem Tod am Kreuz "von den Toten auferstanden" war.

4) Henoch 48,9

5) Daniel 12,2

6) 2. Makk. 7,9; 14,46

7) Matth. 22,23 / Mark. 12,18 / Luk. 20,27 / Apg. 23,8

Paulus und auch andere lehrten, daß hinsichtlich dieses höchsten Beweises der Macht Gottes in Christi, Christen auf Auferstehung und ein ewiges Leben durch ihn hoffen dürften.(8) Johannes verkündete, am "Tag des Gerichtes" werde Jesus diejenigen aufwecken, die an ihn glaubten.(9) Die versprochene Auferstehung ist eine Auferstehung zu neuem Leben in einem neuen und herrlichen Körper (Soma). Paulus beklagt, daß offensichtlich die Meinung einer bereits stattgefundenen Wiederauferstehung Eingang in das Denken gefunden hatte. Solche Lehren, warnt er Timothäus, seien "sinnlose philosophische Auseinandersetzungen", die sich als glaubenszersetzend erweisen würden.(10) Zwar ist die christliche Hoffnung auf Auferstehung an den Glauben an die Auferstehung in Christus gebunden, doch war der Weg für den Wiederauferstehungsgedanken im vorchristlichen Judentum geebnet worden. Dieser Gedanke drückte sich in verschiedener Form aus. Wichtig ist für uns jedoch nur, daß das Erbe der ersten Christen sie für solche Gedanken aufgeschlossen machte.

Ihnen war jedoch, im Gegensatz zu den bekehrten Heiden, die Vorstellung jenes Unsterblichkeitsbegriffes fremd, in dem es hieß, Körper und Seele würden getrennten Reichen angehören. Das vorherrschende gnostische Klima, das sich im zweiten Jahrhundert n.Chr. zu einem Problem für die Kirche entwickelte, ermutigte diesen Dualismus, indem es Elemente ins Christentum einbrachte, die der jüdischen Tradition, welche die Grundlage des Christentums bildete, fremd waren. Für Heiden, die sich zum Christentum bekehrt hatten, war das alte Testament stets schwer zu verstehen. Aus vielen Gründen empfanden sie es als fremd und geheimnisvoll. Während sie ihm äußerlich Verehrung entgegenbrachten und auch gewisse Abschnitte, wie die Psalmen und Erzählungen über die großen Helden Israels, zu schätzen wußten, waren sie trotzdem nicht in der Lage, diese Ideologie zu ihrer eigenen zu machen. Sie neigten deswegen unvermeidlich dazu,

8) 1. Kor. 15 / 2. Kor. 4,14 / Phil. 3,10 / Tim. 2,11

9) Joh. 11,25; 6,39

10) 2. Tim. 2,17

biblische Gedanken über ein Weiterleben nach ihren Vorstellungen umzuwandeln, die sich mit ihrer Denkart vereinbaren ließen.

Sowohl die Vorstellung der unsterblichen "Seele" als auch die der Auferstehung war ihnen durch die Mythologie vertraut. Ebenso verhielt es sich mit der Reinkarnation. Alle Gedanken verschmolzen miteinander und vermischten sich mit der Interpretation biblischer Stellen in Bezug auf ein Weiterleben. Daraus wird ersichtlich, in welchem Umfange sich der Reinkarnationsgedanke auf das Denken der zum frühen Christentum bekehrten Heiden auswirkte.

Eine besonders bemerkenswerte Vermischung hatte sich jedoch bereits in den Gedanken der neutestamentarischen Schreiber selbst vollzogen, die für den gesamten Mittelmeerraum in Griechisch schrieben. Ihr eigenes jüdisches Erbe beinhaltete nicht nur die ursprüngliche Vorstellung eines dunklen Überlebens und der Auferstehung, sondern auch den Gedanken der Lebensintensivierung. Die Hebräer liebten das Leben. Für sie war das Versprechen Jesajahs verständlich, daß denen, welche ihre Hoffnung auf Gott setzen "Adlerschwingen wachsen ... sie laufen und verspüren keine Erschöpfung".(11) Die Versprechen des Neuen Testamentes beziehen sich überraschenderweise nicht immer auf den Begriff L e b e n . Das verwendete Wort lautet zoé und die Idee des zoé läßt sich auf die alttestamentarischen Schreiber zurückführen. Während für die alten Hebräer die "Lebenslänge" bedeutsam war, fand der Gedanke, daß man statt nach einem langen Leben nach einem wohlgefälligen Leben streben solle, in das neuere hebräische Geistesgut Eingang (wie dies Seneca auf Stoikerart ausdrückte).(12) Man sollte Lebensqualität anstreben und diese Qualität fand man vor allem in Gott, den der Psalmist als "Lebensquelle" bezeichnete.(13)

11) Jes. 40,31

12) Vgl. B. Frankling "Poor Richard"

13) Psalm 36,9

Die Griechen verwendeten für das Wort "Leben" verschiedene Ausdrücke. Lag ihnen daran, den Lebensbegriff als Zeitspanne zu definieren, sprachen sie von Bios, ein Wort, von dem sich der Begriff "Biographie" ableitet. Wünschten sie jedoch, den Lebensbegriff als vitales Körperprinzip zu definieren, benutzten sie das Wort "Psyche", von dem sich Ausdrücke wie "Psychologie" und "Psychiatrie" ableiten.

Für den Lebensbegriff selbst, in Unabhängigkeit von der Lebensspanne, dem Verlauf einerseits und das den Körper belebenden Vitalprinzips andererseits, gebrauchten sie ein Wort, das sich im Neuen Testament als einer der fundamentalsten Begriffe erweist: Zoé.

Im Neuen Testament wird der Ausdruck Zoé stets im Zusammenhang mit dem "ewigen Leben" verwandt, das ein Leben meint, welches in jeder Beziehung vollkommener, reicher und besser als das gewöhnliche Leben ist, das auch Katzen und Hunde leben. So gut jenes gewöhnliche Leben auch sein mag, so kann es doch nicht mit jenem erfüllteren Leben verglichen werden, das von Gott kommt und durch Christus allen zuteil wird, die an ihn glauben. "Das Leben geht über den Körper hinaus."(14) Jenes Paradoxon drückt sich in folgender Aussage aus, die Christus zugeschrieben wird: "Der, der das Leben gewinnt, wird es verlieren und der, der es um meinetwillen verliert, wird es gewinnen."(15) Ungeachtet der Warnung von Paulus an Timothäus, findet man dieses erfülltere Leben sowohl in der Gegenwart als auch in der Zukunft. Jesus gebraucht diese Andeutung in Bezug auf die, welche mit dem Vorwand einem Begräbnis beiwohnen zu müssen, es versäumten, ihm zu folgen: "Laßt die Toten ihre Toten begraben."(16) Ähnlich ist der verlorene Sohn "von den Toten auferstanden".(17) Noch dramatischer jedoch verkündet uns der Schreiber des vierten Evangeliums,

14) Luk. 12,23

15) Matth. 10,39; 16,25

16) Matth. 8,22 / Luk. 9,60

17) Luk. 15,32

daß der, der an Christus glaubt, das "ewige Leben besitzt".(18) Ein solcher Mensch hat das Erbe eines ewigen Zustandes angetreten.
Zoé ist ein Begriff, auf den sich der Evangelist gerne bezieht. Er durchdringt das vierte Evangelium. Als Jesus seine Lehre jener Frau am Brunnen erklärt und ihr sagt, daß alle, die von seinem Wasser trinken, niemals dürsten, fügt er hinzu, jenes Wasser sei die "Quelle, aus der das ewige Leben entspringt".(19)

Im Neuen Testament finden wir jedoch noch einen anderen Hinweis, der den Bibelgelehrten wohlbekannt und auch dem sporadischen Leser ein Begriff sein dürfte. Wir haben ihn bereits oberflächlich gestreift. Seine Bedeutung kann nicht genügend betont werden, denn trotz der Tatsache, daß er uns allen bekannt ist, vergessen wir nur allzu leicht, wie tief er das frühere Christentum beeinflußte, indem er dessen Gedanken von unseren Gedanken trennte, und sich folglich ihre Lebenseinstellung weitgehend von unserer unterschied. Ich möchte mich nur darauf beziehen, daß sie das baldige Ende der Welt erwarteten, d.h. falls es nicht morgen erfolgte, so doch wenigstens noch zu Lebzeiten der jüngeren Mitglieder der Christengemeinde. Wenn wir uns vorzustellen versuchen, wie sich eine solche Haltung in Bezug auf ein Weiterleben auswirkte, so vermögen wir leicht zu erkennen, wie das, was von uns als grundlegender Irrtum ihrer Lehre angesehen wird, ihnen im Licht der Dringlichkeit der Situation sinnvoll erschien. Sie erinnern sich ständig daran, daß das Ende der Welt bevorsteht. Die Welt stirbt an Überalterung. Frauen und Männer sind schon immer gestorben (ist nicht der Tod der Sünde Sold?)(20), und viele der Anhänger Christi, die an ihn glauben und ihm folgen, müssen sterben, so wie auch Jesus selbst starb. Trotzdem wurde ihnen bereits in gewissem Maße durch Christus ein neues Leben zuteil und am bevorstehenden Tag des Gerichtes wird es ihnen endgültig zu eigen.

18) Joh. 3,36

19) Joh. 4,14

20) Röm. 6,23

Der Tod wird deswegen, so wirklich er ist, als vorübergehender Schlaf angesehen. Die Katakomben weisen viele Inschriften auf, die darauf Bezug nehmen. Ein Bruder oder eine Schwester liegen hier begraben und "ruhen in Jesus", indem sie sein Kommen in Herrlichkeit erwarten. Sie gehören genauso zur Glaubensgemeinschaft wie jene, die sich noch im Diesseits befinden. Einige ereilt jedoch nicht der Tod, da der große Tag kommt, bevor sie wirklich sterben. Anstatt von den Toten "aufzuerstehen", folgen sie lediglich dem Ruf Jesus, dem großen Richter der Menschheit und treten das Erbe an, von dem sie in gewissem Sinne bereits einen Teil erhalten haben.

Dieses Verständnis des christlichen Glaubens bestand lange Zeit im frühen Christentum, und wie wir wissen, kehrte es bei den verschiedenen Gruppen des tausendjährigen Reiches immer wieder. Der Begriff der Reinkarnation, wie er nach upanishadischer Sichtweise in Verbindung mit der Karmalehre verstanden wird, war natürlich für eine auf solche Art verstandene Situation belanglos. Eine Lehre der Präexistenz der Seele besaß keine Bedeutung und die Reinkarnationstheorie war belanglos angesichts der damals erwarteten Zukunft. Reinkarnation mochte vielleicht in der Vergangenheit erfolgt sein, doch sie stellte kein Thema für die Zukunft dar, da das Weltende nahe bevorstand. Würde man heutzutage mit dem Weltende, sagen wir bis spätestens zum 21. Jahrhundert rechnen, würde man meinen Darlegungen, wie sich mein Karma auf zukünftige Inkarnationen auf diesem Planeten auswirken könnte, wenig Interesse schenken. Man würde meine Aussagen nicht einmal als einen guten Zukunftsroman betrachten. Überdies erschienen den Christen des ersten und zweiten Jahrhunderts, welche sich die Welt "aufgerollt wie eine Schnecke" vorstellten (21), Einzelheiten über die Natur des Lebens als eitle und törichte Mutmaßung. Christen würden in ihrem neuen Leben "in Christus" oder "mit Christus" leben, mehr zu wissen, bedurfte es nicht. Ein Waisenkind, dem man die Rückkehr zu seinen Eltern zusichert, fragt nicht, ob es in einem solchen Haus wie dem in Ohio oder in einem solchen Haus wie dem in Tennessee leben wird. Außer dem Wieder-

21) Off. 6,14

sehen ist nichts von Bedeutung. Bedingt durch die Erwartung der Wiederkehr Christi, glaubten die frühen Christen, das ewige Leben sei ihnen nicht nur nahe, sondern es habe bereits für sie begonnen. Der gleiche Jesus, der seinen Jüngern ein vollkommenes Leben versprochen hatte, erklärte ihnen, warum er dieses Versprechen zu geben vermochte.(22) Er war die Quelle des Lebens. "Ich bin das Leben."(23) Der Tod, endgültiger und schlimmster Feind des Menschen, hatte seine Macht verloren. Dem Leben der Christen war der Stachel genommen.(24) Sie waren dabei, dem zu folgen, der ihnen die Lebensqualität verlieh, die sie als ewig betrachteten. Offensichtlich mußte deshalb die gesamte Frage der Reinkarnation, ungeachtet dessen, ob man eine Präexistenz ernstnahm oder nicht, beiseite gelegt werden.

Im Laufe der Zeit verlor die Wiederkehr Christi an Dringlichkeit; sie war aus einem Status existentieller Hoffnung zu einer theologischen Doktrin herabgesunken, und eine beträchtliche Anzahl hellenistischer Begriffe zur Unsterblichkeit und Auferstehung durchdrang das christliche Geistesgut. Jedoch zielte ein Element im frühen Christentum darauf ab, welches schon seit dessen Beginn existierte und auch noch vorhanden war, nachdem der Glaube an die bevorstehende Wiederkehr Christi in Vergessenheit geriet, jegliche Reinkarnationsgedanken auszuschalten. Dachten Christen an ein Weiterleben, verbanden sie damit den Gedanken an Tod und Gericht, und beide Gedanken besaßen auf eigene Weise eine furchtbare Endgültigkeit. Der Tod war etwas Endgültiges, das Ende eines Individuums auf der Erde. Er bedeutete das Ende der irdischen Freuden und Leiden, Hoffnungen und Ängste. Er stellte das Ende eines Menschen dar, wie er sich selbst kannte und wie ihn andere kannten. Was immer sich nach dem Tod ereignen mochte, er war danach ein anderer. Also bedeutete der Tod sowohl Anfang als auch Ende. Das Gericht besaß ebenfalls Endgültigkeit, für das Individuum im einzelnen und die Menschheit im allgemeinen. Es stellte das

22) Joh. 10,10

23) Joh. 14,6

24) 1. Kor. 15,55

Ende der Welt dar und den Beginn einer neuen Ordnung, wenn nicht sogar das Ende der Zeit. Deswegen vermochte die Reinkarnationslehre, wenn überhaupt, in einem solchen Schema nur einen begrenzten Platz einzunehmen. Außerdem muß sie auch von denen, die sich näher mit ihr beschäftiten als sinnlos empfunden worden sein. Da die Menschheit mit der Vision des letzten Gerichtes befaßt war, war der Unterschied zwischen einem Erdenleben und mehreren tausend nachfolgenden Leben belanglos. Allgemeine Lehren betonten die Dringlichkeit einer Entscheidung, die von allen zu treffen war: hier und jetzt, eine Entscheidung für die Ewigkeit.

Trotzdem gab es, abgesehen von diesen besonderen Umständen, im christlichen Leben nichts, wodurch die Möglichkeit der Reinkarnation ausgeschlossen werden konnte. Theoretisch konnte das Christentum entweder mit einer Unterblichkeitslehre der Seele (wie in der von Platon angenommenen Mythologie) oder einer Wiederauferstehungslehre in Einklang gebracht werden.

Reinkarnation ist mit einer Art Auferstehung zu vergleichen. Christliche Theologen maßen jedoch der Vorstellung einer Auferstehung "desselben Körpers", den wir gerade besitzen, große Bedeutung bei. Allerdings sollte dieser Körper in herrlicherer Form auferstehen. Das sogenannte athanasische Glaubensbekenntnis bestätigt, daß die Menschheit in ihren Körpern auferstehen wird (resurgent habent cum corporibus suis) und eine Ratsversammlung, die im Lateran gegen die Albigenser abgehalten wurde, machte geltend, daß alle in ihren alten Körpern auferstehen würden (omnes cum suis propriis resurgent corporibus, quae nunc gestant). Thomas von Aquin überlegte, daß der wiederauferstandene Körper der gleiche sein müßte wie der auf Erden, anderenfalls, so dachte er, dürfte man nicht von Wiederauferstehung sprechen, sondern müßte von von der Übernahme eines neuen Körpers reden (nec dicetur resurrectio sed magis novi corporis assumptio).(25) Die Seligkeitsvision (ein endloser Seligkeitszustand derer, die

25) Sum. Th. 3, Sapp. 79,1

durch Christus erlöst wurden) besagt, daß der Körper, den der einzelne besitzt, quasi wieder zusammengefügt und in einen herrlichen und ewigen Körper umgewandelt wird.

All diese Meinungen bildeten sich natürlich in einem Klima heutzutage überholter wissenschaftlicher Konzepte. Thomas stimmte mit Aristoteles hinsichtlich der Einheit von Körper und Seele überein, eine Philosophie, die er leicht gutheißen konnte, da sie mit der biblischen Lehre übereinstimmte oder übereinzustimmen schien. Ich glaube nicht, daß die Aussagen im vorhergehenden Kapitel zur Natur der Energie, wie man sie im Licht der modernen Wissenschaft sieht, seine Meinung zur Auferstehung grundlegend geändert hätten, genauso wie dies für unser modernes Wissen der sich beständig erneuernden Körperzellen zutrifft, und wodurch ich behaupten darf, daß der Körper, den ich jetzt besitze (von einem bestimmten Standpunkt aus gesehen ganz sicher) nicht dergleiche ist, den ich vor zehn Jahren besaß. Diese Erwägungen hätten sicher den mittelalterlichen Gedanken der Auferstehung eines alten Körpers abgeschwächt, wenn nicht ganz ausgelöscht. Heutzutage existiert eine solche Sichtweise nicht mehr, weshalb die Wichtigkeit, die diesem Problem von christlichen Theologen beigemessen wurde, an Bedeutung verliert.

Ganz sicher paßt diese lateinische Lehre einer Wiederauferstehung im Fleische nicht zu der Lehre des Paulus im Neuen Testament, welche aussagt, es werde uns ein neuer Körper verliehen, der nicht als der alte Erdenkörper erkennbar ist. Die eigenartige Vorstellung einer Wiederbelebung der Körperpartikel taucht bei Paulus nicht auf.(26) Innerhalb des Christentums bestand eine solche Vielfalt von Wiederauferstehungslehren, daß abgesehen von den bereits angestellten Betrachtungen zur Endgültigkeit von Tod und Gericht, es keinen Grund zu geben scheint, warum die Reinkarnationslehre nicht zulässig gewesen wäre.

26) 1. Kor. 15,35

Schon in früher Zeit, zunehmend jedoch im Mittelalter, entwickelte sich die Lehre eines Zwischenstadiums. Jener Zustand, den man später Fegefeuer nannte, milderte nicht das schreckliche letzte Gericht, das zur ewigen Seligkeit im Himmel oder zur ewigen Höllenqual führte, doch er stellte eine Dimension dar, die sich auf die Reinkarnationslehre bezieht und die man in Verbindung mit der Karmalehre als Läuterung sehen könnte. Was das Entstehen der Fegefeuerlehre anbetrifft, so sei darauf im nächsten Kapitel verwiesen. Es soll untersucht werden, ob die Möglichkeit besteht, sie aus christlicher Sicht auf die Reinkarnationsgrundlage zu übertragen.

Kap. X
Reinkarnation als Läuterung

"Da die Seele sieht, daß sie durch das Hindernis in sich selbst nicht ihr Ziel, nämlich Gott, zu erreichen vermag und dieses Hindernis nur durch Läuterung beseitigt werden kann, gibt sie sich schnell und aus eigenem Antrieb dem Läuterungsprozeß anheim."

Hl. Katharina von Genua, Abhandlung über das Fegefeuer

Die Form der Läuterungslehre, die in der mittelalterlichen lateinischen Kirche entstand, zeigte sehr unglückliche Auswirkungen. Sie führte nicht nur zu einem beständigen praktischen Mißbrauch und trug zur Anwendung drastischer Methoden in der Kirchenreform bei, sondern sie trübte unglücklicherweise das subtilere und interessantere Verständnis der Lehre innerhalb der katholischen Tradition. Aufgrund der Unreife der späteren mittelalterlichen Form der Lehre und dem schlimmen Mißbrauch in der praktischen Anwendung, verhielten sich die Erben der Reformation ihr gegenüber oft extrem feindlich. Viel schlimmer jedoch erwiesen sich ihre Auswirkungen insoweit, als sie ernsthaftes Nachdenken über den Begriff eines Zwischenstadiums verringerten. Trotz der Tatsache, daß Mystikerinnen, wie die Heilige Katharina von Genua (1447 - 1510), auf ansprechende und treffende Art über den Läuterungszustand schrieben, erwies sich das Vorurteil gegen das Läuterungskonzept bis zum 19. Jahrhundert wahrhaftig als unausrottbar, bis die Traktarianer eine verständliche Version jenes Zustandes entwickelten.
Die Gebetspraxis für die Toten läßt sich mindestens bis zu den Makkabäern im Judaismus zurückverfolgen. Judas Makkabäus sandte etwa zweitausend Silberdrachmen als Entschädigung für die in der Schlacht gefallenen Juden nach Jerusalem, bei denen man heidnische Amulette gefunden hatte.

Diese Schlacht fand 166 vor Christi statt. Der Bericht darüber wurde wahrscheinlich von einem Pharisäer vierzig Jahre später in Ägypten verfaßt. (1) Allerdings wurden Gebete für die Toten, die den Glauben an eine Art von

Zwischenstadium voraussetzten, in dem ihr Schicksal Änderung erfährt, erst 130 n.Chr. Teil des Synagogengottesdienstes.

Im Jahre 200 bezieht sich Tertullian auf die allgemeine Gebetsausübung innerhalb der christlichen Kirche. Tertullian trifft dabei nur Feststellungen über den damaligen Zustand. Er zeigt kein Interesse an ihm und bemerkt, daß es keine biblische Sanktion dafür zu geben scheint. Sowohl Origenes als auch sein Lehrer Clemens von Alexandrien weisen jedoch ausdrücklich auf die Doktrin eines Zwischenstadiums hin. Sie verstehen dieses Stadium als eine Art Strafe, oder eher noch als Erziehungsmaßnahme denn als Strafe.(2) Man sollte es eher als eine Läuterung verstehen.(3) Derartige Vorstellungen unter den griechischen Kirchenvätern wurzelten zweifellos in orphischen und anderen Ideen, die Teil ihres allgemeinen intellektuellen und kulturellen Erbes bildeten. Dennoch stellte das Gebet zum Gedenken der Toten eine natürliche Entwicklung innerhalb der Kirche dar. Die Sitte, den Toten heilige Opfer zu bringen, wird von östlichen Kirchenvätern, wie St. Cyril von Jerusalem, St. Chrysostomus und auch von Tertullian bestätigt. Eine solche Sitte scheint wenig sinnvoll, läßt man dabei die Lehre eines Zwischenstadiums außer acht. Es wäre ohne Nutzen, für jene zu beten, deren Weiterleben dabei in keiner Weise berührt werden würde, was ebenso für die Seelen zutrifft, die sich in einem endgültigen Stadium befinden. Epiphanius geht dabei soweit, die Wirksamkeit solcher Gebete für die Toten zu leugnen und nennt sie Ketzerei.(4) Die Bedeutung von Gebeten für die Toten kommt in der griechischen Liturgie klar zum Ausdruck. Im Gegensatz zum lateinischen Westen bewies die östliche Kirche eine offene, für sie charakteristische, um nicht zu sagen vage Tradition in Bezug auf das Wesen und die Bedeutung entsprechender Richtlinien und ließ es dabei bewenden.

1) 2. Makk. 12,43

2) Vgl. Stromata 7,26

3) Vgl. De. Princ. 2,10,6

4) Panarion 75,8

Der Weg zu einer klaren Lehre in Bezug auf das Fegefeuer oder die Läuterung wurde von Augustinus beschritten, der zweifellos einiges vom Ambrosius, seinem Lehrer, übernommen hatte. Ambrosius machte geltend, daß die verstorbenen Seelen auf das Weltende in verschiedenen "Wohnungen" warteten, die sich bedingt durch ihre Taten auf Erden voneinander unterschieden.

Theoretisch ließe sich dergleichen mit einer Reinkarnationsinterpretation in Einklang bringen. Augustinus ist jedoch spezifischer: die Seelen der Menschen werden unmittelbar nach dem Tod gerichtet und etliche kommen sofort an einen Ort der Läuterung.(5) Tausend Jahre später verlieh Dante in seinem großen Epos diesem Gedanken Ausdruck. Er spricht darin poetisch von einem siebenstöckigen Berg, wo jede Ebene einen Ort zur Läuterung einer der sieben "Todsünden" darstellt. Auch Gregor der Große lehrte bereits, es gäbe ein Zwischenstadium, in welchem die Gott entfernten Seelen der Läuterung entgegensähen.

Zur Zeit des Thomas von Aquin betrachtete man das Fegefeuer als einen Ort der Strafe für diejenigen, die noch nicht des Himmelsreiches würdig waren. Er sprach vertrauend von seinem Leid, das bereits durch die Vorfreude des Wissens um das kommende Himmelreich gemildert wurde. Die Qualen des Feuers waren schrecklich, schlimmer als die größte Pein auf Erden. Verständlicherweise war es den Menschen darum zu tun, die Leiden ihrer Lieben zu lindern, und so entwickelte sich die Ausübung der Gebetspraxis für die Toten. Die Griechen, die im Prinzip eine strenge Definition in dieser Angelegenheit ablehnten, brachten Einwände gegen die römische Lehre des Fegefeuers hervor. Im Jahre 1274 bestätigte der Rat zu Lyon und im Jahre 1439 der Rat zu Florenz folgende wesentliche Punkte: es gibt ein Stadium der Läuterung, und Gebete und andere gute Werke erweisen sich in diesem Zusammenhang als wirksam. Die gesamte Kirche bewies allgemeine Übereinstimmung in der Lehre eines Zwischenstadiums und der

5) Civ. Dei, 21,13 u. 24

Wirksamkeit von Gebeten für diejenigen, die sich darin befinden. Die griechische Kirche lehnte im Gegensatz zur mittelalterlichen römischen Kirche lediglich den Anspruch auf ein detailliertes Wissen bezüglich eines solchen Zwischenstadiums ab.

Die östlich-orthodoxe Kirche war bemüht, den Begriff aufrechtzuerhalten, so wie er seit frühen Zeiten existierte, und bestätigte ihn erneut während der Synode von Jerusalem im Jahre 1672.

Im 19. Jahrhundert verteidigten die englischen Traktarianer, die sich am eifrigsten um die Wiedereinsetzung der alten katholischen Doktrin in der englischen Kirche bemühten, das Konzept eines Zwischenstadiums und entwickelten eine bestimmte Form daraus. Obwohl sich ihre Ansicht zu dem einen oder anderen Thema geändert hat, steht die Theologie der anglikanischen Kirche heutzutage jenem Konzept wohlwollend gegenüber, und betont weniger den Begriff der Läuterung und dafür mehr jenen von Entwicklung und Wachstum. Ansichten dieser Art öffnen deutlich den Weg zu einem Verständnis des Zwischenstadiums, das nicht weit von der ursprünglichen Ansicht hierzu entfernt liegt. Sie ermöglichen im Prinzip auch die Interpretation jenes Zustandes in Bezug auf die Reinkarnationslehre und lassen sie verständlich erscheinen. Wir werden später noch auf diesen Punkt zurückkommen.
Eine vernünftigere Ansicht zum Fegefeuer, die unter dem Einfluß der Traktarianer entstand, wurde auch von den tiefgründigen Denkern der römisch-katholischen Kirche dieser Zeit vertreten. Baron von Hügel konnte sich als Laie einer einflußreichen Familie zu jener Zeit (um die Jahrhundertwende), zu der die Verfolgung des "Modernismus" ihren Höhepunkt erreicht hatte, freimütiger geben, als es der Mehrheit der zeitgenössischen römisch-katholischen Gelehrten möglich war, die das Priesteramt bekleideten und folglich kirchlichen Einmischungen ausgesetzt waren. Dieser weitsichtige Denker, dessen Einfluß zu jener Zeit außerhalb der Kirche groß war, setzte viel daran, um aufzuzeigen, warum die übliche Auslegung der römisch-katholischen Kirche zur Lehre des Fegefeuers den Ansprüchen nicht genügte und

sogar den Geist der römisch-katholischen Kirche verleumdete. In seinem Hauptwerk (6) befaßte er sich besonders mit der Heiligen Katharina von Genua, von der bereits die Rede war, und deren Gedanken zu diesem Thema sicherlich die edelsten der christlichen Tradition darstellen.

Katharina erwies sich in ihren Grundvoraussetzungen ganz und gar mittelalterlich und zeigte wiederum modernen Prophetismus in vielen Punkten ihrer Interpretation der traditionellen Lehre. Sie sah im Zwischenstadium einen Läuterungsproezß, betonte jedoch auch den Läuterungscharakter des gegenwärtigen Lebens. Gemäß ihrer Aussage liegt Heiligkeit weniger im Nichtvorhandensein von Fehlern als im Vorhandensein der kreativen Liebe in der Seele.

Stirbt ein Mensch, so erkennt er sofort die Natur des Hindernisses, das ihn von Gott fernhält und unterwirft sich deshalb freiwillig einer Läuterung. Das Sehnen der Seele nach dem endgültigen Einssein mit Gott, das die Theologen als himmlische Seligkeit bezeichnen, ist so groß, daß die Seele bemüht ist, sich so schnell wie möglich auf das Erreichen dieser Freude vorzubereiten. Das Erleiden der Läuterung wird folglich zu einem qualvollen Sehnen nach Gott, die Seele verspürt den brennenden Wunsch, sich auf ihr endgültiges Schicksal vorzubereiten. Gäbe es einen noch schnelleren Weg dazu, würde ihn die Seele finden.

Je mehr Katharina ihre Gedanken enthüllt, um so offensichtlicher ist ihre Aufgeschlossenheit für eine Reinkarnationsinterpretation. Wie wir sehen, vertritt sie die Meinung, daß die Seele unmittelbar während des Todes entscheidet, was sie zu tun hat und es auch umgehend ausführt. Nachdem sie ihren Entschluß ausgeführt hat, vermag sie ihre Entscheidung nicht mehr rückgängig zu machen. Im ersten Moment verfügte sie noch über die Freiheit der Wahl, doch danach entsagte sie der Freiheit, um ihr Ziel zu erreichen. Sie unterwirft sich den Konsequenzen ihrer eigenen Entscheidung.

6) Vgl.: The Mystical Element of Religion, New York 1908

Man könnte fast sagen, daß sie sich im Moment des Todes freiwillig einer richtenden Institution anvertraut und nachdem ihr Entschluß gefaßt ist, sie sich den Konsequenzen nicht mehr zu entziehen vermag, bis sie ihr selbstauferlegtes Ziel erreicht hat.

Obwohl sie sich in ihrer Unfreiheit sozusagen mit dem Willen Gottes zufriedengibt, erleidet sie doch unbeschreibliche Qualen. Die Qual liegt in der Entdeckung der Hindernisse in sich selbst, die sie von Gott fernhalten. Ich will damit nicht sagen, daß Katharina sich ein Reinkarnationsschema zurechtgelegt hatte. Trotzdem trägt ihre Vision der Reinkarnationslehre sehr gut Rechnung. Nach dem Tode begibt sich das essentielle "Selbst" oder die "Strahlungsenergie" unmittelbar auf den Weg der Wiedergeburt, der zur Heilwerdung beiträgt. So wie sich das Selbst die harmonischen Umstände und Bedingungen, in denen es sich jetzt wiederfindet, ausgesucht hat, so hat es sich auch den passenden Weg der Karmaabtragung ausgesucht. Oberflächlich betrachtet scheint es keine Wahl zu haben, was jedoch nicht den Tatsachen entspricht. Es hätte sich sogar noch schwierigere Lebensbedingungen aussuchen können, doch selbstverständlich wählt es den schnellsten Weg zur Wiedergeburt, so wie ein Flüchtling sich den einfachsten Fluchtweg aussucht, den er zu finden vermag, mit allen Konsequenzen, die dieser Weg beinhaltet. Natürlich gibt es auch vorbestimmte Situationen, in denen die Seele (um mit Katharinas Sprache zu sprechen) keine andere Wahl hat, doch eine solche Vorherbestimmung existiert im Hintergrund jeder freien Willensausübung. Sobald die Seele sich für einen Mutterleib entschieden hat, besitzt ihre Wahl endgültigen Charakter. Sie durchschreitet das selbstgewählte Leben mit allen Einschränkungen und allem Leid, mit allen Möglichkeiten des inneren und geistigen Wachstums und allen bereichernden Gelegenheiten.

Das traditionelle Läuterungssymbol ist das Feuer. Entsprechend Katharina verzehrt das Läuterungsfeuer alle Schlacken bis auf das Gold. Das Gold wird vom Feuer nicht vernichtet. Das heißt, die Seele, sobald sie vollkommen geläutert ist, leidet nicht mehr. Sie spürt das Feuer nicht mehr. Die geläuterte Seele ruht in Gott, und das Feuer, das sich im Verlauf des Läuterungsprozesses als so qualvoll erwies, stellt sich als das heraus, was es die ganze Zeit zu sein pflegte, nämlich Gott.

Das Gold, das Gott symbolisiert, existierte die ganze Zeit im Feuer. Solange sich das Gold mit den Schlacken vermischte, verursachte das Feuer Qualen, aber nachdem die Schlacken aufgezehrt sind, bleibt die Freude. Katharinas Anwendung eines solchen Bildes führt zur Reinkarnationsinterpretation. Falls die Leiden, die wir im Leben ertragen, von uns selbst verursacht sind, wie es das Karmagesetz besagt, scheinen sie nur durch äußere Umstände verursacht zu sein. Sobald wir von der Krankheit, die uns für das Leiden empfänglich macht, genesen sind, verspüren wir keine Schmerzen mehr. Die äußeren Umstände bleiben dieselben, doch wir haben uns geändert.

Die Medikamente besitzen einen üblen Geschmack; ich erleide Schmerz und Übelkeit, doch sobald sie ihre Wirkung getan haben, verspüre ich in meinem Körper, der sich gestern noch vor Schmerzen krümmte, ein Wohlgefühl. Um mich von Schlacken zu befreien, benötige ich vielleicht eine Million Leben, von denen jedes ein Mittel für eine andere Krankheit darstellt, mit der meine Seele behaftet ist. Letztendlich jedoch bin ich vollkommen rein und gesund, widersteht meine Seele jeder Krankheit und geht gestärkt aus den aufeinanderfolgenden Inkarnationen hervor, bis ihr nichts mehr zu schaden vermag. Dann bin ich am Ende meiner Wanderschaft angekommen.

Dergleichen könnte man als denkbare Version des Läuterungsbegriffes der Katharina von Genua ansehen, die Baron von Hügel so bewunderte. Unter den Traktarianern der Kirche von England trägt die Tendenz, den Läuterungsprozeß eher als einen Zustand des Wachstums und der Entwicklung denn als Strafe zu betrachten, um Reinheit von Sünden zu erlangen, mit größerer Wahrscheinlichkeit zum Reinkarnationsverständnis in Bezug auf ein Zwischenstadium seitens der alten katholischen Lehre bei. Trotzdem möchte ich erneut betonen, daß ich nicht eine Minute glaube, die anglikanischen Geistlichen des 19. Jahrhunderts hätten einen derartigen Gedanken zur möglichen Interpretation der Lehre eines Zwischenstadiums im Sinne gehabt.

Ich meine allerdings, wir sollten ihre einleuchtenden Ansichten in Betracht ziehen, da sie für unsere gegenwärtige Untersuchung von Bedeutung sind. Eine der 39 Religionsthesen, die jeder Ordinierungskandidat in der Kirche von England anzuerkennen hatte, verwarf ausdrücklich die "römische Lehre des Fegefeuers". Diese These besagt: "Die römische Lehre beruht in Bezug auf das Fegefeuer, den Ablaß sowie das Anbeten und die Verehrung von Bildern und Reliquien und die Heiligenanrufung auf freier Erfindung und gründet sich nicht auf die Bibel, sondern ist hier unvereinbar mit Gottes Wort."(7) Die Traktarianer waren bei der Auslegung dieser These allgemein bestrebt zu betonen, daß sie sich lediglich auf das "römische" Verständnis des Fegefeuers bezog, stellten ihnen aber anheim, eine Alternativlehre des Weiterlebens zu verkünden, in welcher der Gedanke eines Wachstums- und Entwicklungsprozesses zum Ausdruck kam. In Bezug auf das Zwischenstadium, das sie auch Fegefeuer nannten, vertraten sie eine Ansicht, die eventuell auch ein moderner Theologe hätte vertreten können: "Ich lehne die Vorstellung ab, daß Gott einen Bart trägt und mit einem Zepter in der Hand auf einem Thron im Himmel sitzt, so wie es auf alten Bildern dargestellt wird, und meine Ablehnung berechtigt niemanden, mich aus diesem Grund einen Atheisten zu nennen. Im Gegenteil, ich glaube an Gott."

John Henry Newman verfaßte viele Jahre später, nachdem er die Bewegung der Traktarianer verlassen hatte, wo er einer der bedeutendsten Führer gewesen war und einige Jahre, bevor ihm im Alter der Kardinalshut von Rom verliehen wurde, einen Schriftsatz, in dem er den Traum einer protestantischen Dame schilderte, den sie in der Nacht vor ihrem Tode hatte. Sie sah ihre Tochter, die bereits vor zehn Jahren verstorben war, in strahlendem Licht und sie sprach: "Mutter, Gott gestattet mir zu dir zu sprechen, bevor du die Erde verläßt." Sie erkundigte sich dann bei ihrer Tochter, ob sie im

7) Book of Common Prayer, Articles of Religion, Art. XXII

Himmel, ob sie glücklich wäre. "Nein, noch nicht im Himmel", erwiderte diese, "aber sehr glücklich. Ich arbeite für Gott, unterstütze ihn in seinem Werk." Die alte Mutter wollte wissen, um welche Art von Arbeit es sich dabei handele. "Keinerlei Arbeit, wie wir sie von der Erde kennen und gewohnt sind — unsere Fähigkeit des Sehens und Wissens hat sich geändert", und sie fügte hinzu, "ich darf nicht mehr sagen als Gott es zuläßt." Die Mutter fragte weiter, ob sie wisse, was auf der Erde vorgehe. Ihre Antwort lautete: "Nein, seit ich die Erde verließ, habe ich von den dortigen Vorgängen nichts mehr mitbekommen. Ich erinnere mich vollständig an mein Leben, doch an nichts mehr danach." Anschließend erkundigte sich die alte Dame nach ihrem Mann und ihren Kindern, nach jedem einzelnen der Brüder und Schwestern. Dieser Traum versetzte sie in einen strahlenden Zustand und es schien ihr "ziemlich gut zu gehen".
Newman schreibt, daß dieser Traum ihm sehr ungewöhnlich erscheine, ganz besonders für eine protestantische Dame; ein solcher Traum würde sogar "von den meisten Katholiken" nicht geträumt werden. "Von wo", fragt er, "bezieht diese Dame die Ideen zu diesem Traum?" Nachdem er sechs Punkte aufzählt, die ihm zu diesem Traum wichtig erscheinen, bemerkt er, daß ihn der Traum deswegen so beeindruckt habe, da er im Zusammenhang mit den sechs aufgezählten Punkten schon lange an ein Zwischenstadium dachte und dies vor kurzem auch wieder der Fall gewesen sei. Einer dieser Punkte beinhaltete die Aussage über "Tätigkeiten" während des Läuterungsprozesses, womit er sich kürzlich auch in Gedanken beschäftigt hatte.(8) In einem Brief schreibt er einige Monate später: "Was für eine strenge Läuterung wäre es, gäbe es kein Leid, sondern nur Verdammnis, Schweigen, Einsamkeit und Ignoranz; wenn das Denken das einzige wäre, das man von sich spürte, und wie schlimm wäre es, nicht zu wissen, wie lange dieser Zustand dauerte und auf welche Weise er endete ....."(9)
Eine solche Offenheit zum Wesen der Läuterung, wie sie für die englische Kirche im 19. Jahrhundert typisch war, wurde von Newman in seiner römischen Amtszeit fortgesetzt.

8) Wilfrid Ward, The Life of John Henry Cardinal Newman, Vol. II, London 1912, S. 567
9) ebd., S. 568

Die Vorstellung eines Zwischenzustandes, in den sich die Seele nach dem Tode begibt, in dem sich ihr Gelegenheit zu weiterem Wachstum, zu weiterer Entwicklung bietet, wirft folgende Frage auf: Um was für einen Zustand handelt es sich dabei?

Die Zurückhaltung in Einzelheiten erwies sich für das anglikanische Klima jener Zeit als charakteristisch. Überdies vermochte dann der Mensch den Begriff der entkörperten Seele, die sich in einer "spirituellen" Welt befindet und auf die Auferstehung wartet, durch welche ihr der Himmel zuteil wird, ernst zu nehmen. Wir haben festgestellt, daß sich eine der größten intellektuellen Klüfte zwischen uns und unseren viktorianischen Vorfahren genau an dieser Stelle befindet: wir können uns Vorgenanntes einfach nicht vorstellen. Falls wir überhaupt einen Zwischenzustand in Betracht ziehen, fragen wir eindringlicher als unsere Vorväter: Wo? Wie? Es kann sich dabei um andere Planeten, Planeten in anderen Galaxien handeln und das Leben muß dabei absolut nicht dem irdischen Leben gleichen. Wir fragen weiter, ob es einen Grund gibt, warum es nicht die Erde sein sollte. Könnte es sich nicht wenigstens in einigen Fällen um eine Rückkehr zur Erde handeln, statt um ein anderes Leben auf dem Pluto oder woanders. In anderen Worten: Je häufiger wir die alte Frage eines Weiterlebens aufgreifen, um so mehr sind wir gezwungen, solche Möglichkeiten ernstzunehmen.

Jegliches Wachstum beinhaltet Leiden auf die eine oder andere Weise. Wir sprechen von "Wachstumsschmerzen", aber der gesamte Erziehungs- und Wachstumsprozeß ist schmerzhaft. Er wird jedoch auch von Freude und großer Zufriedenheit über den abgeschlossenen Prozeß begleitet. All dies stimmt in hohem Maße mit dem überein, was man bereits schon in frühester Zeit über die Läuterung sagte: es handelt sich um einen qualvollen Schmerz, der jedoch mit Höllenqualen nichts zu tun hat. Er bedeutet nicht endgültigen, unwiderruflichen Verlust und trägt statt dessen in sich die Hoffnung, ja sogar die Zusicherung der endgültigen Erlösung und der ewigen Seligkeit.

Diese Mischung von Kampf und Seelenschmerzen, in Verbindung mit Hoffnung und "joie de vivre", ist kennzeichnend für das menschliche Leben. Es handelt sich eher um Kampf als um einen Freudengesang, doch für viele von uns ist es gleichzeitig ein Freudengesang. Der Gedanke, daß sich der Läuterungsprozeß nicht so sehr vom Erdenleben unterscheidet, scheint verständlich. Die alten Bilder von Himmel und Hölle unterscheiden sich so sehr von den alltäglichen Erfahrungen im Erdenleben, daß viele Leute sie einfach untragbar finden. Mit dem Läuterungszustand ist es dagegen anders. Er stellt andere Anforderungen an unser Vorstellungsvermögen, anders ausgedrückt, er erscheint durchaus verständlich. Einige von uns beklagen sich gelegentlich, vielleicht halb im Spaß, daß wir die Hölle auf Erden erleben. In Anbetracht dessen, was noch vor uns liegt, kann man dergleichen nicht ernsthaft vom gesamten menschlichen Leben behaupten? Könnte man dieses, unser Leben, nicht als "Zwischenstadium" sehen, und könnte es sich dabei nicht um einen langen Evolutionsprozeß handeln, der jegliche Grenzen eines bestimmten Zeitraumes überschreitet?

Wir wollen uns hier jetzt nicht mit metaphysischen und theologischen Fragen über das Ende dieses Zustandes befassen. Es geht jetzt nicht um den endgültigen Verlust Gottes, die "poena damni", welche von den klassischen Theologen als Hölle bezeichnet wurde, auch nicht um die Rätsel, die den Begriff des endgültigen Seligkeitszustandes umgeben, den man Himmel nennt. Solche Begriffe beziehen sich auf einen weiten Glaubensbereich: es ist für den Christen einfacher zu sagen, daß mit Gott zu sein, den Himmel, und von ihm getrennt zu sein, die Hölle bedeutet. Das Zwischenstadium darf jedoch in Verbindung mit der Reinkarnationslehre gesehen werden.

Eine der am häufigsten von den Vorkämpfern der Reinkarnationstheorie geäußerte Frage ist folgende: Warum vermögen wir uns nicht an vergangene Leben zu erinnern?

Dazu gibt es gewisse Standardantworten: z.B. heißt es im Vedanta, daß sich nur eines der sieben "Selbste" inkarniert (jenes Selbst, welches das Innerste jedes anderen Selbst darstellt), und das Gedächtnis sich nicht vom Fundamentalselbst trennen läßt. Ein Christ würde auf diese Frage anders antworten, nämlich daß Gedächtnisentzug wesentlich ist für Neuentwicklung und neues Wachstum. Die Last des Gedächtnisses, mit all seinen Schuldgefühlen, Gewissensbissen und Seelenqualen der Vergangenheit, vereitelt wirkliches Wachstum in späteren Jahren. Kein vernünftiger Mensch erwartet jedoch von einem Achtzigjährigen, so kräftig sein Körper und so lebendig sein Geist auch sein mögen, sich vollkommen neuen Ideen zu öffnen, die ihm sein ganzes Leben fremd gewesen sind. Dies würde einen vollkommen neuen Anfang erfordern. Am Lebensende ist unser Geist mit dem Wirrwarr vieler Erinnerungen beladen, und eine neue Tafel wird für einen neuen Anfang erforderlich. Falls ich in der Lage wäre, mich Hunderte von Inkarnationen zurückzuerinnern, bis zu meinem Leben als Bauer in Babylon, einschließlich meines Lebens als Hofnarr am Hofe Philipp des Schönen, ganz zu schweigen von einem kurzen Leben in einem Arbeitshaus zur Zeit Dikkens in England und einem tragischen Leben als russische Prinzessin, wäre ich kaum fähig, die Last der Erinnerungen zu tragen und mich auch noch im gegenwärtigen Leben weiterzuentwickeln. Der Traum jener von Newman erwähnten protestantischen Dame besagt es anders; wahrscheinlich faßte sie den Läuterungsprozeß nicht in Verbindung mit Reinkarnation auf und brachte auch keine Erinnerungen aus einem vergangenen Leben mit. Damit man sich weiterentwickeln kann, muß man jung bleiben. Obwohl viele von uns im Herzen jung bleiben, kommt eine Zeit, zu der kein weiteres Wachstum mehr möglich, ohne unsere Erinnerungen hinter uns zu lassen. Selbst im Erdenleben liegt eine der größten Gnaden in der Fähigkeit des Vergessens. Ohne diese gnadenvolle Fähigkeit wären wir nicht imstande, das Leben zu ertragen, geschweige denn eine Reihe von Leben, und vielleicht würden wir aufhören, uns moralisch weiterzuentwickeln.

Kap. XI
Die moralische Evolution

Für ein rationales, jedoch begrenztes Wesen besteht die einzige Möglichkeit zur moralischen Vollendung in einem beständigen Fortschreiten von niederen zu höheren Stufen.

Kant — Kritik der Praktischen Vernunft

Immanuel Kant, einer der größten europäischen Denker seines Zeitalters und einer der größten Philosophen aller Zeiten, weigerte sich, die Existenz Gottes durch eines der traditionellen Argumente zu akzeptieren. Durch die "reine" Vernunft läßt sich keine entsprechende Schlußfolgerung ziehen, aber durch die "praktische" Vernunft kann man drei Postulate aufstellen: Gott, Freiheit und Unsterblichkeit. Dort, wo metaphysische Argumente fehlschlagen, erweisen sich moralische Argumente als erfolgreich. Nehmen wir die Existenz des Moralgesetzes, des "summum bonum" oder des vollständigen Glückes an, das Gegenstand des menschlichen Strebens ist, so sind wir gezwungen, wie es Kant ausdrückte, diese Postulate anzuerkennen (welche er als Grundgedanken der Religion erachtete). Ohne sie können wir die notwendigen Kausalbeziehungen zwischen dem Moralgesetz, dem "summum bonum" oder dem vollständigen Glück, welches das Ziel darstellt, nicht aufrechterhalten. Die Unsterblichkeit der Seele wird in einem solchen Schema erforderlich, da es keine andere Möglichkeit als die eines Weiterlebens gibt, um das Ziel zu erreichen. Im Klima der deutschen Aufklärung, in dem Kant lebte und die religiöse Dogmatik allgemein herabsetzte und dem, was man gemeinhin Vernunft und Moral nannte, Achtung entgegenbrachte, war sein Vertrauen auf ein Moralgesetz, das Gott, Freiheit und Unsterblichkeit zur Basis hatte, sicherlich beeindruckend. Seine Argumente zu diesem Thema berührten mehr als ein Jahrhundert auf das eindringlichste den europäischen und amerikanischen Geist.

Obwohl er auch aus anderen Gründen in der Geschichte von entscheidender Bedeutung bleibt, zeigen sich heutzutage vergleichsweise wenig Menschen durch seine moralischen Argumente zu den drei Postulaten beeindruckt. Dies deswegen, da seine Grundprämisse, die Existenz eines kosmischen Moralgesetzes, vergleichbar den Gesetzen der Physik, heutzutage auf keinen Fall die Zustimmung erhalten würde, die sie zu seiner Zeit und auch noch lange Zeit nach seinem Tode erhielt.

Die Reinkarnationslehre, so wie sie sich im Hinduismus und Buddhismus entwickelt hat, gewinnt durch die Karmalehre an Anziehungskraft. Die Karmalehre ist Ausdruck der Existenz eines solchen Gesetzes, wie es Kant als Grundlage seiner drei Postulate formulierte. Die Verteidiger des Karmagesetzes, zu denen gewissermaßen auch Kant gehört, setzen ein Moralgesetz voraus, das mit den wenig überzeugenden Spekulationen über Gott, menschliche Freiheit und ein Weiterleben nichts zu tun hat. Durch die Karmalehre werden die metaphysischen Vorstellungen, die der Hinduismus und der Buddhismus von der upanishadischen Tradition übernommen haben, verständlich und überzeugend. Man sollte folglich erwarten, daß Kant, soweit er diese Karmabegriffe kannte, sich ihnen gegenüber aufgeschlossen zeigen würde. Eine Untersuchung seiner Einstellung erbringt jedoch zweifelhafte Ergebnisse. Dabei sollten wir diese Ergebnisse allerdings in Bezug zu Kants Voraussetzungen beim Schreiben seiner "Kritik zur Praktischen Vernunft" setzen und mit jenen Voraussetzungen vergleichen, die dem östlichen Karmabegriff zugrundeliegen.

Zuerst sei bemerkt, daß die Europäer des 18. Jahrhunderts sehr wenig über östliches Geistesgut wußten, und was sie wußten, war oft sehr unklar. Selbst Denker des Formates eines David Hume oder Dugald Stewart beweisen, wie wenig Kenntnisse sie über indisches Geistesgut besaßen, wenn sie über die Hindus berichten und weithergeholte Verallgemeinerungen von sich geben. Die ernsthafte Beschäftigung mit östlichen Studien befand sich in Europa noch in den Kinderschuhen und machte erst im späten 19. Jahrhundert Fortschritte. Deswegen dürfen wir aus moderner Sicht nicht erwarten, daß Kant über das Thema wohlinformiert war.

Trotzdem finden wir, daß er sich in jungen Jahren in bemerkenswerten Mutmaßungen erging. Im Jahre 1755, zwei Jahrhunderte bevor man die Weltraumfahrt ernsthaft als wissenschaftliche und technische Möglichkeit in Betracht zog, verfaßte Kant eine Schrift, in der er sich abenteuerlichen Vermutungen hingab: es wäre eventuell das Schicksal der menschlichen Seele, ihren Weg auf dem der Sonne am nächsten gelegenen Planeten zu beginnen und ihn, Planet um Planet, bis an den Rand unseres Sonnensystems fortzusetzen. Bezugnehmend darauf, was er als "endlose Dauer der unsterblichen Seele in der Unendlichkeit der Zeit" verstand, äußerte er, es sei engstirnig anzunehmen, die Seele durchlaufe ihre gesamte Wanderschaft auf Erden. Wäre es nicht einleuchtender zu glauben, daß sie sich zu "jenen weit entfernten Planeten des kosmischen Systems" begibt, die auch unsere Neugier hervorrufen? Er liebäugelte sogar mit der Vorstellung, daß einige weitentfernte Planeten sich "im Zustand der Vorbereitung als Aufenthaltsort für uns befinden, nachdem die Zeit unseres Aufenthaltes hier auf Erden abgeschlossen ist". Eines Tages vielleicht, schlägt er vor, befinden wir uns vielleicht auf dem Planeten Jupiter und empfangen Licht von dessen Satelliten.(1)

In seinem späteren Werk distanziert sich Kant von dem, was er als "phantastische theosophische Träume" bezeichnet. Er greift dabei jedoch nicht das Karmaprinzip an, sondern ein neognostisches metaphysisches Gedankengebäude, von dem er wußte, daß es in gewissen Kreisen im Deutschland des 18. Jahrhunderts modern war. Er wandte ein, daß das Moralgesetz von unerbittlicher Härte sei und die Verwirklichung seines Objektes, des "summum bonum", zwingend notwendig mache. Er fährt fort, die Konsequenz der endlosen moralischen Weiterentwicklung aufzuzeigen, welche umgekehrt wieder die Existenz und Persönlichkeit des Individuums einschließt. Ohne ein solches Moralprinzip geraten wir in die eine oder andere von zwei Fallen. Entweder wir degradieren den Begriff des Moralgesetzes, indem wir ihn als etwas betrachten, das wir unserer Bequemlichkeit und unseren Nei-

1) Naturgeschichte und Theorie des Himmels, Königsberg 1755, S. 198

gungen anpassen sollten, oder aber wir geben uns unverantwortlichen und arroganten Erhabenheitsvisionen hin, indem wir vorgeben, moralische Vollendung ohne Arbeit an uns zu erreichen.(2)

Kant dachte hier offensichtlich daran, daß der Eingeweihte aufgrund seines Wissens über die Mysterien des Universums schnell vergöttert werden könnte, was eine drohende Gefahr in den ihm bekannten gnostischen Systemen darstellte. Moralische Evolution wird somit überflüssig. Der Eingeweihte betrachtet sich als über dem Gesetz stehend. Dergleichen stellt natürlich eine Gefahr in fast allen Religionsformen dar. Es handelt sich dabei auch um eine beständige Gefahr im Christentum, wo aus diesem Grunde der Ausdruck "Antinomisten" für diejenigen geprägt wurde, welche stets glaubten, sie könnten nicht fehlgehen, da Gott auf ihrer Seite sei und sie für die Erlösung bestimmt habe. Einige Moslems verteidigen ähnlich alle Taten Mohammeds damit, daß er Allahs Prophet war und folglich alles, was er tat, richtig gewesen sein müsse, unabhängig davon, ob es unserem Moralverständnis entspricht oder nicht. Gnostische Religionsformen stehen in ihrer Empfänglichkeit für dererlei Gefahren nicht allein da, die einer Arroganz entspringen, welche Teil unserer menschlichen Natur ist. Verblüffend ähnlich, nicht zuletzt aus unserer modernen Perspektive, präsentieren sich die Voraussetzungen der Karmalehre im Osten und die der Lehre Kants im Westen. Kant hätte das Karmakonzept im Prinzip sicher anziehend gefunden, hätte er es gekannt und richtig verstanden, selbst wenn er dadurch nicht notwendigerweise zur Reinkarnationslehre geführt worden wäre.

Was auch immer wir von der Reinkarnationslehre halten mögen, so ist die Vorstellung, daß wir das ernten, was wir säen, doch allen einleuchtend, die aus dem einen oder anderen Grund an ein Moralgesetz oder an eine wirkende Kraft im Universum glauben. Sobald solches angenommen wird, mag man an Kants Postulate denken, wenn auch nicht unbedingt in der gleichen Weise, in der er sie formulierte. Gewiß existiert die Freiheit des

2) Kritik der praktischen Vernunft, London 1889, S. 218

menschlichen Willens, zumindestens in dem Maße, in dem ich die Fähigkeit besitze, das zu tun, was ich eigentlich tun sollte.

Wenn ich die Absicht habe zu handeln, vermag ich es auch. Bin ich überdies in der Lage, allen meinen rechtmäßigen moralischen Ambitionen nachzukommen und meine moralischen Ideale zu verwirklichen, dann muß nach dem gegenwärtigen Leben ein weiteres folgen. Was für ein Leben erwartet mich? Wie wir gesehen haben, spielte Kant in seiner Jugend mit der Vorstellung, es könnte sich dabei um ein Leben auf einem anderen Planeten handeln. Was wir heute über das Körper-Geist-Problem wissen, wirft die Frage unüberwindbarer Schwierigkeiten im Zusammenhang mit einem Weiterleben im entkörperten Zustand auf. Ganz sicher würden orthodoxe Christen eine solche Vorstellung als Gegenteil des biblischen Versprechens der Auferstehung empfinden. Moralisches Wachstum und moralische Entwicklung, welche eine verständliche Interpretation der christlichen Läuterungslehre oder eines "Zwischenstadiums" darstellen, scheinen ein Weiterleben zu bedingen, woraus ein gewisses Reinkarnationsverständnis resultiert. Samsara oder die Serie von Wiedergeburten bieten Gelegenheit zu weiterer moralischer Evolution, die unser moralisches Bewußtsein, falls wir ein solches im Sinne von Kant besitzen, miteinbezieht.

In der Religionsgeschichte stellt sich der Reinkarnationsmythos charakteristischerweise als Problemlösung karmischer Schuld dar. Dr. Vycinas drückt es in einer Studie über Heidegger so aus: "Die karmische Schuld des Menschen wird in seiner nächsten Inkarnation oder in seinem nächsten Leben beglichen. Der Mensch wird geboren, um die Harmonie mit dem "verlorenen Paradies" wiederherzustellen."(3) Professor Eliade spielt dabei häufig auf den Begriff des goldenen Zeitalters in der "Vergangenheit" an, das vollkommen zeitlos ist, und spricht dabei vom "illud tempus".(4) Karma stellt die Last des Menschen dar, und diese Last führt ihn auf die Suche nach

3) Vincent Vycinas, Search for Gods, The Hague 1972, S. 262

4) M. Eliade, Myths, Dreams and Mysteries, New York 1967, S. 59

Befreiung. "Was muß ich tun, um errettet zu werden?" Keine Lösung ist jedoch endgültig. Eine Wiedergeburt wird angestrebt, um das verlorene Gleichgewicht des Menschen wiederherzustellen und die Schuld auszulöschen, doch das Pendel, welches ursprünglich zu sehr in die eine Richtung schwingt, schlägt nun zu sehr in die andere aus, und dergleichen erfährt eine Fortsetzung.

Das Rad der Wiedergeburt bleibt nicht stehen, außer man gäbe sein Leben hin. Es ist richtig, daß der Begriff des Nirvana vom westlichen Menschen oft mißverstanden wurde, der darunter bildhaft das Fließen der einzelnen Flüsse und Ströme in den Ozean verstand, worin sie ihre Individualität verloren, und man kann hierbei absolut nicht von einer christlichen Vorstellung des Himmels sprechen. Tatsächlich ist der Begriff der Individualität vergleichsweise modern. Selbst Platon, durch den sich der Westen so inspiriert fühlte, unterschätzte ihn, und aus diesem Grunde erscheint sein idealer "Staat" selbst dem ansonsten geneigten modernen Leser alarmierend totalitär. Innerhalb jeden Schemas, das die Individualität ernst nimmt, ist Karma ohne Ende, da es das Gesetz des Seins ist. Ich möchte damit folgendes ausdrücken: ein solches Gesetz des Seins mag existieren, doch es ist möglich, daß es sich dabei nicht um das gesamte Gesetz des Seins handelt.

Die Geschichte zur Glaubens- und Handlungsstreitfrage im Christentum ist eine besondere. Es gibt tatsächlich Gegenstücke in anderen Religionen, vor allem im Buddhismus. Auch hier kann das Vertrauen auf den Glauben in der Weise entarten, die mit dem Antinomismus vergleichbar wäre, in den das Christentum, wie bereits erwähnt, hinabgleiten könnte. Im tibetischen Buddhismus, der manchmal auch Vajrayana-Buddhismus genannt wird (er ist von Hinayana und Mahayana-Buddhismus zu unterscheiden) drückt sich das Vertrauen in den Namen Buddhas durch den Gebrauch von Gebetsmühlen aus; einige besitzen kleine Schaufeln, die sich automatisch drehen, wenn das Schaufelblatt mit Flußwasser in Berührung kommt. Auf diese Weise vermag man die Gebetsmühle für Monate, ja sogar Jahre in Gang zu halten. Ich sah mechanische Rosenkränze, für die in amerikanischen Zeitschriften geworben wurde, zum Gebrauch im Auto, und die der Gebetsmühle gleich an zweiter Stelle folgt. Nach klassischer buddhistischer Auffassung erfolgt jedoch die Erlösung durch Taten.

Ein Leben reicht ganz sicher nicht aus, um Erlösung zu erlangen; folglich passen die Reinkarnationslehre und das Karmagesetz sehr gut in das Erlösungskonzept. Im Christentum erwies sich die Situation trotz Paulus' starker Betonung der Gegenrichtung als nicht eindeutig.

Für Paulus liegt die Einzigartigkeit und große Freude des christlichen Glaubens in der Entdeckung, daß der Mensch nicht durch den Gehorsam in die Gesetze, sondern durch den Glauben an Jesus Christus gerecht wird.(5) Diese Aussage wurde als theologische Spitzfindigkeit in der Lehre des Paulus angesehen, die nicht alle Zeitgenossen schätzten. Jakobus z.B. und Clemens von Rom scheinen eher an Erlösung durch Taten zu glauben. Augustinus jedoch, der an seine eigene persönliche Erfahrung mit der göttlichen Gnade dachte, die er als vollkommen unverdient hinstellte, verteidigte die Ansicht, daß ohne Gnade moralische Weiterentwicklung unmöglich ist.

Gnade ist die erste Voraussetzung zur Erlösung, und sie wird von Gott gewährt. Ein Christ vertraut darauf. Im frühen Mittelalter wurde Augustinus' Ansicht zur offiziellen Lehre in der römischen Kirche; doch in der Praxis glaubte der gewöhnliche Mensch des Westens im Mittelalter, daß man nur durch Taten Erlösung erlangen könne. Aus diesem Grunde wurden allerhand Exerzitien, wie z.B. das Hersagen gewisser Gebete, betont, sowie die Durchführung barfüßiger Wallfahrten, Kirchenbesuche und (falls jemand finanziell dazu in der Lage war) der Bau von Kirchen. Luther, ein augustinischer Mönch, schätzte durch die Lektüre der Paulusbriefe Paulus' und Augustinus' Betonung der Gnade immer höher ein, wodurch er sich zur Reformationsbewegung verpflichtet fühlte, die das westliche Christentum auf tragische Weise auseinanderriß. Die Frage, welche Rolle Gnade und Werke in Beziehung zueinander im Erlösungsprozeß spielen, war schon immer

5) Gal. 2,16

komplex, und sie wird wohl auch weiter komplex bleiben. Falls man beabsichtigte, den Karmabegriff ins Christentum einzuführen, so müßte er in ein schwieriges System eingefügt werden.

Das Karmaprinzip, das die Reinkarnationslehre moralisch annehmbar macht, ist ein Prinzip, das Erlösung durch Taten beinhaltet. Ich selbst bin für alle Umstände verantwortlich. Ich selbst vermag mich davon zu befreien. Sicher, mir mag in gewisser Hinsicht von einem spirituellen Meister oder Guru geholfen werden, doch die Hilfe gleicht eher jener, die ein guter Französischlehrer zu leisten vermag, wenn ich mich mit der Vervollkommnung meiner Sprachfertigkeit abmühe. Er vermag mir einen guten Sprachstil beizubringen, mich zu ermutigen, die Vokabeln zu lernen, mit mir die Grammatik zu üben, doch letztendlich bin ich es, der die französische Sprache zu erlernen hat. Niemand ist imstande, mir dies abzunehmen. Die Rolle des Lehrers hat nichts mit der des Erlösers zu tun. Er ist genausowenig der Erlöser, wie die Hebamme die Mutter ist. In der paulinisch-augustinischen Auslegung des Christentums finden wir den Hinweis, daß wir in Gottes Schuld stehen, in einem Maße, in dem wir kaum in der Schuld eines Lehrers oder Gurus stehen. Das Karmaprinzip erscheint infolgedessen wie eine Zurückweisung aller bedeutsamen Punkte im Christentum.

Dergleichen stellt jedoch nur eine Seite der Medaille dar, so wichtig sie auch sein mag. Denn Paulus, Augustinus und Luther wußten, jeder auf seine Weise, daß die Gnade kein Geschenk ist, das man wie ein Geburtstagsgeschenk erhält. Sie bedeutet fundamentales Heilsein, das unseren spirituellen Fortschritt ermöglicht. Ohne sie vermögen wir nichts zu erreichen, durch sie werden wir befähigt, wird die Befähigung ein "Muß". Wir tun das, wozu wir aufgerufen werden. Es hieße, die Gnade zurückzuweisen, legte man sie wie ein Geburtstagsgeschenk in eine Schublade. Folglich spielen Werke und Taten eine große Rolle im Rahmen des Erlösungsprozesses. Ohne Taten ist der Glaube nicht nur tot, er wird zum Leichnam, der unser Wachstum behindert.(6) Es gibt eine christliche Aussage, die heutzutage

6) Jak. 2,17,20,26

besonders anschaulich in den Gedanken Dietrich Bonhoeffers zum Ausdruck kommt und in verschiedenen Formen des christlichen Existentialismus. Was auch immer ein Christ im Zusammenhang mit Gott und göttlicher Gnade glauben mag, so sollte er oder sie so leben, als gäbe es keinen Gott und folglich keine göttliche Gnade, auf die man sich verlassen könne.

Diese Einstellung in die Praxis zu übertragen, mag sie auch im Gegensatz zu theologischen Theorien stehen, bedeutet, erwachsen zu werden. Zweifellos ist vom christlichen Standpunkt Gnade die Vorbedingung zur moralischen Evolution, doch moralische Evolution findet nur statt, wenn wir auf eigenen Füßen stehen. Dergleichen verringert nicht die Dankbarkeit eines Christen, der dazu in der Lage ist. Man sollte allerdings die Fähigkeit nicht mit der Handlung verwechseln. Darin liegt genau die antinomische Ketzerei. Der antinomische Christ lehnt sich zurück und spricht: "Wie schön, durch die Gnade Gottes vermag ich auf eigenen Füßen zu stehen." Christliche Dankbarkeit drückt sich im eigenen Erwachsenwerden aus, ohne dabei zu vergessen, wie einem die Fähigkeit dazu verliehen wurde.

Am Läuterungskonzept wird deutlich, daß es keinen tiefliegenden Grund gibt, warum das gesamte Samsara oder die Reinkarnationskette keine Serie von Läuterungsabschnitten sein sollte. Dieses Leben mag im Vergleich mit dem vorhergehenden Leben wie die fünfte Klasse im Vergleich zur vierten scheinen, und mein nächstes Leben könnte mit der sechsten zur fünften Klasse verglichen werden. Folglich stellt die Abschlußprüfung (sei sie jetzt als Nirvana oder in anderer Form verstanden) das unvermeidliche Ende des gesamten Prozesses dar. Die moralische Evolution kann lange dauern oder sich in kurzer Zeit vollziehen: meine Torheiten können sie verzögern, mein Heldenmut sie beschleunigen. Es gibt jedoch keinen Grund, aus dem heraus wir dieser Interpretation zustimmen müssen. Wir können stattdessen auch sagen: "Der Prozeß ist unendlich, denn kaum mache ich Fortschritte in die eine Richtung, so kommt es woanders wieder zum Rückschritt. Was das Geigenspiel anbelangt, erlernen es die meisten Menschen bis zu einem gewissen Punkt, doch dann erreichen sie ihre Grenze, sie beherrschen ihr

Instrument nicht mehr. Wie es bereits in der Bibel steht, fühlen sich viele berufen, doch wenige sind auserwählt. Außerdem könnten wir Samsara einesteils als Zustand des Wachstums, der Entwicklung und Läuterung auffassen und andererseits als einen Zustand, von dem wir errettet werden müssen.

Um das ganze noch einmal anders zu betrachten: Paulus sprach zu den Galatern, sie wären Sklaven des Gesetzes, doch durch Christus würden sie zu Söhnen und Erben.(7) Durch die Gnade Gottes in Christus erreicht der Christ Befreiung und schreitet in der moralischen Evolution voran, die man auch als Samsara innerhalb des Karmagesetzes bezeichnen kann, während er zuvor keine Weiterentwicklung zu erkennen vermochte. Es besteht in der Tat ein ungeheuerer Unterschied zwischen einer Läuterung, die nirgendwo hinführt und einer Läuterung, die wahrhaftige Reinigung zur Folge hat, sowie Wachstum und Entwicklung, welche zur endgültigen Erfüllung führen. Die erstgenannte Form entspräche somit der Hölle und gemäß der Tradition stellt sie genau den Zustand dar, von dem Christen erlöst werden müssen. Oberflächlich betrachtet, scheint eine Gegenversion zu dieser Vorstellung zu existieren. In der Hindulehre gibt es neben dem Karma-Yoga — der Erlösung durch Werke — noch einen anderen Weg, den des Bhakti-Yoga — die Erlösung durch den Glauben. Es besteht jedoch keine tatsächliche Ähnlichkeit zwischen jenem Schema und dem, das ich als Möglichkeit vorschlage. Im Hinduismus, sowie unter seinen buddhistischen Abkömmlingen, spricht man gerne von Straßen, die alle zum gleichen Ziel führen. In Bezug auf das Christentum muß man zugeben, daß sich uns ein ganz anderer Weg anbietet. Es zeigt sich ein Ausweg dort, wo andere Wege nur in eine endlose Wirrnis führen. Doch dieser Ausweg sichert uns kein einfaches Entkommen zu. Gott verspricht keine Weiterentwicklung, wenn ich nicht selbst dazu beizutragen gewillt bin. Er bietet lediglich die Voraussetzungen zum Wachstum. Es wäre eine gute Nachricht zu hören, daß jemand im Laufe von einer Million Inkarnationen noch kei-

7) Gal. 4,1-11

nen Fortschritt zeigt. Nicht alle sind dafür bereit, da sie noch nicht die Bedeutung moralischer Evolution innerhalb des Karmagesetzes entdeckt haben; genausowenig wie viele nicht mit Paulus zu erkennen vermochten, daß das Gesetz Mose zwar aufzeigt, wie man handeln sollte, aber nicht zur Ausführung der Handlung beiträgt.(8)

8) Röm. 7,19

Kap. XII
Erlösung, Vorsehung und Gnade

Gnade zerstört die Natur nicht, sondern vollendet sie.

Thomas von Aquin

Im Lichte der Doppelsinnigkeit, die wir in der christlichen Lehre in Hinsicht auf ein Weiterleben festgestellt haben, erhebt sich erneut die alte Frage: wovon genau sollen Christen erlöst werden? Als Dr. Johnson eines Tages seine Angst vor der Verdammnis offenbarte, wurde er von Dr. Adams, seinem Gastgeber, gefragt: "Was meinen Sie mit Verdammnis?" Dazu antwortete Dr. Johnson (leidenschaftlich und laut vernehmbar, wie sein Biograph vermerkt): "In die Hölle zu kommen, mein Herr, und dort ewige Strafen zu erleiden."(1) Obwohl ich es weniger dramatisch ausdrücken würde als jener berühmte Lexikograph, vertrete ich doch die Meinung, daß uns ein Schicksal erspart bleibt, das viele von uns noch furchtbarer finden würden: Auslöschung.

Paulus lehrte, daß der "Tod der Sünde Sold ist".(2) Die Unerlösten sterben deshalb. Dies ist ihr Ende. Die freudige Botschaft lautet, daß wir seit der Auferstehung Christi ebenfalls vom Tod zum ewigen Leben erstehen. "Nachdem die vergängliche Natur unvergänglich geworden ist, und die sterbliche Natur unsterblich, erfüllen sich die Worte der Bibel: Der Tod ist dem Sieg gewichen. Tod, wo ist dein Sieg? Tod, wo ist dein Stachel?"(3) Entsprechend Paulus, stellt die Vernichtung durch den Tod die einzige Erwartung dar, die die Unerlösten hegen. Überdies ist der Tod die einzige Erwartung derer, die sich nicht als durch Christus erlöst betrachten, wie aus ihrer Einstellung und Gesprächen mit ihnen hervorgeht. Die Theorien, denen sich Paulus gegenübergestellt sieht, scheinen bewundernswert: so-

1) James Boswell, The Life of Samuel Johnson, Vol. II, New York o.J., S. 647

2) Röm. 6,23

3) 1. Kor. 15,54 / Vgl. auch Hosea 13,14

wohl den Erlösten als auch den Unerlösten wird das zuteil, was sie erwarten. Wir könnten hinzufügen, daß jeder das erhält, was er verdient.

Gegen eine solche Feststellung vermögen nicht einmal die Halsstarrigsten unter den Moralisten Einwände hervorzubringen.

Es erheben sich deshalb zwei Fragen: a) welches sind die wesentlichen Punkte eines solchen Vorschlages? und b) was genau hat er für das christliche Erlösungsschema zur Folge?

Die Lehren des Paulus zu diesem Thema erscheinen vielen als Abschwächung dessen, was sie unter der allgemein anerkannten christlichen Lehre von Himmel und Hölle als den zwei einzigen möglichen und gültigen Bestimmungen der Menschheit verstehen. Dies ist jedoch nicht das Einzige. Der Gedanke, daß die Unerlösten einfach ausgelöscht werden, drückt auf übelste Weise die Notlage der Menschheit aus, sieht man von der Erlösung durch Jesus Christus ab. Jene, welche durch ihre Sünden blind und eingeengt sind, besitzen zwar keinerlei Hoffnung auf ein persönliches Weiterleben, sie schätzen aber ihren Wert richtig ein. Sie sind nichts anderes als eine Masse Fleisch, denn weder beabsichtigen noch beanspruchen sie mehr zu sein als spezialisierte und hochorganisierte Säugetiere. So erhebt sich erst gar nicht die Frage nach einem Weiterleben. Im Gegensatz dazu gibt die Möglichkeit der Erlangung eines ewigen Lebens durch die Auferstehung Christi Grund zu unvorstellbarer Freude. Der Unterschied zwischen der Auslöschung durch den Tod und der Auferstehung zum ewigen Leben ist außerordentlich.

Wäre die Situation so einfach, wäre der Kontrast wirklich erschreckend. Darf man all die Sünder als schwarze Schafe bezeichnen? Was geschieht mit den Millionen derer, welche die Hoffnung eines persönlichen Überlebens hegen, jedoch nicht glauben, durch Christus erlöst zu werden. Uns wird die "freudige Botschaft des Königreiches" verkündet, "sie wird in die ganze Welt getragen, damit alle Völker Zeugnis davon ablegen. Danach kommt das Ende."(4) Zweifellos denkt der Evangelist hierbei an die Vernichtung Jerusalems, die sich 70 n.Chr. ereignete. Wenn er über die Welt schreibt, meint er damit jene Welt, die den Völkern des nahen Ostens und Mittelmeerraumes bekannt war. Es erhebt sich dabei ein Problem, das unser Wissen über die gegenwärtige Welt nur noch mehr berührt.

Man kann Millionen von Hindus, Juden und Moslems die persönliche Unsterblichkeit nicht absprechen, doch man kann sie nicht zu denen zählen, denen das ewige Leben durch die Auferstehung Christi zuteil wird. Müssen wir annehmen, daß sie für immer zu existieren aufhören, trotz ihres Sehnens nach einem und ihres Glaubens an ein Weiterleben? Gewiß nicht! Der Glaube an ein Weiterleben beinhaltet die Erlösung durch Gott und bestätigt, daß sie sich dessen bewußt sind. Anzunehmen, sie seien zur Vernichtung verurteilt, ist ebenso untragbar wie die Vorstellung, ungetaufte Kinder krabbelten am Boden der Hölle. Verständlich jedoch wäre die Vorstellung, daß sie sich bereits auf einer bestimmten Stufe ihrer Wanderschaft befinden, aber nicht in der Lage sind, ihre Wanderschaft im gegenwärtigen Leben zu beenden und dies erst in weiteren Leben möglich ist, in denen sie Gelegenheit erhalten, die freudige Botschaft des ewigen Lebens anzunehmen, die sich an alle richtet, die dafür bereit sind.

Läßt sich ein solcher Gedanke mit der paulinischen Lehre der bedingten Unsterblichkeit in Einklang bringen, d.h. einer Unsterblichkeit, die davon abhängt, ob man jemandem den Sieg über den Tod durch die Auferstehung Christi lehrte? In Anbetracht der ungeheueren Kluft zwischen Gut und Böse, die in Paulus' Lehre sichtbar wird, erscheint dieser Gedanke nicht nur annehmbar, sein Nichtvorhandensein würde Paulus Lehre entschieden unbefriedigend machen. Denken wir nur an das Beispiel des altklugen kleinen Quäkermädchens, das ein ausgeprägtes persönliches Identitätsgefühl besitzt und ein tiefes Sehnen nach persönlichem Überleben entwickelt hat, doch noch nie etwas von der Auferstehung Christi hörte. Niemand, den sie

4) Matth. 24,14

bislang traf, sprach davon und falls doch, bekam sie dessen Bedeutung für die menschliche Erlösung gar nicht mit. In diesem Zustand der Unwissenheit wird sie in einem Verkehrsunfall getötet und stirbt, wie es der Sitte der Quäker entspricht, ungetauft. Soll man sie mit einem selbstzufriedenen materialistischen Dummkopf auf die gleiche Stufe stellen, der sich im Laufe seines Lebens niemals ernstlich um Gott, die menschliche Freiheit oder Unsterblichkeit kümmerte?

Oder denken wir an jenen lebhaften kleinen Junge, einen Bhakti-Heiligen, der einer Epidemie in Calcutta zum Opfer fällt: wartet kein besseres Schicksal auf ihn als es ein Nero oder Hitler verdiente? Römisch-katholische Theologen nehmen häufig, in einem Versuch den Schrecken der traditionellen Höllenlehre zu mildern, zu dem Ausdruck "unüberwindliche Unwissenheit" Zuflucht, um unschuldigen Menschen eine Entschuldigung für ihr Versäumnis zu bieten, die Lehren der Kirche nicht angenommen zu haben. Jedoch benötigen sie mehr als eine Entschuldigung. Sie benötigen und verdienen eine weitere Gelegenheit. Anderenfalls erscheint das Erlösungsschema nicht nur willkürlich, sondern auch lächerlich mechanisch. Daß Hitler und das kleine Quäkermädchen gleich behandelt werden sollen, vermögen uns nur Computer weiszumachen. Die Tendenz, den Menschen gleich zu behandeln, entstand in demokratischen Gesellschaften, in denen jeder als quantitative Einheit betrachtet wird, wie Pillen in einer Schachtel.

Gesellschaften, die auf dieser Ebene funktionieren, vermögen zwar gewisse politische und soziale Funktionen mit Effektivität auszuführen, doch glücklicherweise haben sie mit unserem endgültigen Schicksal nichts zu tun. Das Reich Gottes ist mit einer solchen Gesellschaft nicht zu vergleichen. Falls dies doch so wäre, hätten wir ein kosmisches Monster vor uns, das mit dem Gott, wie ihn sich die Christen vorstellen, nichts zu tun hat.

Die einfallslose Lehre einer unüberwindlichen Unwissenheit leistet jedoch einen gewissen Dienst. Sie macht uns auf das Unbefriedigende der gesamten Struktur unserer Eschatologie aufmerksam. Man kann Hitler und das kleine Quäkermädchen nicht zusammen zur Hölle fahren lassen. Infolgedessen erhält das kleine Mädchen die Genehmigung, einen angenehmen Ort aufzusuchen. Aber damit ist es nicht getan, da sie noch nicht imstande ist, davon Gebrauch zu machen. Sie kennt den Weg nicht und ist nicht imstande, die Anweisungen zu lesen. Sie benötigt einfach die Möglichkeit, sich geistig und seelisch zu entwickeln, erwachsen zu werden. Falls Gott der Gott ist, für den die Christen ihn halten, so bietet er dem Menschen diese Möglichkeit.

Der Gedanke, daß wir durch die Macht Christi vor der Vernichtung bewahrt werden, paßt zu dem Wissen einer Evolution der gesamten Schöpfung. Wir dürfen von Entropie sprechen. Es gibt ein Abfallsprodukt im Evolutionsprozeß. Dergleichen stellt die ganze Bedeutung des Gehenna-Konzeptes dar. So wie der Dinosaurier ausstarb, so vermögen sich auch Individuen auf unserer hochorganisierten Seins- und Bewußtseinebene zu vernichten. Vermutlich jedoch erreicht man diese hohe Bewußtseinsebene, die mit allem in Zusammenhang steht, das traditionsgemäß "menschlich" genannt wird, ohne die Hoffnung auf einen eventuellen Sieg nicht. Wie es in der Parabel vom Sämann heißt, gehen viele Samen nicht auf, doch indem wir menschliches Bewußtsein erreichen, dürfen wir mit vielen Möglichkeiten zum Wachstum und zur Entwicklung rechnen, bevor wir entweder der Vernichtung anheimfallen oder den Sieg erringen, welcher uns das ewige Leben zusichert. Vom Reinkarnationsstandpunkt aus betrachtet besteht diese Möglichkeit, ohne jedoch notwendigerweise extreme Fälle auszuschließen, in denen das Individuum sich eines Weiterlebens über das gegenwärtige Leben hinaus unfähig erwiesen hat oder solche außergewöhnlichen Fähigkeiten erreicht, durch die er oder sie für ein Leben bereit sind, das alle menschlichen Bedingungen und Beschränkungen überschreitet.

Alles dies läßt sich ohne weiteres mit der christlichen Betonung der Wiederauferstehung, wie Paulus sie auch in seinen Lehren ausdrückte, in Einklang bringen. Hier gibt es keine Frage zur Unsterblichkeit der Seele wie in den traditionellen Hindulehren. Wie wir in einem früheren Kapitel feststellten, ist die Höllenlehre mit ihren begleitenden Schrecken nur die logische Entwicklung der Vorstellung, daß der Mensch wahrhaft unsterblich ist, und diejenigen, die sich dem Bösen zuwenden, sich nicht an der Gegenwart Gottes zu freuen vermögen. Da sie sich selbst beständig der Fähigkeit, sich der Gegenwart Gottes zu freuen, beraubt haben, müssen sie auf immer die Empfindung dieses Verlustes, die "poena damni", wie sie von mittelalterlichen Theologen bezeichnet wurde, ertragen.

Die Prämisse, mit der eine solche Beweisführung beginnt, erweist sich als falsch: der Begriff, nach dem wir wahrhaft unsterblich sind, wird in der biblischen Lehre, die die Wurzel des christlichen Glaubens darstellt, nicht untermauert. Der Begriff der Hölle dient jedoch als Symbol für den Seinsverlust, während der Begriff des Himmels das Gegenteil, die Vollkommenheit des Seins, symbolisiert. Professor Macquarrie drückt seinen Zweifel darüber aus, daß überhaupt jemand jemals an den Punkt gelangt, an dem er vollständig sein persönliches Sein oder das Potential seines Seins verliert." (5) Er weigert sich, einer Lehre der bedingten Unsterblichkeit zu vertrauen. Doch er bemerkt, daß die "äußerste Hölle die Auslöschung des persönlichen Seins wäre. Da die Erlösung etwas Persönliches darstellt und deshalb auch angenommen werden sollte, vermag Gott sie niemandem aufzuzwingen. Aus diesem Grund sollte auch die Möglichkeit offen gelassen werden, daß diese Art der Vernichtung für manche das endgültige Schicksal sein mag."(6) Letztendlich jedoch zweifelt er an dieser Idee aufgrund dessen, daß man zwischen den "Gerechten" und den "Bösen" keine scharfe Trennungslinie ziehen kann."(7) Genau die gleichen Überlegungen, die mich schließlich an die Lehre der bedingten Unsterblichkeit heranführten, scheinen ihn davon abzubringen.(8) Wie läßt sich dieses erklären? Professor

5) John Macquarrie, Principles of Christian Theology, New York 1966, S. 327

6) ebd.

7) ebd.

8) Vgl. meine "Introduction to Religious Philosophy, Boston 1959, S. 208

Macquarrie scheut sich, Extreme im Bereich des begrenzten Seins ins Auge zu fassen. Er betrachtet weder den Himmel als endgültige Erfüllung und totale Verwirklichung des Seins noch die Hölle als Seinsverlust. Hölle bedeutet für ihn Seinsbeschränkung und Himmel in hohem Maße Seinsfreude. Ich sympathisiere in allen diesen Aussagen mit Macquarrie. Jedoch meine ich, daß er zu empfindlich auf den schottischen Calvinismus reagiert, in dessem Sinne er erzogen wurde. Er zeigt sich vorsichtig gegenüber der Haltung, die die augustinische Lehre einnimmt, die hinter den kalvinistischen Gedanken liegt. Auch hierfür mangelt es mir nicht an Sympathie, und ich fühle mich noch mehr als er durch die fundamentale Ablehnung beeindruckt, die viele Leute dem Begriff des persönlichen Weiterlebens entgegenbringen. Ich finde, daß eine große Anzahl von Menschen dazu überhaupt keine Meinung besitzen und für viele erweist sich dieser Gedanke nicht einmal anziehend. Sie verspüren kein Verlangen, zu einem neuen Leben "aufzuerstehen". Sie akzeptieren bereitwillig Santayanas Theorie, daß das Leben ein Tanz ist, zu dem sich die Tänzer am Abend begeben, voller Energie und mit dem Wunsch, es möge immer so weitergehen. Von dem sie allerdings ziemlich glücklich mit dem Gefühl des Erschöpftseins in den frühen Morgenstunden aufbrechen, und mit der Meinung, es sei nun Zeit, daß der Ball ein Ende habe. Bestenfalls äußern sie sich über das Leben: "Jemand anders mag dort weitermachen, wo ich aufgehört habe. Ich habe Kinder gezeugt. Mir steht noch einiges zu. Ich möchte mir noch einige Jahre das Leben angenehm gestalten und dann "sterben", natürlich vorzugsweise ohne Unbehagen." Ich meine, daß dies nicht nur eine Einstellung ist, die für Menschen zutrifft, die sich vom christlichen Glauben abgewandt haben oder ihn ablehnen. So manches Mal kam diese Haltung klar und offen bei Leuten zum Ausdruck, die offensichtlich ziemlich aktiv in der Kirchengemeinde tatig sind. Ein älteres Ehepaar, beide Mitglieder der Episkopalkirche, von auffallend edlem Charakter und bewundernswerter Zuverlässigkeit, das in ihrer Gemeinde viele Jahre lang eine aktive Rolle gespielt hatte, erwiderte kürzlich auf meine Frage, sie seien ziemlich sicher, daß der Tod das Ende ihrer Existenz bedeute. Sie schienen durch diese Aussicht nicht unangenehm berührt zu sein. Was sie sich in all den Jahren, in denen sie das am Altar erhielten, dachten, steht nicht zur Debatte. Tatsache ist, daß diese Haltung für eine große Anzahl von Menschen, einschließlich vieler Kirchenmitglieder, typisch ist. So traurig dies auch sein mag, doch ist mir der Gedanke fremd, daß ihnen entgegen ihren Wünschen ewiges Leben aufgezwungen wird. Entsprechend ihren Maßstäben führten sie ein wohlgefälliges Leben, indem sie im Rahmen der Kirche wohltätige Werke verrichteten, sich jedoch nicht darum kümmerten, was in der Bibel stand oder was die Kirche zu sagen hatte und vermutlich dergleichen als Zubehör betrachteten, das einer Kirche ihren altmodischen Charme verlieh. Man kommt zum unvermeidlichen Schluß, daß sie zu denen gehören, von denen Jesus sagt "sie haben ihren Lohn erhalten".(9) Sie erwarten nicht mehr. Wie könnten sie also mehr erhalten?

Andere, die kaum etwas von den Lehren der Kirche wissen, sehnen sich nach der Rückkehr zur Erde, nach einer Gelegenheit, mehr zu tun und zu lernen. Dergleichen erscheint mir ein weit besseres Vorzeichen dafür, daß ihnen das ewige Leben zuteil wird. Sie gehören zu denen, die "errettet werden möchten", d.h. errettet werden möchten von dem, was Macquarrie die "äußerste Hölle" nennt, die Vernichtung. In einem neuen Leben mag ihnen alles enthüllt werden, mögen sie endlich begreifen. Die Reinkarnationslehre liefert all denen unbegrenzte Möglichkeiten, die bereit sind, sie zu ergreifen. Ich meine jedoch, daß, falls wir überhaupt die Möglichkeit eines Weiterlebens in Erwägung ziehen, wir uns der Wahrscheinlichkeit spiritueller Entropie gegenübergestellt sehen: wenigstens in einigen Fällen ist Auslöschung unvermeidlich.*) Da ich die Reinkarnation als Vehikel zur Läuterung betrachte, sehe ich in der Auslöschung die wahre Bedeutung der Hölle und jenes Schicksal ist wahrhaft furchtbar. Die Ausführungen zum Begriff des Himmels wollen wir für das letzte Kapitel vorbehalten.

9) Matth. 6,2,5,16

*) Hier zieht der persönliche Glauben des Verfassers der Güte Gottes zu enge Grenzen, zumal seine Überzeugung von den großen Eingeweihten der Menschheit nicht bestätigt wird. (d.Hrsg.)

Glaubensbekenntnis ablegten und die Zusicherung auf ein ewiges Leben Wir erbrachten bereits in unserer Studie einen ausführlichen Beweis dessen, daß es keinen historischen Grund gibt, aus dem heraus man die Reinkarnationslehre nicht befürworten kann, womit eine weitverbreitete Vorstellung zunichte gemacht wird. Man mag jedoch fragen, ob es keinen radikaleren theologischen Einwand gibt. Der kürzlich verstorbene Dr. A.C. Ewing trifft in seiner ansprechenden, aber kritischen Abhandlung genau den Punkt.(10)

Dieser Philosoph aus Cambridge fragt, ob das Karmakonzept nicht einen geschäftsmäßigen Beigeschmack besitzt, da sich Güte und Glück nicht messen lassen. Er weist darauf hin, daß es in einem Universum, in dem es gleich viel Güte und Glück und gleich viel Böses und Unglück gibt, keine wirkliche Selbstaufopferung gäbe.

Ewings Standpunkt ist wohlüberlegt. Er berührt überdies all die Punkte, die eng mit dem Christentum in Verbindung stehen. Wie könnte es mit moralischer Berechnung, so wie sie das Karmagesetz beinhaltet, Platz geben für Liebe und Mitgefühl, Selbstbescheidung und Selbstverleugnung, die im christlichen Leben von so großer Bedeutung sind.

Wenn Gott Christus hingegeben hat, damit er sich "für uns Menschen und zu unserer Errettung" kreuzigen ließe, und falls er wirklich "das Lamm ist, das für die Welt geschlachtet wurde",(11) wie kann man dann die Reinkarnationslehre, die vom Karmagesetz abhängt, befürworten? Alles, was uns über Christus gelehrt wurde, alles, was dazu führt, Christus als unseren Erlöser anzunehmen, kündet von unermeßlicher Güte und selbstloser Liebe, so daß es keinen Platz für derartige mathematische Berechnungen gibt. Typisch für das Bekehrungserlebnis ist das Bewußtsein, daß Gott, suchte er nach Belohnung, sich gewiß woanders umtun würde. Er hat "sogar mich"

10) A.C. Ewing, The Philosophy of McTaggart, With Special Reference to the Doctrine of Reincarnation. In: Aryan Path, Feb. 1957

11) Off. 13,8

errettet, lautet der Ausruf jedes Christen, der weiß, wie unwert er ist und was besonders treffend in den Gedankengängen von C.S. Lewis zum Ausdruck kommt. Er spricht von dem Zuteilwerden einer "erstaunlichen Gnade", die mit moralischer Berechnung nichts zu tun hat. Ich werde nicht durch eine Million von Wiedergeburten erlöst, sondern wie Augustinus sagt, "inter pontem et fontem".

Christliche Liebe kennt keine Berechnung, sie ist unermeßlich. Wie die Witwe im Evangelium, die alles hergab, das sie besaß, so liebt Gott die Welt, daß er sein ein und alles gibt. Er stellt keine Überlegungen und Berechnungen dabei an. Er erniedrigt sich selbst, bis er auf der Stufe der bedürftigsten Menschen steht, ja sogar soweit, daß er sich für sie kreuzigen läßt. Dies ist die einzige Botschaft des orthodoxen Christentums. Durch die Ereignisse des Karfreitags wird den Christen jene Liebe zuteil, welche den Kosmos in Bewegung setzt.

Einem Christen etwas vom Karmagesetz erzählen zu wollen, wäre vergleichbar mit dem Versuch, einem verliebten jungen Mädchen etwas über Haushaltungskosten nahebringen zu wollen, was könnte belangloser sein? Jegliche Liebe beinhaltet einen gewissen Wahnsinn und es ist genau jene "Verrücktheit" (wie Paulus sie nennt), die im Christen das Bedürfnis erweckt, das Äußerste geben zu wollen, in Erwiderung des überwältigenden Großmutes der Liebe Gottes. Wir erinnern uns, daß Origenes' Mutter voller Klugheit seine Kleidung versteckte, um zu verhindern, daß aus ihm ein Märtyrer wurde. Unabhängig davon, wie das Wesen eines Christen beschaffen sein mag, ist er nicht imstande, Berechnungen anzustellen. Wie könnte er sonst das System einer moralischen Kontoführung, wie sie das Karmagesetz umfaßt, befürworten?

Betrachtungen, wie auf den vorstehenden Seiten skizziert, erweisen sich jedoch nur solange als bedeutsam, wie das typische hinduistische und buddhistische Karmaschema als Alternative zum christlichen Erlösungsschema akzeptiert wird. Glauben wir jedoch, daß Karma in gleicher Beziehung zum christlichen Weg steht wie das mosaische Gesetz zum Evangelium, scheint jeglicher Einwand zum großen Teil, wenn nicht sogar überhaupt, seine Gültigkeit zu verlieren. Die Selbstentäußerung Gottes, deren ein Christ gedenken sollte, wird dann zum Erlösungsweg, der uns vom einschränkenden Aspekt des Karmagesetzes befreit und uns befähigt, es statt dessen als Sprungbrett zur Befreiung zu benutzen. Anstelle von Kümmernis könnte ein Christ die Aussicht auf zahllose Wiedergeburten gemäß dem Karmaprinzip (der traditionellen Lehre entsprechend, unterwirft sich die Seele dem Läuterungsprozeß) als Grund zur Freude empfinden, da er weiß, er befindet sich auf dem Weg zur ewigen Seligkeit und zum ewigen Leben. Tatsächlich finden wir in gewissen Formen des Mahayana-Buddhismus Andeutungen darüber: man spricht von der Rückkehr der Bodhisattvas, die der Menschheit helfen werden.

Es geht jetzt nicht darum aufzuzeigen, wie der Mahayana-Buddhismus solche Gedankengänge entwickeln konnte oder unter wessen Einfluß dies geschah. Tatsache ist, daß Karma sowohl eine Fessel als auch der Weg zur Befreiung sein kann. Infolgedessen scheint es keinen guten Grund zu geben, warum das christliche Erlösungsschema nicht Karma und Wiedergeburt umfassen sollte, genau wie das Evangelium die Gebote umfaßt und ergänzt. Falls also die Reinkarnationslehre in das christliche soteriologische Schema eingefügt wird, welche Rolle spielen dann noch Gnade und Vorsehung in der christlichen Lehre? Würden sie dadurch in gewisser Weise nicht abgeschwächt werden? Befassen wir uns zunächst mit der Vorsehung.

Entsprechend dem Grundlehrsatz des christlichen Glaubens, wie er in der Bibel zu finden ist, kümmert sich Gott um jedes einzelne Wesen seiner Schöpfung. Die Frage lautet deswegen: "Auf welche Art?" "Wer versorgt die Raben mit Nahrung, wenn ihre Jungen zu Gott schreien und sich die Hälse ausrecken?" fragt Hiob (38,41), von Gott beauftragt, seinen wehklagenden Freunden in ihrem Leid eine Antwort zu erteilen. Das Vertrauen, das Gott allen Wesen das zukommen läßt, dessen sie bedürfen, wird in der Bibel niemals bezweifelt, doch sie bringt klar zum Ausdruck, daß das, was er Menschen zuteil werden läßt, sehr hart sein kann. Wir meinen oft, daß uns göttliche Vorsehung in der Härte des Lebens Erleichterung bringt, doch im Gegenteil, er läßt uns oft die Härte seines Stachels spüren statt Sanftheit und umgibt uns mit Nebel, der seine Anwesenheit verschleiert und die Hoffnung und das Vertrauen der Gläubigen auf die Probe stellt. Göttliche Vorsehung ist nicht immer mit einem Lächeln zu vergleichen, häufiger denkt man dabei an einen finsteren Blick, doch unter der Oberfläche dieses finsteren Blickes lächelt Gott voller Liebe.

Der christliche Glaube gründet sich auf die Güte Gottes, auf seine Liebe, die das Herz aller Dinge ist.

Der oberflächliche Gläubige meint, daß Gott, da die Natur sich dem Menschen gegenüber als gleichgültig, ja sogar feindlich erweist, verpflichtet ist, dem leidenden Menschen zur Hilfe zu eilen. Hat er nicht genau das in jener Inkarnation getan, die den Mittelpunkt des christlichen Glaubens darstellt? Läßt Gott in seiner Vorsehung nicht irgendwie die Natur außer acht?

Gewiß nicht. Er läßt sie genausowenig unbeachtet wie die Geschichte. Die christliche Lehre besagt, daß er nichts unbeachtet läßt, statt dessen jedoch beides umwandelt. Er formt die Natur um, indem er seinen Kindern die Kraft verleiht, sie zu überwinden. Er wandelt die Geschichte um, indem er ihr neue Dimensionen verleiht, die von jenen erfahren werden, die ihn als denjenigen betrachten, der sie von der unerbittlichen Macht der Geschichte befreit. Kurzum, Gott heiligt durch Christus Natur und Geschichte. Wenn wir von göttlicher Vorsehung sprechen, sprechen wir von der Güte Gottes, die alles zum Besten wendet.

Ein Christ darf daran glauben, daß Gott uns Wege zeigt, die wir selbst nicht als offen erkannten. Er erklärt uns den Grund der Dinge. Dies bedeutet klar ausgedrückt: uns nicht die günstigsten Gelegenheiten zu entziehen und sie durch Bequemlichkeit und Annehmlichkeit zu ersetzen, sondern uns dabei zu unterstützen, wie wir uns selbst helfen können und helfen müssen, falls wir uns geistig und seelisch entwickeln wollen und wir müssen uns im Ganzen unseres Wesens entwickeln.

Das Geheimnis des Bösen existiert im christlichen Glauben wie in allen anderen religiösen Glaubensformen. Wenn wir aber untersuchen, was für eine Herausforderung es für den christlichen Glauben darstellt, so fällt uns auf, daß das Nichtvorhandensein der Wiedergeburtslehre ein eigenartiges und unnötiges Rätsel in diesem dornigen Problem bedeutet. Niemand sollte sich bei der Vorstellung von Agonie verunsichert fühlen, die sich während einer Weiterentwicklung, im Laufe von Wachstum und innerhalb einer neuen Lebensdimension, einstellen kann. Sind die Leiden der Schwangerschaft ausgestanden und ist das Kind geboren, bewirkt dies strahlende Freude bei der Mutter und neues Leben beginnt. Doch was geschieht, wird ein paralytisches oder schwachsinniges Wesen geboren? Niemand, der auf sein eigenes Leben zurückblickt, zweifelt an Gottes Liebe, selbst wenn er Jahre der Armut oder Krankheit zu überwinden hatte. Wie es so oft geschieht, entstehen Zweifel in dem Moment, in welchem man zunächst gut vorwärts zu kommen scheint und Gebete erhört werden, bis plötzlich alles in äußerstem Chaos zusammenbricht, so als ob sich jemand über den Erfolg lustig machen wollte, den man für einige Zeit im Leben hatte.

Der Tod bedeutet den Höhepunkt einer solchen Tragödie, da er mit Inkonsequenz und ganz nebenbei in die Vernunftmäßigkeit eindringt, die man bislang dem Leben abzugewinnen vermochte. Das kleine Kind erbringt in der Schule gute Leistungen, macht gute Fortschritte auf dem Gebiet geistigen und körperlichen Wachstums, entwickelt sich zu einem liebenswerten und mitfühlenden Menschen und plötzlich entdeckt man, daß es an Leukämie leidet und der Tod bevorsteht. Die Aussicht darauf, daß die medizinische Wissenschaft in Kürze ein Heilmittel entdecken könnte, verschlimmert nur das Leid der Eltern und anderer, die wissen, daß es zu spät ist, dem geliebten Kind zu helfen. Oder denken wir an einen Menschen, der nahe daran ist, eine Aufgabe zu vollenden, für die er einzigartige Voraussetzungen mitbringt, eine Aufgabe, die vielleicht niemand so ausführen können wird, wie er es vermocht hätte; ein solcher Mensch wird plötzlich aus dem Leben gerissen. Diese Ereignisse erscheinen uns deswegen tragisch, da wir meinen, nur ein Leben zu besitzen und sie fallen besonders im Vergleich zum Leben derer ins Gewicht, die diesen Qualen entrinnen.

Die christliche Zusicherung, der Tod bedeute nicht das Ende, verringert das Problem als solches nicht. Wir klagen, daß es den Bösen immer besser zu gehen scheint, während die Gerechten leiden. Die einen leiden mehr, die anderen weniger, und der Grad des Wohlergehens bei den Bösen scheint sich nicht nach dem Grad ihrer üblen Taten zu richten. Das Ende des Menschen ist in vieler Hinsicht eigenartig ergebnislos. Lehrt man Christen, daß die Zukunft nach dem Tod hell aussieht und ihr Kreuz durch eine Krone ersetzt wird, so erklärt es nicht, warum Bob ein schwereres Kreuz zu tragen hat als Bill.

Indem man den Begriff der Reinkarnationslehre in das Vorsehungsschema einfügt, verringert sich die Absurdität des Problems des Bösen auf unermeßliche Weise. Sobald die Reinkarnationslehre eingefügt ist, mag man sich fragen, warum man dies nicht schon eher getan hat. Die Antwort liegt darin, daß die Reinkarnationslehre in der christlichen Kirche keinen Einfluß besaß, man sie als künstlich erachtete und sie mehr oder weniger zufällig, durch ein großes Mißverständnis, verboten wurde. Es geschähe also nicht zum ersten Mal, daß Christen zugeben müßten, es sei notwendig, in der christlichen Geschichte alte Meinungen durch neue und zufriedenstellendere zur ewigen Wahrheit zu ersetzen, die uns Gott durch sein Wort enthüllt. Die neue Dimension, die der christliche Glaube vor hundert Jahren durch den Evolutionsgedanken erhielt, ist für den Geist leicht verständlich. In der früheren Kirche und im Laufe der Jahrhunderte hätten sich wenig Menschen vorstellen können, die Schöpfung in dieser Form auszulegen. Ein literarisches Verständnis der Genesis war lange Zeit weit verbreitet. Ganz sicher stellte der Glaube an die getrennte Erschaffung der verschiedenen zoologischen Gattungen und die Akzeptierung dessen, sie evolutionsgemäß nicht zueinander in Beziehung zu setzen, während vieler Jahrhunderte eine universelle Annahme dar. Erst am Ende des 19. Jahrhunderts stellten gläubige Menschen fest, daß ein evolutionäres Verständnis der Biologie ein neues Licht auf den christlichen Glauben an Gott als Schöpfer der Dinge zu werfen vermochte. Es versetzte den Menschen in die Lage, der traditionellen Lehre einen größeren Sinn abzugewinnen. Könnte es sich mit der Reinkarnationslehre nicht genauso verhalten?

Wir grämen uns über das Geheimnis der Qualen und Leiden, über das gesamte Problem des Bösen, wie es von den Philosophen genannt wird, doch es sind wahrhaftig nicht die Qual und das Leid, die dem Christen zu schaffen machen, denn an diese hat er sich im Laufe seines christlichen Lebens gewöhnt, vor allem deswegen, da er den Preis der Erlösung, das Kreuz, kennt.
Was all denen, deren Glauben fest und tief verankert ist, verwirrend erscheint, ist die verblüffende Absurdität, der sie sich überall gegenübergestellt sehen. Der Glaube an die Reinkarnation nimmt Schmerz und Leiden des Menschen nicht weg, doch er nimmt ihnen die Absurdität, das tragische Mißverhältnis, das Teil unserer christlichen Erfahrung ist. Die Absurdität verringert sich, betrachtet man das Leben nicht als kurze Episode, wo Entscheidungen auf alle Ewigkeit getroffen werden, sondern als Kapitel oder Abschnitt eines ungeheuer langen Evolutionsprozesses, der uns unserem endgültigen Sein entgegenführt, der uns zu unserem vollen moralischen und spirituellen Potential innerhalb der gnadenreichen göttlichen Vorsehung verhilft. Selbst bei Einfügung der Reinkarnationslehre in den christlichen Glauben, wären Gottes Wege immer noch geheimnisvoll und unergründlich, aber durch sie würde uns Gläubigen Gottes Wille eher enthüllt werden. Falls das traditionelle Nichtvorhandensein der Reinkarnationslehre sich zusammen mit christlicher Auffassung zum menschlichen Schicksal als künstliches Hindernis erweist, wie man argwöhnen könnte, würde ihre Einführung zu einer Glaubensbereicherung beitragen.

Was bis jetzt aufgezeigt wurde trägt dazu bei, unsere Frage in Beziehung zur wesentlichen Bedeutung der Freiheit und Verantwortung zu sehen, die beide hinsichtlich des Verständnisses der göttlichen Vorsehung zu oft vernachlässigt wurden. Es gibt jedoch eine korrelative christliche Lehre, ohne die der christliche Glaube bedeutungslos wäre: die Gnadenlehre. Dem Menschen wurde der freie Wille gegeben, der für sein moralisches Wachstum wesentlich ist. Er vermag allerdings ohne Gottes Hilfe keine Fortschritte zu machen. Die Gnade, durch welche dem Menschen diese Hilfe zuteil wird, besitzt für die menschliche Freiheit die Bedeutung, welche das Kapital für die Arbeit in der Wirtschaft besitzt. Vielleicht hat aus diesem Grunde ihr Bezug zum freien Willen die bittersten und langwierigsten theologischen Auseinandersetzungen in der Geschichte der christlichen Kirche hervorgebracht. Christen bezweifelten niemals, daß sie der göttlichen Gnade bedürfen. Die Auseinandersetzungen bezogen sich dabei stets auf die Wirksamkeit der Gnade.

Tertullian war wahrscheinlich der erste der Kirchenväter, der den Versuch unternahm, das Thema in Worte zu kleiden. Er verstand unter Gnade jene göttliche Energie, die auf die menschliche Seele einwirkt. Augustinus entwickelte zwei Jahrhunderte später, im Verlauf einer Auseinandersetzung mit Pelagius und als Ergebnis dessen, eine ausgereiftere Darstellung des Gnadenthemas. Thomas von Aquin hielt sich neun Jahrhunderte danach im Prinzip immer noch an die Lehre des Augustinus, arbeitete es jedoch noch weiter aus. Während der Reformation und Gegenreformation entbrannten die Auseinandersetzungen auf ein Neues, und die Gnade stellte das Hauptthema im Streit zwischen den Jansenisten und ihren Gegnern im Frankreich des 17. Jahrhunderts dar.

Wie wir sehen, beinhaltet das Karmaprinzip moralische Freiheit und Verantwortung.

Entsprechend dem Reinkarnationsglauben bin ich selbst für mein Karma verantwortlich. Es gibt niemanden, der dafür zu tadeln oder zu loben wäre. Ich allein habe es geschaffen und schaffe ebenfalls mein Karma für das nächste Leben. Deswegen dürfen wir gerne behaupten, daß niemand aufgrund der Reinkarnationslehre etwas umsonst erhält. Der Anhänger der Reinkarnationslehre, der glaubt, daß nichts grundlos geschieht, hat in seinem Schema für Zufälle oder göttliche Fügungen keinen Platz. Folglich darf er mit Mathew Arnold sagen:

Yet they, believe me, who await
No gifts from chance, have conquered fate. *)

Was seine Einstellung hinsichtlich Zufall und Schicksal anbetrifft, so stimmt er mit katholischen und protestantischen Christen überein, wäre jedoch niemals imstande, es wie John Bradford auszudrücken: "Ohne die Gnade Gottes vermag ich nichts auszurichten", ein Satz, welcher Ausdruck des Dankes ist und das Hauptthema christlicher Erfahrung darstellt. Der Begriff der Gnade scheint auf den ersten Blick dem Karmagesetz so fremd wie sich Freundlichkeit in Relation zur Chemie setzen läßt.

Vorgenannter Anhaltspunkt mag uns dabei helfen herauszufinden, wie wir die Reinkarnationslehre mit dem christlichen Glauben in Einklang bringen können. Sicher erschien den Juden, dem von Gott auserwählten Volk, nichts fremder als die Vorstellung, Gott würde sich als Mensch inkarnieren. (12) Diese Vorstellung schien die Grundfesten der gesamten biblischen Offenbarung in Bezug auf das von Gott für den Menschen bereitgehaltene Schicksal zu erschüttern. Sie schien das Konzept Gottes zu zerstören, wie es uns von der Torah bekannt ist. Wir wollen uns mit dem Thema der Gnade befassen, indem wir vorgenannte Andeutungen in Betracht ziehen. Gnade stellt keinen Ersatz menschlicher Güte dar. Sie ist eher die Bedingung zu ihrer Verwirklichung. Ohne die Gnade Gottes vermag ich nichts auszurich-

*) Nur diejenigen meistern das Schicksal, die sich nicht auf den Zufall verlassen.

12) Die gegenwärtige Diskussion über die "Göttlichkeit Christi" läßt sich immer wieder in der Geschichte nachweisen. Einen Zweifel an ihr halte ich für absolut unvereinbar mit der christlichen Orthodoxie, wobei man über die innere Bedeutung dieses Glaubensbekenntnisses (Chalcedon) diskutieren könnte.

ten, keinen Augenblick zu existieren, unabhängig davon auf welcher Entwicklungsstufe ich mich befinde. Meine Arbeit basiert auf Gnade, vor allem dort, wo sie sich am mühsamsten gestaltet. Falls, wie ich bereits erwähnte, es sich mit der Gnade in Bezug zum freien Willen genauso wie mit dem Kapital zur Arbeit verhält, vermögen wir zu ermessen, wie abhängig wir von ihr sind. Durch sie wird erst alles möglich. Würde ich mich zurücklehnen und das ganze Kapital ausgeben, ohne zu investieren, wäre mein Unternehmen ganz sicher zum Untergang verurteilt. Meine Kreativität und mein Fleiß wären vergebens. Wiederum erweist sich Kapital ohne Arbeit als fruchtlos. Im Evangelium urteilt Jesus sehr hart über die Menschen, die die ihnen verliehenen Mittel nicht verwenden (Matthäus 23.14). Der Gedanke, Gnade sei mit menschlicher Freiheit nicht vereinbar, ist genauso töricht wie die Vorstellung, Kapital sei mit Arbeit nicht vereinbar. Doch viele haben in diesem Sinne den Begriff der Gnade mißverstanden. Das tiefe Interesse der Christen zum Thema "Sünde" drückt unsere Hilflosigkeit ohne die Gnade aus. In den Augen derer, die das Wesen der Gnade mißverstehen, scheinen Christen zu jammern und zu klagen und sich wegen ihrer Sünden gegen die Brust zu schlagen, während es für sie besser wäre, sich zusammenzunehmen und etwas moralisch Konstruktives zu leisten. Vom Standpunkt dieses Irrtums aus gesehen, sind Ablaß, Lossprechung und Vergebung unserer Sünden nur eine dreifache Unsittlichkeit.

Sir Oliver Lodge beobachtete zu Beginn des gegenwärtigen Jahrhunderts: "Der anmaßende Mensch der heutigen Zeit kümmert sich absolut nicht um seine Sünden." (13) Viele fleißige Männer und Frauen waren so mit ihrer Arbeit beschäftigt, daß sie sich nie darum kümmerten, was passieren würde, wenn ihnen das hinter ihrer Arbeit stehende Kapital ausgehen würde.

Falls wir Gnade als Grundbedingung aller guten Taten betrachten und als Grundbedingung alles moralischen und spirituell zu erreichenden Wachstums ansehen, gibt es keinen tiefgreifenden Grund, warum ein auf Arbeit

13) Hibbert Journal, 1904, S. 466

und Ethik beruhendes System nicht durch die christliche Lehre der Gnade erhellt werden sollte. Arbeit und Ethik spielten eine traditionelle Rolle im Leben und Geistesgut der christlichen Kirche. Die Puritaner Neuenglands stellen nur ein Beispiel von vielen dar. Mehr als tausend Jahre bevor die "Mayflower" Amerika erreichte, führten die Benediktiner ein klösterliches Leben, das ohne die Betonung der Würde der Arbeit bedeutungslos gewesen wäre: "orare est laborare", arbeiten ist beten, beten ist arbeiten. Tatsächlich erweisen sich die Reichtümer, die die unvermeidliche Frucht der mönchischen Tradition waren, letztendlich als Falle für sie. Warum sollte das Karmaprinzip mit der christlichen Lehre der Gnade unvereinbar sein?

Ich persönlich vermag keinen vernünftigen Grund zu erkennen, warum die Reinkarnationslehre, sei es auf historischer oder theologischer Basis, mit einer orthodoxen christlichen Auffassung der Erlösung durch Jesus unvereinbar sein sollte. Ich will damit nicht sagen, daß sie unverzüglich in das christliche Glaubensbekenntnis aufgenommen werden sollte. Die Kirche war nie bestrebt, Glaubenslehren zu formulieren und sollte es auch weiterhin nicht tun. Sie bestand im allgemeinen nur auf Formulierungen, wenn sie dazu gezwungen wurde. Ich behaupte nicht eine Minute, daß die Reinkarnationslehre in reiner Form in der Bibel gelehrt wird, wenngleich wir auch Andeutungen darin finden. Die Tatsache, daß einige, wahrscheinlich sogar viele Christen der frühen Kirche an irgendeine Form der Reinkarnationslehre glaubten, ist interessant, stellt jedoch keinen zwingenden Grund dar, sie in das christliche Glaubensbekenntnis aufzunehmen.

Nach all diesen Feststellungen sollte ein Punkt hinzugefügt werden, der viele Christen überraschen mag. Da wir zu dem Schluß gekommen sind, daß es eine Form der Reinkarnationslehre gibt, die mit der zentralen christlichen Tradition in Einklang zu bringen ist und nicht im Gegensatz zur Bibel steht, hat uns dies schon ein ganzes Stück vorwärts gebracht. Dies bedeutet, daß damit Christen geholfen ist, ihrem eigenen Glauben Sinn abzugewinnen und sich nicht von philosophischen und wissenschaftlichen Einwänden, die wir bereits berücksichtigt haben, abschrecken zu lassen. Sie brauchen keine Zweifel zu hegen, die Reinkarnationslehre als Alternative zu akzeptieren. Anstatt den christlichen Glauben in irgendeiner Form abzuschwächen, vermag sie ihn zu beleben, christliche Hoffnung zu stärken, die christliche Liebe zu vertiefen und den menschlichen Geist zu klären. Im nächsten Kapitel wollen wir ihre Auswirkungen auf menschliche Beziehungen behandeln. Der scharfsichtige Leser dürfte bereits erkannt haben, wie sie sich vom Christentum auf andere Religionen auswirken könnte.

Kap. XIII
Konsequenzen für die Ehe und andere Beziehungen

Ehen werden im Himmel geschlossen.

Robert Burton, Anatomy of Melancholy

Die tiefen und dauernden Beziehungen, aus denen sich lebenslange Freundschaften und wahrhaft christliche Ehen entwickeln, bieten nicht nur die Gelegenheit Egoismus zu überwinden, sondern auch die beste Möglichkeit, die höchste der irdischen Freuden zu leben. In einer solchen Beziehung wird ein Vater seine Niere opfern, um das Leben seines Kindes zu retten. Männer und Frauen würden sogar, falls notwendig, ihr Leben für diejenigen geben, denen ihre ganze Zuneigung gehört. Solche Beziehungen werden als so tiefgreifend erfahren, daß alle, die an eine Form des Weiterlebens glauben, fragen, ob Beziehungen, die uns soviel bedeuten, durch den Tod beendet werden, wie es für Geschäftsbeziehungen zutrifft. Um es klar auszudrücken: treffen wir uns wieder?

Dergleichen stellt natürlich die glühende Hoffnung derer dar, die durch persönliche Beziehungen tiefstens berührt werden. Die christliche Eschatologie ist so verworren, daß man sich im allgemeinen vorsichtig verhält, wenn es um die Hoffnung einer Wiederbegegnung mit geliebten Menschen im Jenseits geht. Im großen und ganzen scheinen Geistliche ziemlich erleichtert zu sein, wenn es ihnen erspart bleibt, dieses Thema zu behandeln. Es scheint hier wahrhaftig ungeheuere Schwierigkeiten zu geben. Als Jesus nach einer Wiederbegegnung auf jenseitiger Ebene gefragt wurde, antwortete er, Männer und Frauen würden, nachdem sie von den Toten auferstanden sind, "nicht heiraten, sie wären wie die Engel im Himmel". (1)

Wenn der Auferstehungskörper ein so verschiedener ist, wie vermögen wir einander dann überhaupt zu erkennen, selbst wenn wir unser irdisches Er-

1) Mark. 12.25

innerungsvermögen bewahrt hätten? Falls also das Erinnerungsvermögen vom Gehirn abhängt, wie es alle empirischen Studien beweisen, wie bleibt mir mein Erinnerungsvermögen im jenseitigen Leben erhalten, nachdem mein Gehirn durch den Tod vernichtet wurde? Bereits in einem früheren Kapitel kamen wir zu dem Schluß, wie schwierig die Vorstellung eines Überlebens der Persönlichkeit ist, und selbst, wenn wir diese Schwierigkeit überwinden, sehen wir uns dem schwer zu behandelnden Problem der Erinnerung gegenüber gestellt. Woraus wäre der Himmel beschaffen, beraubte man uns vollkommen der Erinnerung an jene besonderen Beziehungen, durch die wir lernten Gott zu lieben, der, gemäß den klassischen katholischen und protestantischen Theologen, das Wesen des Himmels darstellt. Gewiß bin ich vermutlich imstande, meine Mathematikaufgaben zu lösen, nachdem ich meinen Lehrer, die Schule, die Klassenzimmer und die Texte vollkommen vergessen habe, die zum Erwerb meiner Fähigkeiten beitrugen. Doch wäre ich imstande, mich an Gottes Liebe zu erinnern, nachdem ich vollständig alle irdischen Beziehungen vergessen habe, die mich dieser Liebe immer näher brachten? Bestimmt nicht. Denn die Liebe zu Gott oder zu einem Menschen läßt sich mit Mathematik nicht vergleichen. Was würde es heißen zu sagen, ich habe einen Menschen geliebt, nachdem die Erinnerung an meine gesamte Beziehung zu diesem Menschen vollständig ausgelöscht wurde? Gabriel Marcel erhebt in seinem "Journal Metaphysique", wenn auch auf ganz andere Weise, die gleiche Frage. (2)

Denken wir an die tiefe Liebe, wie sie zwischen einem Ehepaar besteht, das 40 Jahre glücklich verheiratet war oder an Freunde, die sich innerhalb eines solchen Zeitraumes sehr nahe standen, gelangen wir zu der Vermutung, daß eine gewisse Art des Gedächtnisses jene Liebe beinhaltet. Selbstverständlich wurde viel vergessen. Sind sie eventuell sehr alt, schwindet das Erinnerungsvermögen allmählich.

2) G. Marcel, Presence and Immortality, Pittsburgh 1967

Die Qualität der Liebe hängt gewiß nicht von der Genauigkeit oder der Reichweite des Gedächtnisses ab, doch würde das Gedächtnis vollkommen zerstört werden, wäre sozusagen auch die Beziehung gestorben. Falls der Tod das Erinnerungsvermögen vollständig löscht, so wäre eine Wiederbegegnung auf der jenseitigen Ebene unverständlich, selbst wenn die Möglichkeit eines Weiterlebens gegeben wäre.

Nehmen wir jedoch an, daß irgendwo im Energiestrom, den wir Seele nennen, eine Spur von Gedächtnis existiert, das im jenseitigen Leben wenigstens teilweise seine Funktion aufnimmt. Nehmen wir weiterhin an, daß man sich in einem neuen Leben früherer Existenzen und folglich früherer Beziehungen nicht bewußt ist. Irgendwann trifft man einen Menschen, der das gesamte Selbstverständnis verändert. Man verliebt sich ineinander und diese Zuneigung ist so tief, daß sich mehr dahinter zu verbergen scheint als die Aussicht auf eine glückliche Ehe. Die Ehe, die man anstrebt, scheint von allen Seiten aus betrachtet unpassend: sowohl von psychologischer als auch von soziologischer und wirtschaftlicher Seite gesehen. Man wird Zeuge einer jener Beziehungen, die von den Romantikern als romantisch und von allen anderen als unpassend bezeichnet werden, falls sie zu höflich sind, sie als katastrophal zu bewerten.

Nicht nur sozial und finanziell scheint eine große Kluft zu bestehen, so daß man unterschiedliche Voraussetzungen mitbringt und auch unterschiedliche Erwartungen. Abgesehen von diesen Barrieren scheinen auch beide Temperamente nicht zusammenzupassen. Der eine Partner ist impulsiv, von schneller Auffassungsgabe und temperamentvoll, unordentlich, ungeduldig und nach außen gewandt, während der andere vorsichtig, langsam, ordentlich und nach innen gekehrt ist. Die Geschmäcker unterscheiden sich nicht weniger als die Beziehung und der Charakter. Der eine von beiden ist offensichtlich musikalisch, der andere besitzt kein musikalisches Unterscheidungsvermögen.

Der eine ist ein begeisterter Leser, der andere blättert nur in Zeitschriften.

Trotzdem wissen beide, daß sie füreinander bestimmt sind. Selbst Auseinandersetzungen festigen die Zuneigung. Es handelt sich hierbei nicht nur um Liebende, sondern um Dual-Seelen.

Nehmen wir an, jemand liebte in einem früheren Leben, vielleicht im Laufe einer langen Ehe oder Freundschaft, aufrichtig einen Menschen. Der Tod des Partners oder Freundes stellt den schlimmsten Schicksalsschlag dar, der je erlitten wurde. Zwar erholt sich jener Mensch von diesem Schicksalsschlag, doch es bleibt das Gefühl als ob zwei Drittel seines Seins abgestorben wären. Die unnachahmliche Stimme, die er so liebte, existiert nicht mehr. Niemals mehr wird er das vertraute Gesicht sehen, die zärtlichen Hände spüren, die dahineilenden Füße hören, die fast Teil seiner selbst waren. Tapfer lebt er weiter, aber es ist nur noch, wie er selbst weiß, ein Schattendasein. Die Kirche versprach Wiedervereinigung „in einem anderen Dasein", doch man hätte die Zweifel des Priesters in seiner Stimmen hören sollen. Einige vegetieren vor lauter Leid über den Verlust eines geliebten Menschen langsam dahin und sterben dann, nicht aus Mangel an Mut allein zu leben, sondern da ihre Leben so miteinander verflochten waren, daß mit dem Tod des einen auch fast die Existenz des anderen beendet scheint. Es könnte doch sein, daß sich zwei solche Partner nach dem Tode wieder inkarnieren, sich wieder begegnen, weshalb es sich nicht um eine vollkommen neue Beziehung handelt, sondern um eine auf frühere Leben zurückgehende. Handelt es sich hierbei um „das andere Dasein, das andere Land", das die Kirche versprach?

Alles dies mag phantastisch erscheinen, doch einige Beziehungen gehen so tief, sind so reif, haben etwas Besonderes an sich, daß man sie sich aufgrund eines kurzen Lebens hier und jetzt nicht zu erklären vermag. Tatsächlich fragt man sich, wie sich zwei so ungleiche Menschen in einer lebenslangen Ehe ertragen können, für die sie nur eine Vorbereitung von wenigen Jahren besaßen.

Die Vorbereitungszeit scheint jedoch tiefgreifender zu sein, so tiefgreifend, um es in poetischer Ausdrucksweise zu sagen, daß solche Ehen „im Himmel geschlossen" worden sein müssen. Was wäre, wenn sie zwar nicht im Himmel, sondern in einem früheren Erdenleben geschlossen worden wären? Es gibt auch viele Ehen und Freundschaften, die ganz anders sind, selbst die harmonischen unter ihnen. Einige entsprechen genau den Idealen, die die Bewunderung und Zustimmung Außenstehender finden. Oft besitzen Geschwister außer den Eltern nichts gemeinsam. Doch ab und zu findet man eine Beziehung, deren Vertrautheit über dieses Leben hinauszugehen scheint. Es handelt sich hierbei nicht einfach um Bruder und Schwester, sondern um Dual-Seelen. Oft fühlt man sich zu einem vollkommen Fremden anstatt zu den eigenen Freunden und Verwandten hingezogen, mitunter zum Kummer letzterer. Im Evangelium steht geschrieben, daß man, um Christi Jünger zu sein, sich vollkommen von familiären und verwandtschaftlichen Banden befreien muß (3). Zwar ist diese Entdeckung schmerzhaft, doch handelt es sich um ein Opfer des Guten zugunsten des Besseren; der Vorzug dessen, das über dieses Leben hinausreicht, im Vergleich zum Guten, das relativ vergänglich ist.

Unterscheiden sich Beziehungen nicht so tiefgreifend in der Qualität, daß man an der weitverbreiteten Annahme zweifeln muß, sie entsprängen alle mehr oder weniger der gleichen Lebenssituation? Einige Beziehungen (die nüchternen) verstärken die Begrenzungen unseres Lebens. Andere bewirken das Gegenteil: sie befreien uns aus unserem Gefängnis und führen uns sozusagen zu grünen Weiden und stillen Wassern, die jenseits der Gefängnismauern liegen. Ist es so undenkbar, daß es nicht manchmal den Blitz eines Erkennens gibt? Es handelt sich dabei nicht um die Erinnerung an ein zusammen verbrachtes Leben, sondern um etwas geheimnisvolleres: den Schimmer einer vergangenen Beziehung. Wunderbarer noch als das Empfinden des „deja vu" ist das Empfinden des „deja connu",

In einem Roman, der von der Zeit zwischen den beiden Weltkriegen in

3) Luk. 14,26

England erzählt, hat der Held als Ergebnis eines Traumas, das Folge einer Verletzung im ersten Weltrkrieg ist, sein Gedächtnis verloren (4). Durch die Frau, die ihn liebt, gewinnt er im Laufe der Zeit sein Gedächtnis zurück. Solches ist nicht einfach, da sich ein derartiges Leiden nicht innerhalb eines Tages kurieren läßt. Allerdings bleibt offen, in welchem Ausmaß er sein Gedächtnis wieder zurückgewann. Auf der letzten Seite ist von einem plötzlichen Wiedererkennen die Rede, und es besteht kein Zweifel, daß diese Umwandlung durch die Kraft der Liebe geschah. Falls es Reinkarnation gibt, dürfte es auch plötzliches Wiedererkennen geben, selbst wenn das Gedächtnis vergangener Leben entsprechend dem, was wir gewöhnlich unter Gedächtnis verstehen, nicht mehr existiert. „Amor omnia vincita“: Liebe setzt sich über alles hinweg.

Warum sollte im Reinkarnationsschema das Erinnerungsvermögen ausgelöscht werden? Die einleuchtende Antwort liegt darin, daß die Erinnerung an mehrere Leben mehr wäre als man zu ertragen vermöchte. Selbst im Laufe eines einzigen Lebens vergessen wir glücklicherweise viel, oder es gelingt uns, die Geschehnisse ins Unterbewußte zu verdrängen. Haben wir ein ernsthaftes Trauma erlitten, so mag es eine weitreichende Beeinträchtigung des Erinnerungsvermögens zur Folge haben, was jedoch ein ziemlich normales Leben nicht ausschließt. Selbst diejenigen, die ihren Namen, ihre soziale Identität und ihren Beruf vergessen hatten, zeigten sich oft in der Lage, ein neues, erfolgreiches und einigermaßen ausgeglichenes Leben aufzunehmen. Es ist begreiflich, daß man die Einzelheiten vergangener Leben als Ergebnis des Todestraumas vergißt, wie es im platonischen Mythos der „Wasser des Vergessens” symbolisiert wird. Wenigstens dürfen wir behaupten, daß das Vergessen kein Hindernis in Bezug auf den Glauben an Reinkarnation darstellt. Aber es bleibt immer noch das Problem menschlicher Beziehungen von der Art, wie ich sie erwähnt habe.

Warum sollte jemand eine so tiefgehende Beziehung erleben, die selbst in

4) James Hilton, Random Harvest, Boston 1941

den Augen des Skeptikers das gegenwärtige Leben zu überschreiten scheint und sie dann, gehen wir vom Reinkarnationsschema aus, in einem anderen Leben mit Ausnahme jenes plötzlichen Wiedererkennens oder „deja connu" Empfindens vergessen? Wenn ich in einem neuen Leben jegliche Beziehung zur englischen Sprache vergessen sollte und statt dessen ungarisch und deutsch als zweite Sprache spräche, irritierte mich dies nicht weiter, doch meine Frau, meine Mutter, meine Kinder und meine liebsten Freunde zu vergessen, erschiene mir als eine moralische Beleidigung.

Auf eine solche Frage lautet die Grundantwort, daß für Christen die Erlösung, wie Tod und Geburt auch, ein einsames Unterfangen sind. Obwohl ich durch die Gnade Gottes bin und im Glauben der Kirche geboren wurde, bemühe ich mich mit „Angst und Zittern um meine Erlösung." (5) Jesus schenkt den Christen Gewißheit: durch die Einsamkeit seines Leidens und des Kreuzes haben sich die Pforten zum ewigen Leben geöffnet. Ich muß meinen Weg allein gehen und mag ich noch so liebe Begleiter auf ihm treffen. Man mag mich aufheitern, meine mit Blasen versehenen Füße pflegen, mir über unwegsame Stellen hinweghelfen, aber niemand vermag meinen Weg für mich zu gehen, genausowenig wie mich niemand Sanskrit zu lehren vermag ohne meine Bereitschaft dafür. Genauso wie ich allein lernen muß, unabhängig davon wie gut der Lehrer ist, so muß ich auch meinen Weg allein gehen, um mein Schicksal zu erfüllen. Trotzdem stärken mich die ausgestreckten helfenden Hände auf dem Weg, so wie es im Moralgesetz aller großen Weltreligionen, nicht zuletzt im Christentum, bezeugt wird.

Einige Freundschaften sind zu locker, zu flüchtig, um einen tiefen Eindruck in meiner Seele zu hinterlassen, doch andere sind so tiefgehend, daß sie zur gesamten Entwicklung meines Seins gehören. So sehr ich mich auch von der Abhängigkeit von anderen loslösen muß, so vermag ich doch jene nicht ganz zu vergessen, denen ich lebenslange Dankbarkeit schulde. In irgendeiner Gestalt treffe ich sie im Laufe meiner Wanderung wieder, und es gibt si-

5) Phil. 2,12

cherlich etwas in ihrem und in meinem Inneren, das uns diese Wiederbegegnung spüren läßt.

Ich glaube nicht, daß wir aufgrund des Reinkarnationsschemas erkennen können, um was es sich dabei handeln könnte, halte aber etwas derartiges auch nicht für vollkommen unvorstellbar. In der Schule kannte ich einen ziemlich intelligenten Jungen. Wir waren gute Freunde, in dem Sinne wie es Schuljungen oft sind. Nach dem 14. Lebensjahr riß unser Kontakt ab, bis ich fast dreißig Jahre später in die Stadt kam, in der er jetzt wohnte. Ich ermittelte seine Adresse und stattete ihm einen unangekündigten Besuch ab. Scherzend heuchelte ich Erstaunen, daß er mich nicht erkannte. Ich befand mich selbstverständlich im Vorteil.

„Gewiß erinnerst du dich noch an deinen alten Freund?", sprach ich mit allem Vorwurf, den ich aufbringen konnte.

Ich wußte, daß er zu den Menschen gehörte, die selbst gerne etwas herausfanden, Detektivarbeit leisteten. Ich lieferte ihm keine Anhaltspunkte und er erbat auch keine. Er studierte eingehend mein Gesicht, riet einige Male verkehrt, wer ich sein könnte und lud mich auf eine Tasse Kaffe ein. Er bat mich, über allgemeine Dinge, wie Politik oder das Wetter zu reden. Er studierte sogar meinen Gang. Er hörte mir sehr aufmerksam zu, betrachtete mich sehr eingehend, damit ich kurz glaubte, er werde tatsächlich meine Identität entschleiern. Doch, überlegte ich weiter, könnte er mich auch ganz vergessen haben, oder nachdem er von meiner Tätigkeit als Erwachsener gehört hatte, würde er es versäumen, jenen Erwachsenen mit einem Schulfreund in Verbindung zu bringen. Schließlich gab er zögernd auf. Einige Anhaltspunkte erwiesen sich letztendlich dann als ausreichend. Freudestrahlend über das Wiedererkennen, sprach er: „Es gibt wirklich nichts an dir, das sich nicht verändert hat. Du bist ein vollkommen anderer Mensch. Und doch gibt es etwas, etwas Undefinierbares, das ich sofort spürte als wir uns trafen, vermag dies aber nicht näher zu erklären. ich dachte, es würde mir vielleicht helfen, dich zu erkennen, wenn ich dich einlade, doch es führte mich nur noch weiter von der Spur weg. Dreißig Jahre ist es her, sagst du? Sag ehrlich, wäre es dir leichter gefallen, wärest du an meiner Stelle gewesen?"

Sicher wäre es nicht einfacher gewesen und obwohl keiner von uns beiden sich als nützlicher Zeuge vor Gericht erwiesen hätte, so hatte er meine Identität, so gut er es unter diesen Umständen vermochte, doch herausgefunden. Nehmen wir jedoch an, es hätte sich nicht um dreißig Jahre sondern um eine ganze Lebensspanne gehandelt, und wir wären uns in einem neuen Leben, vielleicht auf einem anderen Planeten, begegnet. Ich hätte nicht die Möglichkeit des Vorteiles besessen, und was gäbe es dann in einem solchen Fall zu identifizieren? Das Wiedererkennen zwischen zwei vergleichsweise zufälligen Freunden mag wohl ausgeschlossen sein, doch wie wäre es, wenn sich die Brownings wieder auf dem Mars träfen? Ein Philosoph mag einwenden, daß es überhaupt nichts gibt, das zu ihrem gegenseitigen Wiedererkennen beitrüge. Was heißt es, zu behaupten, daß die Bewohner neuer Körper doch dazu fähig sind? Nehmen wir den Begriff der Reinkarnation ernst, lautet die Frage anders: „Was bedeutet es, zu behaupten, daß Robert Browning und Elisabeth Barret sich wieder inkarnieren und sich begegnen. Wie könnten sie einander unter diesen Umständen wiedererkennen?" Ein Robert Browning, der nicht imstande wäre, Elisabeth Barrett zu erkennen, wäre nicht Robert Browning. Ich glaube, wir dürfen sagen, daß es überhaupt keine Reinkarnation gibt, oder wir müssen zugeben, daß ein schwaches Wiedererkennen nicht ausgeschlossen werden kann.

Einer der Standardeinwände gegen die Reinkarnationslehre liegt darin, daß wir gemäß dem Karmagesetz für Sünden bestraft werden, an die wir uns nicht erinnern und für ebensolche Tugenden belohnt werden. Dergleichen stellt jedoch sogar ein vertrautes Phänomen im Leben dar. Jeder Psychologe weiß, daß ich jetzt vielleicht auf die eine oder andere Weise für vergessene Sünden meiner Jugend büße. Es mag auch sein, daß ich jetzt die Früchte einiger guter Gedanken ernte, die mir schon lange entfallen sind oder einiger guter Taten, für die mir das geringste Erinnerungsvermögen fehlt. Es ist also nicht ungewöhnlich, für Sünden „bestraft" zu werden, an die ich mich nicht mehr erinnere oder für Tugenden „belohnt" zu werden, die sich meinem Gedächtnis entziehen.

Falls ich persönliche Identität besitze, bleibe ich der gleiche Mensch, egal ob ich mich lebhaft an vergangene Handlungen erinnere oder sie in die tiefe Schublade meines Unterbewußtseins verbanne. Ich wäre jedoch kein solcher Mensch, besäße ich nicht wenigstens in einem gewissen Maße die Fähigkeit, eine verwandte Seele zu erkennen, die mir in vergangener Zeit vertraut war.

Vorgenannte Aussage darf sicher als gültig angesehen werden. Persönliche Identität beinhaltet meiner Meinung nach die Fähigkeit eines solchen Wiedererkennens. Folglich bietet Reinkarnations-Eschatologie die Hoffnung auf ein Wiedererkennen „auf jenseitiger Ebene", obwohl sie gewiß nicht das sofortige und volle Erkennen gewährleistet, auf das einige Sterbende hoffen, wenn sie sagen, „ich werde ihn auf der anderen Seite wiedersehen". Überdies ist dieser Glaube nicht, und ich hoffe, es gelingt mir dies aufzuzeigen, unvereinbar mit jener ekstatischen Hoffnung auf ein endgültiges, totales Wiedererkennen in jenem verklärten Zustand, von dem Paulus sagt: „Ich werde ganz erkennen, wie auch ich ganz erkannt worden bin." (6)

6) 1. Kor. 13,12

Kap. XIV
Kommunikation mit den Verstorbenen

Mögen die Seelen der im Glauben Verstorbenen durch Gottes Gnade in Frieden ruhen. Katholisches Gebet

Nichts ist natürlicher als der Wunsch eines Menschens, der einen Angehörigen verloren hat, mit dem geliebten Menschen, der die Schwelle des Todes überschritten hat, in Verbindung zu treten. Die Möglichkeit einer solchen Kommunikation stellte während der letzten hundert Jahre ein vielfach erörtertes Thema dar und stieß gerade zur Zeit des ersten Weltkrieges auf tiefes und schmerzhaftes Interesse, nachdem Millionen Frauen in Europa und auf der ganzen Welt ihre Ehemänner und Verlobten, Väter und Söhne, Brüder und Freunde, im entsetzlichen Blutbad des Schlachtfeldes verloren hatten. Trotz der finsteren und mißbilligenden Blicke der konservativen Geistlichen versuchten viele Frauen — im allgemeinen durch ein spiritistisches Medium — mit jenen Kontakt aufzunehmen, die von ihnen gegangen waren. Wir sollten hierbei fragen, ob eine solche Kommunikation möglich ist und ob sie für diejenigen wünschenswert ist, die den christlichen Weg gehen.

Die Erforschung parapsychologischer Phänomene wird seit Gründung der „Gesellschaft für parapsychologische Forschung", im Jahre 1882, sehr ernsthaft durchgeführt. Die Arbeit eines der Gründer dieser Gesellschaft, F. W. H. Myers, „Human Personality and its Surival of Bodily Death", stellt ein frühes klassisches Werk auf diesem Gebiet dar und ist Teil einer umfangreichen Literatur in vielen Sprachen.

Mittels der vielen Untersuchungen jener Gesellschaft erzielte man auf den Gebieten der Telepathie und Hypnose so überzeugende Ergebnisse, daß nur wenige, die von der Existenz der erforderlichen Beweise wissen, ernsthaft die Wahrhaftigkeit der Absichten jener bezweifeln, die solche Experimente durchführten. Andere Aspekte auf dem Gebiet der parapsychologischen Forschung, wie Psychokinese und Tischrücken, erscheinen viel verdächtiger. Überdies verkomplizierte das unerwartete Auftauchen betrügerischer Menschen, die bereit sind, aus dem Kummer und der Verzweiflung der Hinterbliebenen Kapital zu schlagen, das Problem noch mehr. Desweiteren scheint ein Element zu existieren, das die fortgesetzten Untersuchungen, mit den Toten in Verbindung zu treten, rechtfertigt. Trotz der offensichtlichen Anziehung, die dieses Gebiet auf Betrüger und Scharlatane aller Art ausübt, lassen sich gewisse Phänomene nicht ignorieren, wenngleich man bei ihrer Untersuchung große Vorsicht walten lassen sollte.

Falls wir annehmen, daß es Beweise für das Vorhandensein von Phänomenen gibt, die sich jeglicher „wissenschaftlicher Erklärung" entziehen, so sollten wir fragen, auf was genau diese Beweise abzielen. Selbst ein physisches Phänomen, das so gewöhnlich ist wie unsere Elektrizität, könnte, wüßten wir nichts über Elektrizität, den Glauben an außerirdische Intelligenzen oder Wesen einer uns unbekannten Dimension dieses Planeten verständlich machen. Wir könnten zu der Annahme gelangen, daß sie mit uns in irgendeiner Weise Verbindung aufzunehmen suchten. Es wäre wahrhaftig verkehrt, solche Schlüsse zu ziehen. Alles, was wir zuverlässig über parapsychologische Phänomene zu sagen vermögen, berührt den Bereich der Hypnose und Telepathie, doch sind wir trotzdem nicht berechtigt, Hypothesen auf allen übrigen Gebieten parapsychologischer Forschung von der Hand zu weisen, es sei denn, es bestünde ein klarer Beweis gegen sie. Dies bringt uns jedoch in Bezug auf die Frage einer Kommunikation mit Dimensionen jenseits des Todes nicht weiter.

Zweitens sind die angeblichen Botschaften „von der anderen Seite" oft so trivial, daß sich der Verdacht erhebt, es handele sich bei den Phänomenen um Projektionen der versammelten Sitzungsteilnehmer. Sicher, es gibt vermutlich keinen Grund, von der anderen Seite Geistesblitze zu erwarten. Es sei denn, es handele sich um jemanden, der bereits zu Lebzeiten einzigartig geistreich war; ansonsten brauchen wir von jemand im nachtodlichen Zustand keine ungewöhnliche Brillianz zu erwarten. Falls sich einer meiner

Freunde nach Paris oder Peking begeben würde, würde ich von ihm interessantere Neuigkeiten oder Mitteilungen erwarten als man sie im allgemeinen im Verlaufe einer angeblichen Kommunikation mit der Geisterwelt erhält.

Ich finde es schwierig, mir vorzustellen, daß selbst wenn ich imstande wäre eine andere Dimension aufzusuchen und die Möglichkeit zur Kommunikation mit denen bestünde, für die ich vor meinem Tod Zuneigung empfand, ich nichts besseres zu sagen wüßte als es jene angeblich zurückkehrenden Geister zu sagen haben. Das heißt, daß sie größtenteils über Trivialitäten sprechen und man sich wundert, warum sie sich die Mühe machen, die Grenzen des Todes zu überwinden, um so viele Belanglosigkeiten von sich zu geben.

An dritter Stelle müssen wir deswegen das Vorhandensein entkörperter Geister in Frage stellen. In Hinsicht auf die bereits erwähnten Schwierigkeiten sollten wir erneut fragen, worin die Natur entkörperter Geistenergie besteht. Nachdem wir bereits das traditionelle Modell einer unabhängig vom Körper existierenden Seele in Erwägung gezogen und zurückgewiesen haben, wollen wir einmal annehmen, daß Geistenergie existiert, die irgendwie den Tod des Körpers überlebt und auf Wiederverkörperung wartet. Eine solche Wartezeit mag unbestimmt sein: es kann sich dabei sowohl um einige Jahre als auch um tausend Jahre handeln. Versuchen wir uns einmal vorzustellen, daß eine solche Geistenergie, selbst wenn sie ohne Körper weder zu denken noch zu handeln vermag, trotzdem in der Lage ist, auf Menschen zu reagieren, die zu ihnen eine liebevolle Beziehung zu Lebzeiten unterhielten. Was wir über die Funktion von Telepathie bzw. Gedankenübertragung wissen, macht das Ganze wenigstens verständlich, obwohl es solche Hypothesen auf keinen Fall rechtfertigt.

Nachdem wir zu vorgenannten Erkenntnissen gekommen sind, erhebt sich die Frage, welchen Sinn es hat, Kontakte oder Verbindungen zu den Verstorbenen aufzunehmen. Wo liegt das Gute darin? Wem erweisen wir etwas Gutes damit? Falls eine solche hypothetische Geistenergie überhaupt existiert, existiert sie unter aus dem Rahmen fallenden Bedingungen. Aufgrund der Reinkarnationslehre wissen wir, daß zur Weiterentwicklung und zur Erfüllung die Verkörperung erforderlich wird. Es fragt sich deshalb, warum wir die Geister stören sollten? Bedeutet es nicht Zudringlichkeit, ähnlich als ob wir einen schlafenden Freund in der Zurückgezogenheit seines Schlafzimmers störten?

Es läßt sich einfach aufzeigen, daß dies der Empfindung der christlichen Kirche entspricht, die im Laufe der Zeit immer mehr an Bedeutung gewonnen hat. In der katholischen Tradition waren Gebete nicht nur zugelassen, sondern wurden sogar noch ermutigt. Diese Gebetspraxis erwuchs aus der starken Verbundenheit, die die frühe Kirche der Glaubensgemeinschaft mit den Heiligen entgegenbrachte. Man erwartete von den großen Märtyrern und anderen Großen der Kirche, die wahrscheinlich bereits ihre Erfüllung im Göttlichen Sein gefunden haben, daß sie uns auf unserem Weg helfen. Wir rufen sie für unsere Person oder für geliebte Menschen um Fürbitte an. Wir wenden uns mit unserer Bitte nur an diejenigen, die über jeden Zweifel erhaben sind, von denen wir glauben, sie befinden sich bereits in jenem „himmlischen Zustand". In der römisch-katholischen Kirche nimmt der Prozeß der Selig- und Heiligsprechung, durch welche ein Märtyrer oder Heiliger offiziell als Empfänger von Gebeten anerkannt wird, lange Zeit in Anspruch und wird oft erst nach dessen Tode eingeleitet. Man betet im allgemeinen nicht *zu* den Verstorbenen, sondern man betet *für* sie. Die klassische Form eines Gebetes für die Toten lautet wie folgt: „requiescant in pace", mögen sie in Frieden ruhen. Es bedeutet offensichtlich, daß es unser Wunsch ist, sie vor jeglicher Störung zu bewahren.

Hinter diesem alten katholischen Glauben liegt wohl die einfache Vorstellung eines Geisterreiches; Geister, die die Lebenden heimsuchen oder belästigen, falls man ihre Rückkehr herausfordert. Was wir auch für die Toten tun, so sollen wir uns doch von solchen Geistergeschichten fernhalten. Wir sollten die Verstorbenen schlafen, sie in Frieden ruhen lassen.

Wir erbitten vieles in unseren Gebeten für sie: daß das Licht ewig über ihnen leuchten und sie an einen Ort der Ruhe und Erbauung gelangen mögen, sogar, daß Engel sie in den Himmel geleiten. Von besonderer Bedeutung unter allen Gebeten erweist sich folgendes: Mögen sie in Frieden ruhen. Wie bereits erwähnt, stellte sich die frühe Kirche die Dahingeschiedenen als „in Christus ruhend" vor, die auf diese Weise den Tag des Gerichtes erwarten. „In Christus ruht" lautet eine typische Inschrift auf christlichen Grabsteinen und sie drückt ein tiefes Gefühl aus, das man fast nur im katholischen Glauben findet (1). Es handelt sich sozusagen um ein „bitte nicht stören." Wir erinnern uns der Verstorbenen in liebevollem, innigem Gebet. Wir verbinden uns mit ihnen auf mystische Weise während der Messe, so wie wir die Verbindung „mit allen Himmelsbewohnern", einschließlich der Engel und Seraphim, verspüren, doch wir unternehmen keinen Versuch, zu ihnen Kontakt aufzunehmen, um eine Antwort zu erhalten. Die Verstorbenen „ruhen". Die Gläubigen verspüren ein sie richtig leitendes inneres Gefühl. Was sich zwischen Tod und Wiederauferstehung ereignet, stellte für Christen immer ein verwirrendes Thema dar, doch in Bezug auf einen Punkt besteht überwältigende Übereinstimmung: man sollte die Toten, solange sie sich in irgendeiner Form des Zwischenzustandes befinden, nicht stören. Außerdem sollte eine bestimmte erschreckende Möglichkeit nicht außer acht gelassen werden, wollen wir uns bei unseren Unternehmungen aufgeschlossen zeigen. Indem wir unsere Verstorbenen stören, mag dies nicht nur sie in Unruhe versetzen, sondern auch uns feindlich gesinnte Kräfte in anderen Existenzbereichen erwecken. Falls eine Geistenergie existiert, wissen wir überhaupt genug darüber, um eine solche Möglichkeit auszuschließen? Der Tisch des Mediums könnte sich als „Tisch der bösen Geister" entpuppen (2), als ein dunkler Existenzbereich einer anderen Dimension, auf den wir gut verzichten können.

1) Vgl. zu frühchristlichen Grabsprüchen, die vereinzelt auch als Hinweis auf den Glauben an Reinkarnation zu deuten sind: Collezione di epigrafi, Rom 1912.

2) 1. Kor. 10,21

Christen sollten die traditionelle Rolle des Exorzismus innerhalb der Kirche nicht ignorieren oder die Tatsache, daß Jesus Exorzismus praktizierte.

Es kann auf keinen Fall als Hypothese abgetan werden, daß üble und unheilvolle Einflüsse existieren, die sich in der gewöhnlichen Psychologie nicht unterbringen lassen und die man auch nicht als abergläubischen Humbug bezeichnen kann. In den letzten Jahren hat das Interesse an diesem Thema wieder zugenommen. In England z. B. gründete der Bischof von Exeter (der verstorbene Robert Mortimer) eine Kommission, um diese Frage zu untersuchen. Er sagte, er sei durch die Hysterie schürende Presse auf den Exorzismus aufmerksam geworden, sowie durch die große Zahl der Anfragen, in denen ihn Menschen um Hilfe und Rat ersuchten und nach Exorzismus ausübenden Personen fragten. Die Ergebnisse dieser Kommission wurden von Robert Petitpierre, O.S.B. herausgegeben und in einem bescheidenen und zurückhaltenden Bericht veröffentlicht (3). In jenem Bericht wurde der Exorzismus nicht nur sehr ernst genommen, sondern es wurde auch seine Ausübung unter genügendem Schutz im Rahmen der Kirche empfohlen. Dieser Bericht akzeptiert z. B. auch die Möglichkeit, daß gewisse Orte dazu geeignet sind dämonische Kräfte zu zerstreuen. Entsprechend den Vermutungen jener, die an Geistenergie glauben, würden wir nicht nur uns selbst, sondern auch die von uns geliebten Verstorbenen sehr unangenehmen, sogar üblen Wirkungen aussetzen. Diese Überlegung führt uns zu einer anderen, sehr unterschiedlichen Betrachtungsweise. Jeder Christ verspürt offensichtlich den Wunsch, für die von ihm geliebten Toten zu beten, doch welches Motiv mag jemand haben, um mit ihnen Kontakt aufzunehmen? Liegt mehr als ein selbstsüchtiger Grund dahinter? Kein rücksichtsvoller Mensch wäre so herzlos und egoistisch, seinen Freund nach schwerer Tagesarbeit aus tiefem Schlaf zu reißen. Ließe sich Einsamkeit als Entschuldigung für solches Benehmen anführen? Sicher würden sich nur sehr neurotische und egozentrische Menschen so benehmen. Selbst in der Einsamkeit, die der Tod den Hinterbliebenen bringt

3) Robert Petitpierre, Exorcism, London 1972

und die gewiß zu den schrecklichsten Formen menschlicher Qual gehört, wird man die Verstorbenen nur aus egoistischer Gleichgültigkeit ihrem Wohl gegenüber stören.

Der Hinweis, daß Verstorbene gerne mit uns Kontakt aufnehmen, ihnen dies jedoch wegen unserer Unempfindlichkeit nicht möglich ist oder es uns am Willen mangelt, Botschaften zu empfangen, sollte für einen Christen ohne Gewicht sein. Christen, die dem Gebet Wert beimessen und vor allem während der Messe beten, die den Mittelpunkt katholischer Anbetung darstellt, sind für eine spirituelle Kommunikation besonders empfänglich. Hätte ein verstorbener Geist den Wunsch, mit einem betenden Christen Verbindung aufzunehmen, wäre er dazu gewiß in der Lage. Nur Egoismus kann jemanden dazu bringen, in die Zurückgezogenheit eines entkörperten Geistes einzudringen. Es ist natürlich etwas ganz anderes, wenn wir uns für einen Kontakt, der „von der anderen Seite" erfolgt, offen und empfänglich zeigen. Spiritisten behaupten, daß Geister sich zu materialisieren vermögen, indem sie eine Körperform annehmen oder sich vorübergehend anderer materieller Mittel bedienen. Eine derartige Vorstellung läßt genau die Einwände zu, die wir bereits in Betracht gezogen haben. Welche Gefahren sind mit der Materialisation dieser Wesenheiten verbunden? Welches andere Motiv als Egoismus würde jemanden dazu bringen, eine vorübergehende Materialisierung „erreichen zu wollen"?

Der Mensch, der für einen anderen tiefe Liebe empfindet, wird dessen Frieden nicht stören wollen. So bitter der Kummer, so schlimm die Qual und so furchtbar das Leid auch sein mögen, der Hinterbliebene, der den Verstorbenen wirklich liebte, wird ihn nicht in seiner Ruhe stören. Ein wahrhaftig liebender Mensch, der zudem noch an eine Form des Weiterlebens glaubt, wird geduldig warten bis sich die Gelegenheit bietet, dem geliebten Menschen erneut zu begegnen. Ein solches Warten ist Teil der Überzeugung, welche die Hoffnung des Christen trägt. Er würde nicht Gefahr laufen wollen, die Wiederverkörperung (und damit die Gelegenheit zu weiterem Wachstum) jenes geliebten Menschen zu verhindern.

Ich denke hierbei oft an eine Witwe, eine tiefgläubige und sehr intelligente Christin, die sich zum Reinkarnationsglauben hingezogen fühlte und die in der Tiefe ihrer Not mehrmals täglich betete, nur noch einmal ein Wort ihres verstorbenen Mannes zu hören. Wochen vergingen. Kein Zeichen erfolgte, das sie als Antwort auf ihr Gebet auslegen konnte.

Sie entwickelte die Gewohnheit, die sie auch während der kommenden 36 Jahre beibehielt, jeden Sonntagnachmittag das Grab ihres Mannes aufzusuchen. Einige Monate nach seinem Tode, als ihr Leid am größten war, befand sie sich wieder auf dem Weg zu seinem Grab und verspürte plötzlich den starken Wunsch, das Grab eines Bekannten zu besuchen.

Dieser Wunsch schien unverständlich, da sie nie ein besonderes Interesse für jenen Menschen oder dessen Familie empfunden hatte und von ihnen seit vielen Jahren nichts mehr gehört hatte. Als sie das Grab erreichte, fiel ihr auf, daß der Stein gesäubert worden war und ein weiterer Name darauf stand, den sie gar nicht kannte. Des weiteren las sie folgende Worte: „Mit Christus wird alles leichter". Diese Worte nahmen sie gefangen, und sie betrachtete sie als direkte Antwort auf ihr Suchen. Sie fühlte tiefen Frieden, einen Frieden, der sie niemals verließ, wie sie mir viele Jahre später sagte. Ich glaube, daß Gott seine Liebe eher auf diese Weise denen offenbart, die von ganzem Herzen lieben. Auf diesem Wege wird einem das zuteil, was Christen „den Frieden Gottes nennen, der höher ist denn aller Verstand." (4)

4) Um jedoch Mißverständnisse zu vermeiden, möchte ich meine Überzeugung betonen, daß wir niemals unser Bewußtsein für eine mögliche Kommunikation, *von Seiten der von uns Gegangenen aus,* verschließen sollten.

Kap. XV
Reinkarnation und die Auseinandersetzung zwischen Mystik und Glauben

Ich kenne einen Menschen, der vor 14 Jahren . . . ins Paradies emporgehoben wurde und Dinge vernahm, die sich nicht mit Worten ausdrücken lassen.

Paulus, Zweiter Brief an die Korinther

Mystizismus und historische Enthüllung schließen einander zwingend aus, so daß eine Vermischung beide zunichte macht.

Friedrich Gogarden, Die religiöse Entscheidung.

Mystik und die Reinkarnationslehre sind oft miteinander verknüpft. Der Grund beruht darin, daß sie beide geschichtlich mit dem Begriff der unsterblichen Seele verbunden sind, die auf die eine oder andere Art einen Funken des göttlichen Feuers darstellt. Jener Gedanke wurde eindeutig von allen orthodoxen Christen abgelehnt und wird selbst von Andersgläubigen nicht gutgeheißen.

Wo auch immer sich die Mystik in der christlichen Kirche ausbreitete, war sie immer durch ihre Andersartigkeit verdächtig. Trotzdem verbreitete sie sich in großem Umfange. Einige ihrer Anhänger wurden des Pantheismus beschuldigt, aber die interessantesten christlichen Mystiker waren im allgemeinen sehr bemüht, dergleichen zu vermeiden. Johannes vom Kreuz sagt zum Beispiel, daß die Seele, die sich hoch über die rauhen Hängen des Carmel erhebt, Gott findet und mit ihm durch das Band der Liebe verbunden ist (hilo de amor), sie ist mit ihm eins in der Liebe, wenngleich auch von anderer Substanz. Die Seele *scheint* mit Gott verschmolzen, ist es jedoch in Wirklichkeit nicht, es erscheint nur so durch die Existenz von „hilo" (1). Die in die mystische Ekstase der Gottesliebe versunkene Seele glaubt, sie bilde eine Einheit mit Gott, aber die Kluft zwischen Gott und den Menschen, die

1) Juan de la Cruz, Cantico espiritual, 31, anotacion, Vol, 2, Toledo 1912 ff; S. 324

so charakteristisch für die drei monotheistischen Religionen Judentum, Christentum und Islam ist, bleibt erhalten.

Wann immer der Glaube die religiöse Szene beherrscht, was überall dort geschieht, wo die biblische Tradition als Maßstab gilt, ist die Mystik verdächtig, da sie den direkten, unmittelbaren Kontakt zu Gott beinhaltet, der den Glauben anscheinend überflüssig werden läßt. Erwartet man auf dem Flughafen einen alten Freund, ist man im Glauben, daß er einen nicht umsonst warten läßt. Erscheint er schließlich und begrüßt man sich, wird vorgenannter Glaube überflüssig. Falls der Mystiker die mystische Erfahrung als Norm des religiösen Lebens betrachtet, vertritt er die Ansicht, mag es auch gelegentlich Zeiten geben, in denen die Anwesenheit Gottes nicht spürbar ist und es des Glaubens bedarf, diese dunklen Phasen zu überwinden, man im Idealfall, wenn nicht überhaupt im normalen religiösen Leben, Gott so nahe ist, daß der Glaube als zweitrangig angesehen werden darf.

Abgesehen von den traditionellen Verdächtigungen, von denen die Reinkarnationslehre in christlichen Kreisen begleitet wird und aufgrund ihrer Verbundenheit mit sogenannten ketzerischen Gruppen, führt man gegen die Reinkarnationslehre und die Mystik folgende zwei Einwände auf: (1) es haftet ihnen eine pantheistische Einstellung in Hinsicht auf Gott und die Seelen an; (2) sie beanspruchen stillschweigend, ohne den Glauben auszukommen.

Die Auseinandersetzung innerhalb der christlichen Kirche zum Thema Glauben und Mystik ist für unsere Studien der Grundlagen, aufgrund derer die Reinkarnationslehre in den Bereich christlichen Denkens eingeführt werden könnte, sehr erheblich. Die katholische Tradition zeigt sich der Mystik gegenüber aufgeschlossener als der Protestantismus, doch selbst katholisches Empfinden mißtraut ihr. Thomas von Aquin bezeichnet die mystische Erfahrung als einen Vorgeschmack auf himmlische Seligkeit. Man sollte nicht danach streben, doch wenn eine solche Erfahrung einem Menschen zuteil wird, dann sollte sie mit Dank (doch auch mit besonderer Vorsicht) als ein Zeichen außerordentlicher göttlicher Gnade angenommen werden. Die protestantische Tradition zeigt sich vor allem in der Theorie kompromißlos feindlich, obwohl in gewissen Formen des Protestantismus mystische Erfahrungen, wenn auch langsam, akzeptiert werden.

Kierkegaard (1813—1855), eines der größten religiösen Genies in der menschlichen Geschichte, war außerordentlich gegen die Mystik eingenommen, da er sie mit dem religiösen Ästhetizismus in Verbindung brachte, den er als „Zuschauersport" unter der Maske religiöser Aktivität bezeichnete. Kierkegaard, ein Zeitgenosse der Romantik, erkannte die Stärken und die Schwächen der großen Bewegung des 19. Jahrhunderts. Er bewunderte Mozarts „Don Giovanni" als Ausdruck des Besten, das es auf dem Gebiet der Oper gab. Er liebte Kunst und Kultur. Er betrachtete den christlichen Weg jedoch als ihnen genau entgegengesetzt. Entsprechend seiner Ansicht besitzen Kunst und Kultur narzistischen Charakter. Es ist angenehm, in den Spiegel zu sehen, vor allem, wenn man einen Spiegel findet, der dem eigenen Bild schmeichelt. Die Kunst, so glaubt er, leistet dieser ganz natürlichen menschlichen Neigung Vorschub. Sie trägt dazu bei, sich am eigenen Sein zu erfreuen. Sie befähigt einen, sich von Beziehungen fernzuhalten und (wie wir oft ohne Entschuldigung sagen) sie vermittelt einem einfach Genuß. Dem kultivierten Menschen wird aufgrund seines guten Geschmackes ein reicheres, erfüllteres, ästhetisches Erleben zuteil, von dem der gewöhnliche Mensch nur zu träumen vermag.

Laut Kierkegaard geht der Mystiker einen Schritt weiter, indem er nicht nur Oper und Malerei, Literatur und Architektur, sondern auch Gott in seinen Narzismus einschließt. Er ist ein Don Juan, der so unwiderruflich seiner Egozentrik verpflichtet ist, daß selbst Gott Teil seines exquisiten Spieles wird. Seine Anbetung gilt ihm, der vorgibt, religiös zu sein, und deshalb findet er eher keine Ruhe, bis er sich davon überzeugt, daß er Gott nahe ist und ihn sozusagen seinem eigenen Narzismus einverleibt hat. Die engstirnige Vorstellung Kierkegaards zur Mystik rührt daher, daß er den Großteil seiner Information den romantischen Denkern Franz von Baader und Josef Görres, dem Autor eines wohlbekannten Werkes über christliche Mystik, verdankt, sowie den Romanen jener Epoche, die Verbreitung in Europa fanden. Schleiermacher, der Religion als Gefühlsausdruck verstand, Chateaubriand, der die Ansicht vertrat, selbst wenn das Christentum auf einem Irrtum beruhte, es für uns aufgrund seiner Kultur großen Wert besäße und (in modernerer Zeit) Santayana, der Religion zwar überhaupt nicht ernstnahm, aber so sehr den Rhythmus und Zauber des katholischen Rituals liebte, daß er seine letzten Lebensjahre bei den Blauen Nonnen in Rom verbrachte, um die Annehmlichkeiten der katholischen Umgebung auszukosten: sie alle versinnbildlichen jene Haltung, die Kierkegaard in Bezug zur Religion beklagte und mit der er die Mystik verband. Hinsichtlich eines Scheinmystizismus, der nichts anderes als reiner Narzismus übelster Sorte ist, befand er sich im Recht, doch weder beurteilt man Dinge nach ihrer Karikatur, noch läßt man Vorzüge durch Heuchler abschätzen, deren Scheinheiligkeit das Bild verfälscht.

Seiner Auffassung kommt beredt in einer seiner Schriften zum Ausdruck, in der er sich bemüht darzulegen, daß Mystik schlimmer sei als Heidentum. (2) „Der Fehler des Mystikers liegt darin, daß er durch seine Wahl weder sich selbst noch Gott gegenüber konkret wird, er entscheidet sich für das Abstrakte, und deswegen mangelt es ihm an Transparenz. Es wäre ein Irrtum zu glauben, daß das Abstrakte Transparenz bedeutet. Das Abstrakte stellt das Nebelhafte, das Verworrene dar. Deswegen erreicht die Gottesliebe des Mystikers ihren höchsten Ausdruck im Gefühl, in einer Stimmung: In der Dämmerung, wenn die Nebel sich herabsenken, verschmilzt er mit Gott zu einer Einheit.“ (3). Er vergleicht den Mystiker mit einem Menschen, der nachdem er sich einmal verliebt hat, meint, er brauche jetzt nur noch zu warten, um zu sehen, ob sich dergleichen wieder mit soviel Herrlichkeit ereignet. In dieser Haltung stelle er das Gegenteil eines Menschen dar, für den die religiöse Bedeutung des Lebens in der Pflichterfüllung liegt. Der rechte Gläubige, den Kierkegaard als den wahren Christen ansieht, ist derjenige,

2) Kierkegaard, Either / Or, Vol. 2, Princeton, 1971, S. 244

3) ebd., S. 252

der die richtige Wahl getroffen hat. Im Gegensatz zu den Alexandrinern und anderen Gläubigen in den frühen Kirchen, die gegenüber gnostischen Vorstellungen eine vergleichsweise aufgeschlossene Haltung einnahmen und deswegen dazu neigten, Glauben als Brücke zum Wissen (Gnosis) aufzufassen, welches Glauben transzendiert, stellt Kierkegaard Glauben auf eine höhere Stufe als Wissen. Indem er diese Auffassung vertritt, klingt er sicher für jene absurd, die unter Glauben Überzeugung verstehen, die für sie einen schwachen Ausdruck von Wissen darstellt; eine wenig erstrebenswerte Einstellung, es sei denn, es gäbe nichts besseres, das an diese Stelle zu setzen wäre. Kierkegaard jedoch versteht unter Glauben etwas ganz anderes. Er denkt dabei eher an eine Einstellung, die vergleichbar ist mit der jenes kühnen Wissenschaftlers, der sich auf unbekannte Gebiete begibt und seine Zeit, Energie und Fähigkeiten für eine Hypothese opfert. Der „Ritter des Glaubens" wendet, wie jener Wissenschaftler, statt der deduktiven die induktive Methode an und bringt in erster Linie seine moralischen Qualitäten, nicht zuletzt Mut, zum Ausdruck. In Anbetracht eines Weiterlebens verdient dies besondere Beachtung. Nicht nur die Reinkarnationslehre, sondern alle Spezifizierungen zum Wesen des Himmels, der Hölle und der Läuterung werden ausgeschlossen. Wir sind dazu aufgerufen, im Glauben zu leben und nicht vorzugeben, in die Zukunft blicken zu können. Wir mögen an ein erfüllteres und besseres Leben jenseits des Grabes glauben, doch wir sollten uns nicht in Spekulationen darüber ergehen, auf welche Art es erfüllter und besser sein könnte. Es ist nicht nur unnütz, sondern auch nicht erlaubt. Die Reinkarnationslehre stellt infolgedessen für einen Christen kein weiteres Diskussionsthema dar, das sich der Überlegung wert erweist.

Kierkegaards extreme Abwehr gegen die Einfügung der Reinkarnationslehre in die christliche Dogmatik, ist in Anbetracht seiner außerordentlich beschränkten und falschen Vorstellungen, die er zur mystischen Annäherung an die Religion hegte, nur allzu verständlich. Was das protestantische Erbe anbetrifft, so ist er auf keinen Fall der einzige. Alfred Ritschl (1822—89) erklärte Mystik für unterchristlich, für unvereinbar mit dem Christentum und ihm unterlegen. Wilhelm Hermann (1846-1922), Ritschls Schüler, übertraf sogar seinen Lehrer, indem er die Mystik von der Religion ausschloß (4). Ein Leben im Glauben, lehrte er, läßt keinen Raum für mystische Experimente. Hermann schloß auch metaphysische Fragestellungen vom Glaubensleben aus, die, wie er meinte, allein auf das Leben des historischen Christus bezogen werden sollen, doch nur in dem Grad, in dem sein Leben für den Gläubigen ethischen Wert besitzt. Friedrich Gogarten gibt sich noch bestimmter, indem er lehrt, daß der Versuch, Glauben und Mystik aufrechtzuerhalten, damit ende, indem beide ihres Inhaltes beraubt werden. Für Gogarten schließen sie sich gegenseitig aus. Die gesamte theologische Schule von Karl Barth, welche zwischen dem 1. und 2. Weltkrieg beispiellosen Einfluß auf den konservativen Protestantismus ausübte, sprach sich radikal gegen die Mystik aus. Emil Brunner, ein glühender Anhänger dieser Schule — wenngleich er in gewissen Punkten von Barth Abstand nahm — drückt den Grund seiner Ablehnung wie folgt aus: während die Mystiker die Einheit mit Gott suchen, besteht die Bibel stets auf der Kluft zwischen Gott und dem Menschen (5). Gott ist immer ganz anders, totaliter aliter. Wie die Barthianer fühlten, brachte die Mystik die fundamentale Glaubensbeziehung in Gefahr.

Sympathie mit der Mystik bedeutete tatsächlich im protestantischen Klima ein Kavaliersdelikt. Die Katholiken bringen der Mystik mehr Aufgeschlossenheit entgegen, und „liberale" Protestanten erweisen ihr eher Toleranz. Das Judentum und der Islam, die beiden großen monotheistischen Weltreligionen, betonen, wie das Christentum, wenn sie es traditionsgemäß nicht noch übertreffen, die Kluft zwischen Gott und dem Menschen, stehen aber der Mystik durchaus nicht so ablehnend gegenüber, was durch den Sufismus und Chassidismus bestätigt wird.

Bei allen drei Religionen handelt es sich um Glaubensreligionen. Ihre Anhänger sind alle spirituelle Nachkommen Abrahams, der ein großes Glaubensbeispiel darstellte, da er ohne Kenntnis seines Zieles aufbrach (6). Pau-

4) vgl.: Der Verkehr des Christen mit Gott

5) vgl.: Die Mystik und das Wort

6) Hebr. 11,8

lus fand nicht, daß Glauben und Mystik sich gegenseitig ausschließen. Im Gegenteil, wenn er mit dem Propheten Habakkuk erklärt, daß der Gerechte sein Leben im Glauben finde, ist er ganz und gar Mystiker (7). Er spricht immer wieder vom „Sein in Christus" und verwendet Bilder und Konzepte, die charakteristisch für die großen mystischen Schriftsteller aller Zeitalter sind. Die Sprache, mit der er Taufe und Eucharistie beschreibt, spiegelt seine Haltung wider. Wir sind mit Christus gestorben, verbanden uns mit ihm im Tod und werden mit ihm eins werden bei seiner Auferstehung. (8)
Seit seiner Bekehrung auf der Straße von Damaskus beinhaltete seine Beziehung zu Christus ekstatische Erfahrungen. In seinem zweiten Brief an die Korinther schreibt er, daß er „in den dritten Himmel, ins Paradies emporgehoben wurde", wo er Dinge vernahm, „die sich nicht mit menschlichen Worten ausdrücken ließen" (9). Professor W. D. Davis bemerkt, daß Paulus bei der Erwähnung dieser Erfahrung gleichzeitig darauf hinweist, ihre Bedeutung nicht zu überschätzen, da er die Gefahren des Mystizismus kenne (10). Diese Mahnung ist begrüßenswert, aber es steht fest, daß Paulus ein Leben im Glauben mit mystischer Vision zu verbinden wußte.

Diese Verbindung ist genau das, was für die Anerkennung des Karmagesetzes erforderlich ist. Bedingt durch eine falsche Gnosis, die durch das eitle Schwelgen in selbst herbeigeführter mystischer Erfahrung, unter der Maske einer mystischen Begegnung mit Gott unterstützt wird, reden manche gewandt von einer Reinkarnationskette, so als ob sie wie Gott ihr Schicksal kennen würden. Wir sind nicht in der Lage, die Grenzen dieses Lebens zu überschreiten um zu erklären, was dahinter liegt. Wir sind genausowenig imstande, die Gegebenheiten eines Weiterlebens aufzuführen, wie wir behaupten können, die Geschichte eines unserer Vorleben zu kennen. Die Voraussetzungen zur Karmalehre sollten uns in Bezug auf alle Unternehmungen sehr vorsichtig machen, da die Erfüllung unseres Karma in jedem

7) Röm. 1, 17 (Hab. 2,4)

8) Röm. 6,5

9) II. Kor. 2,4

10) W. D. Davies, Invitation to the N.T., New York 1969, S. 347

Leben verlangt, unsere Aufmerksamkeit den Problemen des Hier und Jetzt zu schenken.

Wir sollten das Leben als Kampf und nicht als Annehmlichkeit betrachten. Vernehmen wir trotz allem aber die göttliche Musik auf unserem Weg, sollen wir uns dann taub stellen? Bestimmt nicht! Gott gewährt uns dadurch einen Einblick in die Zukunft, der zwar nicht ausreicht, um über ihn zu berichten, der uns jedoch auf unserem Weg erhält.

Nur der „Ritter des Glaubens" ist Herr gelegentlicher Einblicke, der Andeutungen auf ein Weiterleben und der Erinnerungen an Vorleben. Befindet man sich, wie er, inmitten des Kampfes, besteht keine Gefahr in narzistischen Verrücktheiten zu schwelgen und in dem Augenblick, in dem das Herz vor Furcht schlägt und die Hand vor Angst zittert, vernimmt man den Ton von Engelsstimmen oder erhascht einen Blick ins Paradies. Nur der „Ritter des Glaubens" darf sich der Authentizität der ihm gewährten Visionen sicher sein. Glaube selbst beinhaltet den Anspruch auf ein gewisses Wissen, genauso wie er das Geständnis einer eigentümlichen Form der Ignoranz nach sich zieht. Dementsprechend erinnert uns Pater Holloway am Ende seines gedankenvollen Buches: „Glaube ist kein Besitz oder Privileg, er stellt eine Form des Sehens oder Erkennens dar." (11) Es handelt sich hierbei um eine besondere Art des Sehens, eine unvergleichliche Art des Erkennens. Beide ergeben sich eher durch Handlung als durch Nachdenken und Überlegung. Anders als Überzeugung, welche die Epistemologisten in Gegensatz zu Wissen setzen, „unterscheidet sich Glaube von Wahrscheinlichkeit dadurch, indem man letztere als vollkommen theoretische Angelegenheit betrachten kann. Glaube ist ein 'ja' zur Selbstverpflichtung..." (12).
Im Zusammenhang mit einem Leben im Glauben gibt es nichts, wodurch sich die Reinkarnationslehre als Möglichkeit menschliches Schicksal zu verstehen, ausschließen läßt. Die gebildetsten und scharfsichtigsten unter den christlichen Theologen betrachteten Himmel und Hölle, in der einen oder anderen Hinsicht, eher als Symbol eines Bewußtseinszustandes denn

11) Richard Holloway, New Vision of Glory, New York 1974, S. 194

12) Dorothy Emmet, The Nature of Metaphysical Thinking, New York 1945, S. 140

als Aufenthaltsort, wie es oft einem einfachen Verständnis entspricht. Warum sollte man sie dann nicht als Aspekte des Weiterlebens ansehen? Sind sie nicht auch Aspekte unseres gegenwärtigen Seins? Läßt sich folglich nicht auch der Begriff der Läuterung oder eines „Zwischenstadiums", deren Wesen selbst die Gelehrten der Kirche im allgemeinen nur zögernd definieren, im Rahmen der Reinkarnationslehre interpretieren, wie es bereits in einem früheren Kapitel in Erwägung gezogen wurde?

Ich möchte folgendes Modell vorschlagen. Sowohl nach römisch-katholischem als auch nach anglikanischem Brauch betet der Priester im Messekanon anläßlich der Gedächtnisfeier für die Verstorbenen, auch für die bereits länger Verschiedenen, die jetzt in Frieden ruhen (dormiunt in somno pacis), indem er das Zeichen des Glaubens schlägt (cum signo fidei). Nach einem kurzen stillen Gebet für die, deren er besonders gedenkt, betet er, daß ihnen und „allen, die in Christus ruhen" (omnibus in Christo quiescentibus) „Licht und Friede" zuteil werde (locum, refrigerii, lucis et pacis). Falls sie friedlich oder „in Christus" ruhen, wo finden wir sie dann? Sollte es der Himmel sein, warum sprechen wir es nicht aus? Es hat nichts Peinliches an sich, zu erwarten, daß sie, für die wir beten, sobald wie möglich in den Himmel kommen mögen, falls es der Zustand ist, den wir für sie erstreben. Auf keinen Fall erwarten wir, daß sie in die Hölle kommen. Wir denken eher an Läuterung, die Vorstufe des Himmels. Doch was immer man unter Läuterung verstehen mag, so denkt man dabei bestimmt nicht an Erbauung, Licht und Frieden. Wir erbitten für unsere Verstorbenen keines der konventionellen, traditionellen Dinge. Wir lassen die ganze Angelegenheit offen, so wie es Brauch der Kirche ist, wenn sie weise handelt.

Wir nehmen an, die Verstorbenen ruhen in Christus und erwarten, daß sie nach Erwachen aus dieser Ruhe, aus der wir sie nicht herausreißen wollen, einen Zustand des Wohlbefindens verspüren. Erbauung, Licht und Frieden sind für moralisches und spirituelles Wachstum und positive Arbeit erforderlich. Es handelt sich um Umstände, die sich mit dem Begriff der Läuterung und des Himmels nicht in Einklang bringen lassen, so wie sie traditionsgemäß der allgemeinen Vorstellung entsprechen.

Sie lassen sich mit beiden Begriffen in Übereinstimmung bringen, faßt man sie als Dimensionen eines Weiterlebens auf. Das heißt, sie lassen sich mit Reinkarnation, mag sie auf der Erde oder einem anderen Planeten erfolgen, in Einklang bringen. Wenn wir im Glauben leben, ist es nicht notwendig, die Natur des menschlichen Schicksals genauer zu bestimmen oder dessen Weg aufzuzeichnen. Obwohl wir nicht wissen, wo Gottes Paradies sich befindet, erkennen wir doch „dunkel", daß unser Leben die Grenzen von Geburt und Tod überschreitet. Wir erkennen auch, daß Gott unendlich gut ist und wir uns weit entfernt von der vollen Kapazität unseres moralischen und spirituellen Seins befinden. Deswegen dürfen wir auf weitere Gelegenheiten zum Wachstum hoffen. Da das Neue Testament das Versprechen der Auferstehung betont, darf die Reinkarnation als geeigneter Weg zu diesem Versprechen angesehen werden. Mehr vermögen wir nicht zu beanspruchen. Selbst wenn wir weitere Alternativen im Christentum in Betracht ziehen, verringert sich die Glaubwürdigkeit der Reinkarnationslehre nicht.

Bevor wir das Thema am Ende dieses Kapitels abschließen, möchte ich im Namen der Sterbenden und Trauernden folgende Gedanken aufführen. Durch unsere Studien kommen wir zu drei allgemeinen Schlußfolgerungen: (1) Christen müssen den Glaubensweg gehen, da sie kein genaues Wissen über die Einzelheiten eines Weiterlebens besitzen, (2) christliche Traditionen befinden sich angesichts eines Weiterlebens im Zustand extremer Verwirrung und (3) ist die Reinkarnationslehre mit dem christlichen Glauben nicht vereinbar. Aufgrund dieser Schlußfolgerungen sollten wir die von mir vorgeschlagenen Möglichkeiten sehr ernst nehmen: Während des Todes zerstreut sich die Energie eines Menschen nicht, sondern sie vereinigt sich zu einem Brennpunkt in einem ruhevollen Zustand; danach kommt es (entsprechend den karmischen Begrenzungen) zu einer neuen Geburt, die den Erfordernissen für Entwicklung und Wachstum am besten entspricht. Von diesem Blickwinkel aus gesehen verflechten sich der Läuterungszustand und der Himmel zu Dimensionen des Weiterlebens. Aufgrund dessen wird die Vorstellung des Weiterlebens verständlich, und wir sollten die Art der Todesvorbereitung, wie sie gewöhnlich in westlichen Gesellschaften Brauch ist, drastisch revidieren.

Geistliche reagieren gewöhnlich leicht verwirrt, wenn sie sich mit diesem Thema befassen sollen, es sei denn sie ignorieren die Schwierigkeiten, die mit der christlichen Tradition in Bezug auf ein Weiterleben einhergehen. Was ist von ihnen außer Verallgemeinerungen und Platitüden schon zu hören? Gibt es jenseits des Grabes eine lichte Dimension? Es mag eine Vorbereitung auf den Himmel durch den Läuterungsprozeß geben, und so beten wir für die Ruhe des sterbenden Menschen, auf daß er oder sie so schnell wie möglich die Läuterungsprüfung bestehe und die Freude der Gottesnähe im Himmel verspüre.

Diese Gedankengänge sind sicher nicht vollkommen verkehrt, da sie in gewisser Weise das symbolisieren, was auf den Sterbenden wartet. Doch falls meine Vorschläge den Tatsachen näher stehen als alle anderen Wege, die das Weiterleben innerhalb der christlichen Tradition symbolisieren, dann beinhaltet der Weg innerhalb der christlichen Tradition einen Umweg oder eine Verfälschung dessen, was ein sterbender Mensch erwarten sollte. Wäre es nicht gut, einem sterbenden Menschen wenigstens von besagter Möglichkeit zu erzählen?

Viele Menschen, vielleicht gerade die, welche die meiste Zeit ihres Lebens hart gearbeitet haben, sehnen sich vor allem nach Ruhe. Sie sympathisieren mit jener alten Frau, die ihren Freunden sagte: Trauert nicht um mich, trauert niemals, ich gehe, um ewig zu ruhen.

So dürfen wir denen, die in Christus sterben, wenigstens zusichern, daß sie in Christus ruhen werden, und dies solange, bis sie für die nächste Stufe bereit sind, die von einigen als das aufregende Abenteuer der Wiedergeburt bezeichnet wird. Sollten Sterbende nicht wenigstens dieser Möglichkeit eine gewisse Aufmerksamkeit schenken, so daß sich ihr Augenmerk auf eventuelle Konsequenzen zu richten vermag?

Anderen, denen es wie Lloyd George ergeht und die die Vorstellung endloser Lobgesänge im Himmel bedrückend finden, könnte man zusichern, daß die Aussichten weit erhebender sind.

Da Sterbende in dem Glauben von uns gehen, daß Gottes Stecken und Stab sie tröstet, finden sie durch diese Interpretation für ihren Weg Trost und Freude in Christus, der durch seine Auferstehung unendliche Erfüllung verheißt und ihnen die Zusicherung ständiger Erhaltung und Liebe gibt (13).

Für die Hinterbliebenen und diejenigen, die den bevorstehenden Verlust eines lieben Menschen fürchten, wären die Konsequenzen einer solchen Betrachtungsweise zum Weiterleben nicht weniger beachtlich. Sie würden die Verstorbenen nicht nur in Frieden ruhen lassen, sondern sie würden sie im Namen des Herren gehen lassen. Viele Male hörte ich einen Sterbenden flüstern: „Bete für mich. Ich begebe mich auf eine lange Reise." Heutzutage dürfen wir diese Bitte als Ausdruck tieferer Einsicht auffassen. Anstatt dem Thema des Todes und Weiterlebens mit belanglosen Allgemeinplätzen zu begegnen, würden wir nicht nur in herzlichem Einverständnis nicken und lächeln, sondern unseren Bruder oder unsere Schwester daran erinnern, daß es sich um keine einsame Reise handelt und dieser Weg ihnen bereits vertraut ist, da Christus, der sie im Leben begleitet hat, sie auch weiterhin mit jedem Schritt in der jenseitigen Welt begleiten wird. Sie schreiten lediglich in dem Sinne allein voran, in dem sie dies schon immer taten, da Gott, der seine Kinder liebt, ihnen Freiheit gewährt und ihnen so zu Wachstum verhilft (14), damit sie, mit den Worten von Charles Wesleys Lobgesang ausgedrückt, „verändert von Herrlichkeit zu Herrlichkeit schreiten". Obwohl diese Aussicht vielen angenehmer erscheint, den Sterbenden als auch den trauernden Hinterbliebenen, muß sie nicht der Wahrheit entsprechen. Wir sollten sie jedoch als wichtige und auch empfehlenswerte Überlegung berücksichtigen und dabei bedenken, daß es sich um eine verständliche Zukunftsaussicht handelt.

13) Psalm 23,4

14) vgl.: Mac Gregor, He who lets us Be, New York 1975

Kap. XVI
Eine neue Betrachtungsweise des Weiterlebens

In meines Vaters Haus gibt es viele Wohnungen . . . Ich gehe, um euch einen Platz zu bereiten. Johannes 14,2

In diesem Kapitel möchte ich eine Betrachtungsweise zum Weiterleben vorstellen, welche aufzeigt, daß die Reinkarnationslehre nicht allein mit dem menschlichen Schicksal in Zusammenhang steht, sondern auch christliche Hoffnung bezüglich des menschlichen Daseins erhellt.

Wir sollten auch hier vorsichtig zu Werke gehen. Wir sollten bedacht sein, die Natur unseres Unternehmens nicht zu verkennen. Falls wir einen „Beweis" erwarten, wie in einem Lehrsatz der Geometrie oder in einem chemischen Experiment, so dürften wir enttäuscht sein. Ich glaube nicht an einen möglichen Beweis zur Existenz und über das Wesen Gottes; und da die Möglichkeit eines Weiterlebens sowohl von Gottes Existenz als auch von seinem Wesen abhängt, kommt ein solcher Beweis zum Weiterleben meiner Ansicht nicht in Frage. Sollte jemand nicht von der Möglichkeit einer Form des Weiterlebens überzeugt sein, würde weder der logische noch der wissenschaftliche Beweis dazu führen. Trotzdem sucht der Mensch auf dem Weg des Glaubens diese Annahme verständlich auszudrücken. Die außergewöhnliche Unklarheit traditioneller christlicher Eschatologie dient nur dazu, jene zu verunsichern, die im christlichen Glauben leben. Unsere Aufgabe besteht darin, in verständlicher Art aufzuzeigen, worauf christlicher Glaube und christliche Hoffnung hinauswollen.

Ich glaube, wir dürfen Paulus zustimmen, daß es nichts wirklich Unsterbliches im Menschen als solchem gibt. Die Lehre, daß der Mensch nach dem Bilde Gottes geschaffen wurde und die unbestreitbar Teil sowohl des jüdischen als auch des christlich-orthodoxen Glaubens ist, muß nicht notwendigerweise bedeuten, daß Menschen nicht auch wie Hunde umkommen. Für mich gibt es keinen biblischen oder anderen vernünftigen Grund für den Glauben an die Unvergänglichkeit des Menschen. Die gesamte Schöpfung wurde bis zu einem gewissen Grade nach dem Bilde Gottes geschaffen. Im Menschen kommt dieses Bild ganz besonders zum Ausdruck. Deswegen gibt es für mich keinen Grund, warum John Smith oder Mary Jones nicht sterben sollen und durch ihren Tod ewige Auslöschung erfahren. Falls ein Mensch während seines ganzen Lebens nichts anderes tut als über Inventuren und Obligationen, Kleidung und Trinkgelage zu denken und zu reden, mag man sich wundern, welchem Zweck ein neues Leben ähnlicher Art dienen könnte. Falls man jedoch Tausende von Malen wiederkäme, um wieder neu, vielleicht in einer anderen Galaxis, anzufangen und immer noch keinen Fortschritt in irgendeiner Richtung erzielte, ganz egal welche Bedingungen wir für unser Wachstum vorfinden, würde dem Universum durch die unnütze Fortsetzung dieses Prozesses nicht gedient werden. *) In vielen Fällen ein solches Ergebnis zu erwarten, erscheint mir erlaubt als Schlußfolgerung, die sich auf die Bibel stützt und auf tägliche Beobachtungen. Wenn Menschen offensichtlich so kurzsichtig sind, indem sie täglich mit einem Gähnen am Weg zum Himmel (Jakobsleiter) vorbeigehen oder sich in Hörweite von Engelschören befinden, während sie über ihre Golfpunktezahl oder die Vorkehrungen für Bridegparties reden, wirkt ihr Fall so hoffnungslos wie der eines Schülers, der nie richtig das Multiplizieren gelernt hat. Falls jedoch der Geist des Menschen leise in Bewegung gerät, mag diese Bewegung auch schwach sein, und die Richtung auf ein erfüllteres Leben erkennbar wird, wie ein Fluß, der zunächst vielleicht spärlich rinnt; wenn Mitgefühl und menschliches Verstehen spürbar werden oder der verzweifelte Ehrgeiz, irgendwie die Enge seines eigenen Lebens zu überwinden, sich aus der Zwangsjacke des eigenen Geistes zu befreien, dann erwartet man vom Gott der Liebe eine neue Gelegenheit.

Selbst die strengsten Examina, die eine festumrissene Zeiteinteilung erfordern, bieten mehrmals die Gelegenheit zur Wiederholung. Im Fall des Miß-

*) Hier ließe sich dem Verfasser entgegnen, daß er die Hilfe und Gnade Gottes an seinen menschlichen Maßstäben mißt (d.Hrsg.).

erfolges besteht die Gelegenheit eines neuen Versuches. In der christlichen Tradition drückt sich dies in der katholischen Läuterungslehre aus, die man sowohl eine der trostreichsten als auch als eine der kraftspendendsten Lehren im Christentum nennen darf. Innerhalb dieses Lebens erhalte ich ein Blatt Papier, um die mir vorgelegte Gleichung zu lösen. Ich bemühe mich darum. Ich verpfusche die Arbeit zwar nicht vollständig, doch wenn der Ton der Glocke erklingt, bin ich weit davon entfernt mit meiner Arbeit fertig zu sein. Dergleichen dürfte größtenteils mein eigener Fehler sein. Ich verschwendete viel Zeit mit Tagträumerei. Außerdem ließ ich auf verschiedene Art Blockierungen meines Geistes zu.

Ertönt die Glocke, weiß ich zwar, ich habe die Prüfung nicht bestanden, doch es besteht Grund zur Hoffnung, daß ich beim nächsten Versuch die Gleichung zu lösen vermag und mich so für die nächste Stufe meiner Karriere qualifiziere. Ich war weder feige noch unehrlich. Ich habe den Raum nicht mit Widerwillen verlassen. Ich unternahm absolut keinen Versuch zu mogeln. Bespreche ich später die Arbeit mit meinem Lehrer, wird er mir bestätigen, daß es mir an ausreichender Erfahrung in Prüfungssituationen und an Erfahrung unter Prüfungsbedingungen zu arbeiten gefehlt hat. Das nächste Mal, fügt er ermutigend hinzu, habe ich eine neunzigprozentige Chance die Prüfung zu bestehen. Trifft diese Situation nicht für die Mehrheit aller Examenskandidaten beim ersten Mal in einer Prüfung zu, die sich der Mühe wert erweist? Sie entspricht einer wirklichen Lebenssituation, die sich "mutatis Mutandis" auf die Läuterungslehre übertragen läßt.

Diese Läuterungslehre, die sich in Bezug auf das menschliche Schicksal als unklar erwies, zeigte sich von Anfang an vage und doppelsinnig (1). Selbst jenen einfachen Seelen, die sich den Himmel als leuchtende Stadt vorstellten, welche durch Perlentore zugänglich und mit Gold gepflastert ist, sowie von Kristallflüssen durchzogen wird und die sich die Hölle als Verließ dachten, erschien das Konzept zur Läuterung bruchstückhaft.

1) vgl.: Clemens v. A., Stromata 7.6

Manchmal stellten sich die Menschen diesen Zustand als schwaches Abbild der Hölle vor, doch dann fiel ihnen auf, daß es damit nicht genug wäre, handelte es sich dabei doch eher um die Möglichkeit der Verbesserung anstatt um eine Strafe, wenn jede Flamme reinigende und klärende Wirkung besitzt. Die größte Härte hinsichtlich der Hölle ist im Gegenteil das Bewußtsein, daß nichts Gutes für niemanden daraus erwächst. In der Hölle gibt es keine Weiterentwicklung. Aus diesem Blickwinkel heraus betrachtet ist der Läuterungsprozeß eher mit unserem Leben zu vergleichen statt mit dem Himmel oder der Hölle.

Warum sollte man es also nicht so sehen? Abgesehen von den bereits in Erwägung gezogenen Vorurteilen gegen die Reinkarnationslehre, wird den Nachdenklichen unter uns ein weiterer theologischer Einwand vorgestellt werden. Die Auferstehung sollte an und für sich „am Ende" stattfinden, wenn das ganze Universum der Zerstörung anheimfällt und die Zeit stehen bleibt. Während des Läuterungsprozesses befinden sich die Seelen in einem entkörperten Zustand und der Läuterungsprozeß paßt sich diesem Zustand an. Doch die Vorstellung einer solchen Entkörperung war der aristotelischen Philosophie und den Wissenschaftlern des Mittelalters so fremd wie sie es immer noch für die zeitgenössische Philosophie und Wissenschaft ist. Folglich hatte man über jenen Zustand weiterhin eine verschwommene Vorstellung, und die „lateinische Sucht" nach einer gesetzlichen Definition trug nur noch mehr dazu bei, die Unklarheit zu verschlimmern.

Man stellte sich die Seelen in den Flammen des Fegefeuers vor, wie sie voller Qual einem genügend reinen Zustand entgegenstrebten, durch welchen sie Zutritt zum Reiche Gottes erhielten. Gebete würden sich dabei als hilfreich erweisen. Die heilige Messe, durch die einem die unendliche Gnade Christi zuteil wurde, zeigte sich außerdem als förderlich, jedoch erachtete man tausend Messen besser als eine, wenngleich man einer Messe bereits genügend Wirksamkeit zuschrieb. Aufgrund solchen Mißbrauches lehnten die Erben der Reformation die gesamte Idee einer Läuterung bzw. eines Zwischenstadiums ab und verblieben selbst bei einer noch unverständlicheren Eschatologie.

Sind wir bereit, den Gedanken eines Zwischenstadiums oder Läuterungszustandes anzunehmen, könnten wir ihn gut mit einer Form der Reinkarnation in Verbindung bringen. Man sollte ein Ruheintervall zwischen den Inkarnationen nicht ausschließen. Außerdem wissen wir viel zu wenig über das Wesen jener Energien, um zu beurteilen, wie sie sich auswirken oder nicht auswirken. Die Reinkarnationslehre würde jedoch die Vorstellung einer auf unbestimmte Zeit entkörperten Seele rechtfertigen, welche hofft, daß die nächste Messe in der St. Aloysius-Kirche für sie mit einem Requiem gefeiert werde (während sie feststellt, daß allein die "bloße Absicht" eine Messe zu halten besser ist als keine Messe), doch selbst Meßfeiern an neun aufeinanderfolgenden Tagen oder eine "ewige" Messe wären nicht imstande, das Herannahen des "jüngsten Gerichtes" zu beschleunigen und somit die Wiederkehr des Herrn. Was auch immer der Läuterungsprozeß sein mag, so handelt es sich gewiß um ein größeres Abenteuer.

In einem früheren Kapitel schrieb ich über einige Leute, die, als sie hörten, daß unsere Wiedergeburt mit Läuterung zu vergleichen sei, halb im Spaß ausriefen: "Oh, nicht schon wieder! Mir erscheint dieses Leben wie eine Läuterung." In dem Sinne, wie ich es sehe, hätten sie vollkommen recht. Dieses Leben wäre somit Teil eines langen und mühsamen evolutionären moralischen Wachstumsprozesses, wie es der Läuterungszustand sein könnte. Es ist erforderlich, in einen Körper oder in eine Verkörperung hineingeboren zu werden, damit sich allmählich die Geburt des Geistes zu vollziehen vermag. Warum sollten wir nur einmal Körpergestalt annehmen?

Darf man also von einem unendlichen Wachstumsprozeß sprechen? Ist das, was von den Traktarianern als "Zwischenstadium" bezeichnet wurde überhaupt kein Zwischenstadium, sondern die alltägliche Beschaffenheit des Kosmos? Falls, wie Origenes und andere vermerkten, Gottes Schöpfung ewig ist, so wird die Vorstellung, daß Wachstum (welches auch vorübergehender Natur sein kann) unendlich ist, verständlich, da sie keinen Widerspruch in sich darstellt. Genauso wenig steht eine ewige Schöpfung im Gegensatz zur Bibel, wie die klassischen Theologen im Westen es im allgemeinen annahmen. Während man in den griechischen und lateinischen Übersetzungen der Genesis die vollendete Form der Vergangenheit oder die Vergangenheitsform des Verbes "erschaffen" findet (in principio creavit Deus coelum et terram), besitzt die hebräische Sprache aufgrund ihrer andersartigen Verbstruktur nicht die Möglichkeit, sich so spezifisch auszudrücken. (2) So ist selbst ein in der Bibel bewanderter Gelehrter nicht imstande, darauf zu bestehen — so sehr dies auch der Tradition entsprechen mag — daß Gott nicht der ewig Erschaffende ist.

Trotzdem gibt es einen anderen Einwand (in meinen Augen einen ernsthaften Einwand) dagegen, daß der Wachstumsprozeß unendlich ist: er scheint zu allen christlichen Geschichtsphilosophien im Gegensatz zu stehen. Es läßt sich nicht bestreiten, daß die Hauptrichtung der christlichen Tradition von einem "eschaton", einem zu erwartenden Ende spricht, sei es nun am "jüngsten Tag" oder zu einem anderen Zeitpunkt. Doch selbst diejenigen, die mit der Hauptrichtung christlicher Tradition nicht übereinstimmen, erwarten ein Ende. Origenes zum Beispiel sprach von einem Ende, das die letztendliche Erlösung für alle, sogar für Satan, bringen werde. Universalisten, die Nachfolger von Johannes Hus, Christadelphianer sowie andere, die unserer Zeit näher stehen und den Begriff der Hölle nicht anerkennen, sprechen von einem Höhepunkt des Lebens- und Wachstumsprozesses, auf dem wir jetzt angelangt sind. Überdies entdecken wir in anderen Religionen das Gegenstück dieser Idee. Die Mahayana-Buddhisten, die den Geburtszyklus als schmerzhaften Prozeß erachten, von dem sie eventuell durch den Eintritt in die Seligkeit des Nirvanas befreit werden, hegen die Hoffnung, daß jemand, der heilig genug ist, überhaupt nicht mehr zur Erde zurückkehrt, sondern im Moment des Todes in die Seligkeit des Nirvana eintaucht. In einigen Formen des Buddhismus existiert sogar der Gedanke einer Wahl, als wohltätiger Bodhisattva zurückzukehren, um seinen Mitmenschen zu helfen, wenngleich auch kein Zwang dazu besteht. Obwohl

2) Gen. 1,1

entsprechend traditioneller christlicher Ansicht die himmlische Seligkeit anders aussieht, findet man die Erwartung eines Endes in beiden Glaubenssystemen.

Darf ein Christ eine Erwartung ablehnen, die nicht nur in der Religionsgeschichte der ganzen Welt weitverbreitet ist, sondern auch in seiner eigenen Tradition einen zentralen Punkt bildet? Es wäre doch seltsam, nur von Entwicklung ohne Erfüllung zu sprechen.

Sowie Entwicklung und Wachstum von uns verstanden werden, haben sie Erfüllung zur Folge. Der Samen wird zur Blume, der Schößling zum Baum, aus dem Kind wird ein Mann. All dies ist Erfüllung: die Erfüllung eines biologischen Prozesses. Der Prozeß geistiger und spiritueller Entwicklung hat auch Erfüllung zur Folge: doch muß sie gleicher Art sein. Ist sie gleicher Art? Werden die geistigen und moralischen Qualitäten, die ich weiterhin entwickle, nachdem ich bereits "erwachsen" bin, eines Tages ihre volle Reife erlangen, so wie ich meine vollständige physische Größe von fast zwei Metern erreicht habe? Trägt die Gottesliebe den Charakter, daß man zu sagen berechtigt ist "ich habe jetzt die Erfüllung meines Potentials der Gottesliebe erreicht", genau wie man sagt "ich habe jetzt meine volle Größe von fast zwei Metern erreicht"? Ich finde es schwierig, diesem Vergleich einen Sinn abzugewinnen. Es will mir scheinen, daß die Erfüllung meines Seins als eines moralischen, intellektuellen und spirituellen Wesens überhaupt nicht mit biologischer Erfüllung auf eine Stufe zu stellen ist. Der Unterschied läßt sich in etwa mit dem zwischen Freundlichkeit und des Anbietens von Kartoffeln vergleichen. Auf die Frage "Nehmen Sie noch einige Kartoffeln?" vermag ich mit "Nein, danke, das genügt" zu antworten, oder falls ich die Absicht einer spezifischen physiologischen Erklärung hege "Nein danke, ich leide an einer gewissen Verdauungsschwäche". Niemand könnte auf die Frage "Würden Sie mehr Freundlichkeit schätzen?" ähnlich erwidern. Auf diese Frage reagierte ich eher mit: "Ich hoffe, daß der Menschen Freundlichkeit nie aufhört, sondern im Gegenteil noch mehr zunimmt. Vielen Dank, ich weiß ihre Freundlichkeit sehr zu schätzen." Die Erfüllung des christlichen Schicksals dürfte sich sicher zu sehr am Modell biologischen Wachstums orientiert haben.

Die Vorstellung, daß ein menschliches Wesen auf der Höhe seiner oder ihrer moralischen und spirituellen Entwicklung sich weiterhin an seiner oder ihrer moralischen und spirituellen Reife freut und sie lebt, nachdem jegliches Wachstum und jegliche Entwicklung abgeschlossen sind, ist für mich unverständlich. Man fühlt sich an ein Tier erinnert, das nach Erreichen seiner vollen Größe sich zu bewegen aufhört. Als moralisches Wesen zu leben, bedeutet mit Entwicklung und Wachstum befaßt zu sein, dessen Sinn einzig und allein im Entwicklungs- und Wachstumsprozeß liegt. Alles, das dem Leben jenen Sinn verleiht, den religiöse Menschen ihrem Leben beimessen, trägt vergänglichen Charakter, sobald wir den Versuch unternehmen, über die Erlangung moralischer und spiritueller Vollendung zu reden. Doch dies entspricht genau dem traditionsgemäß von Christen angewandten Modell des Himmels — dies gilt für die Gebildeten wie auch für die weniger Gebildeten unter ihnen. Selbst das Konzept der Seligkeitsvision, wie es von den Theologen des Mittelalters vorgestellt wurde (ein Zustand, in dem die Seele, die das vollkommene Wissen über Gott erlangt hat und sich der Gegenwart Gottes auf ewig freut, vollkommen glückselig ist), beinhaltet keinen deutlichen Wachstumsbegriff.

So ist es nicht verwunderlich, daß Lloyd George bei der Erinnerung an seine Baptistenerziehung vor hundert Jahren sagte, daß die Vorstellung eines Himmels als Ort beständigen Sonntags, an dem ununterbrochen Gottesdienst stattfindet, ihn mehr als der Gedanke an die Hölle erschreckte, ihn fast verrückt machte und ihn für zehn Jahre zum Atheisten werden ließ.

Ein vollkommen moralisches und spirituelles Wesen ohne die Fähigkeit zum Wachstum ist nur denkbar, wenn überhaupt, wenn wir an den Vergleich mit einem ausgewachsenen Tier denken, das nicht laufen kann.

Die Fähigkeit, den Seligkeitszustand zu erreichen, heißt Gott vollkommen zu sehen. Wir erinnern uns der scharfsichtigen Antwort Thomas von

Aquins auf den Einwand, daß die Seligen im Himmel sich auf unterschiedlichen Entwicklungsstufen der Heiligkeit befinden, folglich auch einen unterschiedlichen Glückszustand erlebten und aus diesem Grunde nicht vollkommen glücklich seien: Thomas erwiderte, man könne sie mit Tassen verschiedener Größe vergleichen, von denen jede bis zum Rand gefüllt wäre. Diese Antwort darf wahrhaftig als scharfsinnig bezeichnet werden, sie beantwortet die gestellte Frage auf bewundernswerte Art; berücksichtigt jedoch nicht die Probleme, mit denen wir gegenwärtig zu tun haben. Was auch immer der Himmel sein mag, so kann er vom menschlichen Erdbewußtsein nicht total verschieden sein, jener Erde, auf die Gott laut dem christlich orthodoxen Glauben seinen Sohn sandte. Wollen wir von einem Vorgeschmack himmlischer Seligkeit auf Erden sprechen, wie dies einige christliche Mystiker tun, so dürfen wir, selbst wenn wir von außergewöhnlichen Momenten mystischer Ekstase sprechen, geistig-seelische Entwicklung sowie geistig-seelisches Wachstum nicht ausschließen. Das innere Leben, mag man es als Glaubensleben oder mystische Erfahrung betrachten, kann nicht wohlwollend als Zurückgezogenheit von moralischer und spiritueller Evolution aufgefaßt werden.

Was darf man also unter Erfüllung verstehen? Was dürfen wir uns darunter vorstellen, das Christen traditionsgemäß als "letzte Dinge" bezeichnen? Wie sollen wir uns vor allem den Himmel vorstellen? Sicher stellt der Himmel eine fortlaufende Entwicklung dar, eine Entwicklung, die bereits ihren Anfang genommen hat, von der man jedoch nicht zu behaupten vermag, sie habe einen Punkt erreicht, an dem keine weitere Entwicklung mehr möglich ist. Dies würde wahrhaftig das Ende bedeuten, das Ende des moralischen Bewußtseins und des spirituellen Lebens. So ein Ende kann nur, wie bereits erwähnt, die Hölle sein.

Das Ende einer Weiterentwicklung der Liebe ist gleichzusetzen mit einem Ende der Liebe. Der klassische Unterschied besteht in einem Leben "in via" (unserem gegenwärtigen Leben) und einem Leben "in patria" (einem Leben im Himmel oder unserem wahren Zuhause), zwischen der streitenden Kirche hier auf Erden und der triumphierenden Kirche des Himmels. Aber dieses Modell läßt sich nicht so ohne weiteres anwenden. Es setzt eine abnorme Kampfsituation voraus, die nach dem Tode durch einen Zustand der Leichtigkeit und des Friedens ersetzt wird. Wie es im traditionellen katholischen Gebet heißt, ruhen die Verstorbenen in Frieden: requiescant in Pace. Jesajah spricht jedoch von einer ganz anderen Hoffnung: Mag der Mensch verzweifeln, die Jugend straucheln, doch denen, die durch ihren Glauben an Gott Kraft schöpfen, werden Flügel wachsen einem Adler gleich. Sie werden dahineilen und sich nicht erschöpfen, laufen und nicht müde werden. (3) Stellt dergleichen nicht einleuchtenderes Konzept des Himmels dar im Vergleich zu jenem Zustand der Erfüllung, der bereits begonnen hat und nie aufhört, da ich mit jeder Erfüllung unvermeidlich zu einem längeren Leben gedrängt werde.

Unter solchen Umständen gibt es natürlich Gottverehrung oder andere Formen der Anbetung. Wie es die biblische Tradition besagt, bleibt unter solchen Umständen die ewige Kluft zwischen Gott und seinen Geschöpfen erhalten. Außerdem besteht so niemals die Gefahr, Gott zu nahe zu kommen, Gott als die Quelle des Stromes anzusehen, als den Schöpfer der Schöpfung, den Ewigen Einen. Die mittelalterlichen Gelehrten besaßen eine Einsicht dessen durch ihre Unterscheidung zwischen Eternitas und Äviternitas, zwischen Ewigkeit und unendlicher Zeit. Ausdrücke wie aionas und aionon, die im Neuen Testament häufig auftauchen und verschiedentlich durch Ausdrucksweisen "auf ewig" und "Welt ohne Ende" übersetzt worden sind, beziehen sich nicht unbedingt auf die ewige Ordnung Gottes, die nicht die Welt der Schöpfung sein kann. Wenn wir also vom "ewigen Leben" sprechen, so meinen wir damit nicht die Kluft, die zwischen den Geschöpfen und dem Schöpfer liegt.

Wir denken dabei eher an ein unendliches Leben. Es entsteht eine Doppelsinnigkeit aufgrund einer Vorstellung, die mit einem unendlichen Leben

3) Jes. 40, 31

nichts zu tun hat: der Vorstellung, daß Ewigkeit gegen den Begriff Zeit verstößt. Dies stellt sicher ein zentrales Konzept im christlichen Glauben dar. Durch Christus tritt Gott in das Gefüge von Raum und Zeit. Dadurch erlöst er uns, doch die Erlösung liegt nicht darin, indem er uns der Zeitordnung entzieht und uns an der ewigen Ordnung teilhaben läßt. Dies wäre Vergöttlichung, die ich mit der biblischen Lehre absolut nicht in Einklang bringen kann. Daraus folgt, daß, was auch immer die Zukunft für mich bereithalten mag, es sich nur um eine vorübergehende Zukunft handelt, genau wie die Vergangenheit eine vorübergehende Vergangenheit war. Welche andere Form der Zukunft oder Vergangenheit sollte es sonst geben? Sprechen wir von einem ewig währenden zukünftigen Leben, meinen wir kein ewiges Leben, sondern (um es in der mittelalterlichen Sprache auszudrücken) denken dabei an "äviternal" oder die unendliche Zeit.

Die Erfüllung, der ich entgegensehe, und was auch immer sie sein mag, findet daher in der Zeit statt. Wie sieht Erfüllung aus? Wie können wir das wissen, wenn die meisten von uns selbst über ihren nächsten Schritt Zweifel hegen und es in ihren Gebeten mit Newman halten: "Bitte nur einen Schritt auf einmal". Wenn ich an ein Weiterleben denke, kommen mir ständig Whittiers wohlbekannte Zeilen in den Sinn: "Ich weiß nur, daß ich Seine Liebe nicht verliere." Ich lebe im Glauben und sehe (mit Paulus' Worten) dunkel in einem Spiegel, zuerst erkenne ich nur Bruchstücke, doch bald vermag ich das Ganze zu erfassen, so wie man mich als Ganzes versteht. (4) Das traditionelle Verständnis des christlichen Glaubens sagt aus, daß ich erst an der himmlischen Seligkeit teilhabe, mich ihrer erfreue, nachdem ich die Vollkommenheit meines Seins erreicht habe. Gott "zu sehen", bedeutet ihn auf ewig zu sehen.

Darüber hinaus vermag ich jedoch nicht mehr zu erkennen. Ich kann nicht und darf nicht annehmen, himmlische Geheimnisse aufzudecken. Durch meinen Glauben lebe ich in Christus, was weitaus besser ist." (5)

4) 1. Kor. 13, 12
5) Phil. 1, 23

Indem ich die Notwendigkeit für diese Verschwiegenheit anerkenne und mir des moralischen und spirituellen Wertes eines Lebens im Glauben bewußt werde, sehe ich, daß ich nur einen Schritt auf einmal zu gehen vermag und bin dem Einen dankbar dafür, der darüber wacht: folglich vermag ich die logischen Konsequenzen meines Glaubens, daß jene Erfüllung, auf die ich warte, sich im Rahmen der Zeit vollzieht, nicht zu ignorieren. (6) Erfüllung vermag sich noch in diesem Zeitalter zu vollziehen, und ich darf auf eine neue Form der Verkörperung hoffen, auf neues "Soma", das als Instrument auf dem Wege zu jener Erfüllung dient. Wir erkennen hierin bereits eine Ähnlichkeit zur Geschichte der biologischen Evolution, die sich weder unzusammenhängend noch fortlaufend vollzieht. Der Mensch hat sich nicht in einem beständigen Prozeß vom Affen zum Menschen entwickelt, so wie sich etwa die Blütenblätter eines Gänseblümchens allmählich im Tageslicht entfalten. Auf die eine oder andere Art kam es beim Menschen zum Evolutionssprung, zu einer Umwandlung, die ihn zum Denken oder Reden befähigte, zum Lachen und Weinen, wozu kein anderes Tier, wohl aber der Mensch selbst auf der niedersten Entwicklungsstufe imstande ist. (7) So darf ich auf Erfüllung hoffen, durch die ich am Ende des gegenwärtigen Zeitalters "durch Christus auferstehe" und einen Zustand betrete, der weit entfernt liegt von jeglicher augenblicklichen Vorstellung des Himmels und der Hölle. In diesem Zustand vermag ich Gott zu sehen und mich an seiner Gegenwart wie niemals zuvor zu erfreuen; solches verheißt Christus denen, die er durch sein Blut erlöst hat. In Bezug auf das gegenwärtige Zeitalter dürfte dieser Zustand als endgültig angesehen werden, doch wie Origenes sagte, ist dieses Zeitalter nur eines von vielen und warum sollte ich nicht "von Herrlichkeit zu Herrlichkeit" schreiten, so wie ein Äon auf das andere folgt?

Vorgenannte Betrachtungsweise beinhaltet keinerlei zyklische Geschichts-

6) Psalm 119, 105

7) Vgl. meine Abhandlung zu dieser Frage: Philosophical Issues in Religious Thought, Boston 1973, S. 189 ff

philosophie. Im Gegenteil schließt das, was ich im Sinn habe, eine solche Theorie aus. In der menschlichen Geschichte existieren natürlich zyklische Tendenzen, so wie sie auch im Leben eines jeden Einzelnen zu finden sind. Meine Neigung, die Fehler der Vergangenheit zu wiederholen, ist nur eine psychologische Beobachtung, genau wie die abgedroschene Redeweise, der Mensch sei ein Gewohnheitstier. Meine persönliche Entwicklung vollzieht sich durch die Tatsache, indem ich mich wenigstens gelegentlich imstande zeige, meine Gewohnheiten zu überwinden und etwas Neues zu tun, das mich umwandelt.

Immer wieder steigen Reiche auf und vergehen. Lange bevor das römische Reich existierte, beobachtete man den Aufstieg und Untergang kleinerer Staaten. Ein Christ darf jedoch nicht behaupten, daß das letzte Reich auch untergeht, da aus ihm etwas grundlegend Höheres hervorgeht, das sich mit keinem irdischen Reich vergleichen läßt, genauso wie der heutige Mensch auf einer höheren Entwicklungsstufe steht als seine Vorfahren. Augustinus erkannte die Umwandlung darin, indem aus der irdischen Stadt eine Stadt Gottes wird, die Kirche, das Neue Jerusalem, aus dem schließlich das Königreich Gottes hervorgeht.

Der Mensch hat sich zweifellos in seinen Neigungen und Gewohnheiten während der letzten tausend Jahre kaum gewandelt. Doch in entfernter Vergangenheit vollzog sich im Evolutionsprozeß ein Ereignis, welches das Sein des Menschen bewirkte. Es besteht nicht der leiseste Grund anzunehmen, daß die Menschheit, die Krone des Evolutionsprozesses auf diesem Planeten, je zuvor existierte oder jemals wieder existieren wird. Wir wissen auf jeden Fall von der Existenz unserer Vorfahren. Angesichts dieses Wissens vermögen wir die christliche Hoffnung so zu interpretieren, daß der Mensch eine Nachkommenschaft auf höherer Entwicklungsstufe hervorbringen wird. Es wird eine Umwandlung des gegenwärtigen Zustandes des Menschen stattfinden und das Ende der Welt. Der Mensch muß zu seiner Transformation selbst beitragen, da es keinen anderen Weg des Fortschrittes, wenigstens des moralischen Fortschrittes gibt.

Die frohe Botschaft für die christliche Welt liegt darin, daß es durch die Erlösung in Christus zur Umwandlung der Menschheit kommt, während wir dergleichen zuvor nicht zu erhoffen vermochten. Durch Christus besitzen wir die Möglichkeit der Entropie ein Ende zu bereiten, indem wir die Gnade seiner Erlösung annehmen; wir erreichen, was erreicht werden muß, um in Christus aufzuerstehen.

Lange bevor Teilhard de Chardin seine Worte verfaßte (etwa zu der Zeit als jener geboren wurde), schrieb Henry Drummond (1851 — 97): "Bisher hatte die Evolution keine Zukunft. Sie ließ sich mit einem wunderbar geschnitzten Pfeiler vergleichen, der in Richtung Spitze immer schönere und ausgearbeitetere Schnitzerei aufwies, dem aber das Kapitol fehlte; eine Pyramide, deren gewaltige Basis im Anorganischen begraben wurde, die höher und höher strebte, Stufe um Stufe, Leben um Leben, Geist um Geist, immer perfekter in ihrer Ausführung, edler in ihrer Symmetrie und obendrein geheimnisvoller in ihrem Ziel. Die neugierigsten Augen, die nach oben an ihr entlangglitten, vermochten nichts zu entdecken ... Doch die Arbeit, die die Natur beginnt, wird vom Übernatürlichen vollendet ... wie wir das Höhere zu bezeichnen pflegen. Und da der Schleier vom Christentum gelüftet wird, nimmt es den Menschen in Verwunderung gefangen. Das Ziel der Evolution ist Jesus Christus." (8) Drummond betrachtete die menschliche Geschichte als Fortsetzung der Evolution auf anderer Ebene, die, da vorübergehender Natur, auch eine Konsequenz haben müsse. Als überzeugter Christ interpretierte er die Konsequenz als das kommende Königreich Gottes. Was für die niedere Stufe der Evolution gilt, gilt ebenso für die höhere: "Viele sind gerufen, doch wenige sind auserwählt." (9) Mir ist nicht klar, wie eine moderne christliche Eschatologie eine Form der Betrachtungsweise, wie sie Drummond vorschwebte, vermeiden kann. Genausowenig ist mir verständlich, wie jemand, dessen Glauben jegliche Abschweifung in gnostische Phantasien ausschließt (wie es für den gesamten

8) Henry Drummond, Natural Law in the Spiritual World, New York 1904, S. 303

9) Matth. 22, 14

christlichen Glauben zutrifft), die Möglichkeit, ja sogar die Wahrscheinlichkeit ausklammert, daß der Evolutionsprozeß, der das Sein der Menschheit bewirkte, unaufhörlich ist. Doch worin liegt dann das Werk des Christus? Die Grundantwort lautet, daß sein Werk, da es mit der Erlösung des Menschen zusammenhängt, mit dem Ende der Welt, die das Milieu des Menschen ist, aufhört. Worauf wir zustreben, liegt außerhalb unseres gegenwärtigen Gesichtskreises. Wir wissen nur, es wird ein Zustand "in Christus" sein und deshalb "weit besser". (10) Wären etwa für alle Geschöpfe (d. h. für alle Wesen außer Gott, der der Grund und die Quelle allen Seins ist) die Umstände "weit besser", wenn man die Möglichkeit zur Weiterentwicklung ausschließen würde? Wenn die Katholiken sagen, wie sie es manchmal zu tun pflegen, daß es "im Himmel keine Religion" gibt, dann meinen sie, es gibt keine solche Religion wie sie uns bekannt ist, da eine solche Religion über sich selbst hinausgewachsen ist. Das heißt zum Beispiel, es gibt keine Sakramente, wie sie von der Kirche auf Erden gespendet werden, da sie zusammen mit allen anderen Gegebenheiten unangebracht wären. Das bedeutet jedoch nicht das Fehlen anderer Möglichkeiten, die dem neuen und besseren Glaubenszustand angepaßt sind und dazu dienen, den "144.000" Siegreichen zur Erlangung der nächsten Evolutionsstufe zu verhelfen. Wer weiß schon, wie diese Möglichkeiten aussehen werden, da wir nicht einmal wissen, wie *der* "Himmel" aussieht und noch weniger, wie *die* "Himmel" aussehen, die sich jenseits davon befinden. So darf die Menschheit wohl beten: "Ein Äon ist genug für uns."

Dies trifft für das Schicksal vieler zu. Doch wie steht es mit meinem Schicksal? Falls Erlösung für mich eine Bedeutung hat, sollte nicht nur von der Menschheit die Rede sein, sondern auch vom Einzelnen. Alle Unsterblichkeitslehren der großen Weltreligionen haben sich mit der persönlichen Erlösung befaßt, wie immer man sich diese auch vorgestellt haben mag. Die Frage, die man sich selbst stellt, ist genau die, die der Gefängniswärter an Paulus und Silas richtete: "Was muß ich tun, um errettet zu werden?" (11)

10) Phil. 1, 23

11) Apg. 16, 30

Falls man im Westen überhaupt etwas erreicht hat, so handelt es sich um das Bewußtsein des eigenartigen Wertes der Kreativität und des Ungewöhnlichen, der Individualität und der Persönlichkeit.

Dieses Bewußtsein stellt uns jedoch vor ein Paradoxon: die höchsten Ebenen des Evolutionsprozesses, die uns in der Menschheit bekannt sind, sind sowohl Individualität als auch Verscmelzung. Je mehr ich mich um Individualität unabhängig von der Gesellschaft bemühe, um so hoffnungsloser gestaltet sich meine Suche. Je mehr ich nach sozialen Werten unabhängig von den Bedürfnissen und Nöten des Individuums strebe, um so aussichtsloser mag mein Unternehmen enden. Individualität und Persönlichkeit hängen in ihrer Entwicklung von der Gesellschaft ab, in der das Individuum nach Befreiung strebt.

Diese Polarität besitzt einleuchtende Gegenstücke in der Entwicklungsgeschichte der Religion. Zum Beispiel finden wir im Leben und Geistesgut des Mittelalters, im lateinischen Westen, zwei Tendenzen stark vertreten: auf der einen Seite die beschauliche, kontemplative Haltung, die das Erbe der neuplatonischen Tradition darstellt und von Augustinus überliefert wurde. Auf der anderen Seite steht eine verblüffend erdgebundene, praktische, vernünftige Haltung, die im engen Kontakt mit dem Boden wurzelt, und wo das Leben einen beständigen Kampf mit den Kräften der Natur darstellt. Unsere mittelalterlichen Vorfahren standen der Natur zu nahe, um sie anzubeten. Sie fühlten sich auch der alten Welt zu nahe, um mit ihr zufrieden zu sein. "Wir fühlen uns wie Zwerge, die auf den Schultern von Riesen stehen," sagten sie, indem sie auf die alte Welt anspielten, deren Institutionen sie zwar übernommen, doch umgewandelt hatten. (12) Der mittelalterliche Geist war sich ganz besonders tief der Polarität bewußt, ohne die nichts Kreatives hervorgehen konnte, da es an Freiheit mangelte. Im Gefängnis ist keine Freiheit möglich. Die spanischen Mystiker erkannten die Wahrheit dessen auf ihre Weise: indem sie den mystischen Anwärter ermunterten,

12) Mittelalterliches Sprichwort, u.a. Peter von Blois zugeschrieben.

der Phantasie zu entsagen, erkannten sie, daß er zuerst Phantasie haben muß, der er entsagen kann.

So hat sich, was auch immer mein Selbst sein mag, es aus dem Kampf mit der Gesellschaft entwickelt, in er ich mich entdecke. Durch jenen Kampf formte sich jene eigenartige Energie, welche die alten Griechen und Römer zu benennen bestrebt waren, wenn sie von der Seele des Menschen sprachen.

Es handelt sich um jene Energie, die uns auf lange Sicht Gott näher bringt, der weit davon entfernt ist "der Absolute" zu sein, wie es der traditionellen, idealistischen Vorstellung entspricht und der statt dessen als individuell par excellence betrachtet werden darf: mit Kierkegaards ungewöhnlicher Sprache ist er "reine Subjektivität". Jene Individualität, jene Persönlichkeit, die dem willkürlich bezeichneten "Selbst" entspringt, ist die Energie in mir, die nicht stirbt und nach Verkörperung sucht, vielleicht tausende von Malen "vor dem Ende der Zeit". Die Energie ist durch den von ihr eingeschlagenen Weg in Richtung Gott unsterblich geworden. Es handelt sich dabei nicht um Energie, die der Machtausübung dient, denn diese Energie, mag sie auch eine Rolle in der moralischen Entwicklung des Individuums spielen, wird wie jede andere Energieform verbrannt. Statt dessen handelt es sich im Gegenteil um Energie, die sich aus dem Verzicht auf Macht ergibt. Daher das Paradoxon im Evangelium: "Der, der das Leben gewinnt, wird es verlieren, und der, der es um meinetwillen verliert, wird es gewinnen." (13) Liebe, die Opfer beinhaltet, den Verzicht auf exzentrische Macht, läßt Energie unsterblich werden, indem sie sie Gott anvertraut. So ist Entsagung weit davon entfernt mich zu beeinträchtigen und befähigt mich statt dessen "zur Umkehr und zum Leben". (14) Totales Nichtvorhandensein dieser Energie (jener Energie, die sich in aufopfernde Liebe umwandelt und deswegen unzerstörbar ist) würde zur Hölle führen, die ich als endgültige Zer-

13) Matth. 10, 39

14) Vgl. hierzu: Paul Tounier, The Meaning of Persons, New York 1957, S. 217

störung interpretieren würde. Stirbt der Mensch jedoch mit der zartesten Fähigkeit zur Liebe, die uns dem Einen näherbringt, den wir Gott nennen, dann wird er gewiß Wiedervorkörperung suchen und finden, um Gott noch größere Liebe entgegenzubringen. Es gibt für mich keinen Grund, warum ein Christ nicht an wiederholte Wiederverkörperung glauben sollte, die dem Individuum Gelegenheit zu größerer Gottesliebe gibt. Diese Wiederverkörperung würde ich als Reinkarnation bezeichnen. Ich glaube sehr, daß das Konzept der Reinkarnation den Schlüssel zu einem besseren christlichen Verständnis des menschlichen Schicksals darstellt. Selbstverständlich sollten hierbei primitive Formen der Reinkarnationslehre ausgeschlossen werden.

In der Religionsgeschichte werden beständig überholte Formulierungen durch modernere ersetzt. Die Gefahr, das Kind mit dem Bade auszuschütten, ist uns vertraut, doch sie ist allen Historikern bekannt, seien es nun Religions- oder mit anderen Gebieten befaßte Historiker. Religionsrevolutionäre erliegen ihr oft, doch mehr noch jene Anhänger alter Lehren, die sich bis zu deren Erstarrung an sie klammern und keine neuen Formulierungen zulassen, die zur Erneuerung und Entwicklung des religiösen Lebens beitragen könnten.

Wäre es nicht möglich, daß die Reinkarnationslehre, welche wohlbekannte einfache Formen annahm, nichts anderes als ein besonders unglücklicher Zufall war? Ich möchte den Christen und allen anderen, denen die Reinkarnationslehre fremd erscheint, empfehlen, sie erneut zu überprüfen. Es wäre doch möglich, daß eine neue Formulierung entdeckt wird, die endlich Licht in die eschatologische Dunkelheit bringt, von der die Geschichte des Christentums heimgesucht wurde.

Im Laufe meines gegenwärtigen Lebens habe ich von der Unmoral des Egoismus den Weg zu einer tiefen Gottesliebe gefunden, die jene moralische Wachheit beinhaltet, die eine solche Entwicklung stets mit sich bringt. Ich erinnere mich genau an die Enge jenes Egoismus und weiß sehr gut, wie sehr

die Gnade Gottes mich in meinem Kampf um die Freiheit vorwärts gebracht hat. Doch trotz des großen Fortschrittes, den ich zu erkennen vermag, weiß ich, ich habe noch weiter zu gehen als ich es in diesem Leben erhoffen kann. Es handelt sich abei nicht um eine Zeitangelegenheit. Falls die Altersforschung imstande wäre, mein aktives Leben um tausend Jahre zu verlängern, würde dies an meiner mißlichen Lage nichts ändern. Der jugendliche Idealismus, der für das Wachsen der Gottesliebe erforderlich ist, würde immer weiter dahinschwinden. Ein großer Heiliger würde vielleicht mit neunzig Jahren noch heiliger werden, doch diese Entwicklung würde sich nicht so schnell vollziehen wie auf dem Höhepunkt seines Lebens. Deswegen benötige ich eine neue Verkörperung, und es erscheint mir, je größer der durch die Zahl der Wiederverkörperungen erzielte Fortschritt, um so größer ist auch ihre Bedeutung, da mein Mut und meine Lernfähigkeit zunehmen, um so leichter erkenne ich auch wie feige und unwissend ich bin.

Jede Reinkarnation ist eine Auferstehung. Die Auferstehung, die allen versprochen wurde, die an der Auferstehung in Christi teilhaben, bleibt nicht allein christlicher Hoffnung vorbehalten, sie darf vielmehr als fortlaufender Prozeß betrachtet werden, bei dem jede Wiedergeburt mich Gott näherbringt. Am Ende jedes Äons mag es zu einem "Evolutionssprung" kommen, einem einzigartigen Ereignis auf dem unendlichen Weg zu Gott. Ich weiß es nicht, doch was ich über meine Vergangenheit kenne und über die moralische und spirituelle Entwicklung meines gegenwärtigen Erdenlebens, läßt darauf schließen, daß solche "Sprünge" am Ende eines jeden Zeitalters kosmischer Geschichte erfolgen.

Wozu ist dann Christus für mich gut? Die Antwort ist für Christen bestimmt einfach. Laut der Aussage der Evangelisten bewirkt er folgendes: er nimmt von mir die Last meiner Sünden, die Schuld, die meinen Fortschritt hemmen würde. Dadurch erlange ich die Fähigkeit zu größerer Gottesliebe. Kurz gesagt, Christus ist derjenige — die Christen sahen ihn schon immer unter diesem Aspekt, der mir zu meiner Befreiung verhilft. Wem das zu gering erscheint, dem mag es nichts bedeuten, auf immer zu sterben. Sollte das Werk Christi keinen Wert besitzen, dann hat meine Existenz als solche keinen Wert.

Bin ich ein Sklave in Ketten, werden meine Fesseln von mir genommen und öffnet sich die Gefängnistür, so verspüre ich Freude, da ich neu eingekleidet werde und in einem guten Restaurant speise. Ich fühle mich glücklich, die "erstaunliche Gnade" zu feiern, die mich von meinen Fesseln befreite und mich in die Lage versetzte, jene mir reichlich zur Verfügung stehende Energie zu nutzen.

Wir dürfen damit schließen, daß in der Bibel und in der christlichen Tradition nichts existiert, das notwendigerweise alle Formen der Reinkarnationslehre ausschließen würde. Wir kennen inzwischen die historischen Gründe, aus denen die Reinkarnationslehre in der christlichen Kirche sowohl von offizieller Seite als auch auf allgemeiner Ebene unterdrückt wurde. Wir vermögen keinen Grund zu finden, warum sie mit den historischen Lehren, die uns durch die Bibel und die Kirche vermittelt wurden, in Konflikt stehen sollte. Wir stellen statt dessen fest, daß gewisse Formen der Reinkarnationslehre die Spiritualität des Westens zu erweitern vermögen, gerade in der gegenwärtigen Zeit, die so sehr neuer Wege und neuer Aufklärung bedarf.